河南省高等学校哲学社会科学应用研究重大项目

煤炭资源型城市
生态安全预警及调控研究

曾　旗　杨嘉怡◎著

中国财经出版传媒集团

经济科学出版社

Economic Science Press

图书在版编目（CIP）数据

煤炭资源型城市生态安全预警及调控研究/曾旗，杨嘉怡著．
—北京：经济科学出版社，2019.8
ISBN 978 - 7 - 5218 - 0505 - 5

Ⅰ. ①煤… Ⅱ. ①曾…②杨… Ⅲ. ①煤炭工业 - 工业
城市 - 生态安全 - 预警系统 - 研究 - 中国②煤炭工业 -
工业城市 - 生态安全 - 安全管理 - 研究 - 中国
Ⅳ. ①F426.21

中国版本图书馆 CIP 数据核字（2019）第 081821 号

责任编辑：李　雪
责任校对：王苗苗
责任印制：邱　天

煤炭资源型城市生态安全预警及调控研究

曾　旗　杨嘉怡　著

经济科学出版社出版、发行　新华书店经销

社址：北京市海淀区阜成路甲 28 号　邮编：100142

总编部电话：010 - 88191217　发行部电话：010 - 88191522

网址：www. esp. com. cn

电子邮件：esp@ esp. com. cn

天猫网店：经济科学出版社旗舰店

网址：http://jjkxcbs. tmall. com

固安华明印业有限公司印装

710 × 1000　16 开　19 印张　280000 字

2019 年 10 月第 1 版　2019 年 10 月第 1 次印刷

ISBN 978 - 7 - 5218 - 0505 - 5　定价：68.00 元

（图书出现印装问题，本社负责调换。电话：010 - 88191510）

（版权所有　侵权必究　打击盗版　举报热线：010 - 88191661

QQ：2242791300　营销中心电话：010 - 88191537

电子邮箱：dbts@ esp. com. cn）

前　　言

　　本书聚焦于煤炭资源型城市生态安全系统，综合运用生态经济学、城市生态学、城市生态系统、生态安全理论和相关交叉学科知识，采用理论研究与实证分析相结合、定量分析与定性描述相结合的研究方法，对煤炭资源型城市生态安全预警及调控进行了系统深入的研究和探讨。主要研究内容如下：

　　第一，在查阅了国内外有关资源型城市、煤炭资源型城市及生态安全研究成果的基础上，对资源型城市及煤炭资源型城市生态安全研究现状和存在的问题进行评述。第二，采用综合分析法，对煤炭资源型城市、生态系统与城市生态系统、生态安全与城市生态安全基本概念和内涵进行了界定；对生态经济学理论、生态安全及预警理论、城市生态学理论与城市生态系统理论研究的对象和内容进行了梳理。第三，根据煤炭资源型城市生态系统的复杂性、动态性、开放性以及系统内部具有互为条件、相互激发指向性的运动特征，运用应力场理论构建了煤炭资源型城市生态系统"三场"应力耦合互动演化模型。在建立了力学基本假设条件的基础上，对煤炭资源型城市生态场中要素耦合力、子系统耦合力和外部耦合力的大小及相互作用关系进行了量化分析，厘清了煤炭资源型城市生态系统中各子系统及要素间的互为条件、相互激发的耦合作用机理，揭示了煤炭资源型城市生态系统从低级到高级，从无耦合到低度耦合、从中度耦合到高度耦合的螺旋上升的四阶段发展规律。第四，对煤炭资源型城市生态安全预警指标进行优化筛选，建立了具有通用性的煤炭资源型城市生态安全预警指标"备选库"。从复合生态系统视角出发，将压力—状态—响应（pressure-state-response，PSR）框架模型与自然—经济—社会（nature-economic-society，NES）模型优势相融合，建立了具有煤炭资源型城市特色的 PSR—NES 生态安全预警指标体系。第五，在探讨了原始数据处理方法、预警指标标准选择及警情等级划分依据的基础上，构建了等维新息灰色 DGM（1，1）预测模型、RBF 神经网络模型及等维新息灰色神经网络（DGM—RBF）动态组合预警模型，提出了预警研究的基本流程和预警结果的表达形式。第六，根据等维新息灰色神经网络动态组合预警模型原理，运用 MATLAB R2014b 软件，对焦作市 2016～2021 年生态安全演变趋势进行了预警分析。第七，采用情景模拟法与案例分析法，根据焦作市 2016～2021 年生态安全预警结果，设计了"子系统调控""关键因子调控""目标仿真调控"三种调控模拟方案，对焦作市的生态安全进行调控模拟。第八，结合焦作市生态建设实际，从自然、经济、社会三大因素六个方面，提出了具体调控措施与对策。

曾　旗

河南理工大学工商管理学院能源经济研究中心

2019 年 8 月

目录

绪　　论

1.1　选题背景及意义

1.1.1　选题背景

煤炭资源型城市是主要依赖于煤炭为主发展起来的城市，是一类典型的资源型城市。长期以来，由于我国煤炭资源粗放型开采，环境保护意识缺乏，生态环境破坏严重，煤炭资源型城市要比一般城市面临着更多的生态环境问题。随着大规模煤炭开采使可采储量减少，煤炭资源型城市资源枯竭、经济下滑、环境污染、就业、分配、居民生活等社会问题成为制约该类城市可持续发展的关键因素。当前，我国煤炭资源型城市主要存在以下几个方面的问题。

（1）经济增长缓慢

煤炭资源型城市的发展高度依赖于煤炭资源和煤炭相关产业。一旦煤炭资源萎缩枯竭，很难摆脱矿竭城衰的命运。计划经济时期，煤炭工业是我国经济社会发展所需资源的基础产业，处于优先发展的地位，城市的发展很大程度上依赖于该行业，导致煤炭资源型城市产业和经济结构单一，三大产业比例严重失衡。随着我国市场经济体系的建立和逐步完善，一些煤炭资源型城市表现出可持续发展与多元化发展乏力、产业结构调整和经济结构转型困难、经济增长缓慢的特点。据统计，2000～2010年全国煤炭资源型城市人均 GDP 的平均增长率为 13%，全国城市人均 GDP 的平均增长率为 16%，平均比煤炭资源型城市要高 3%。而且个别煤炭资源型城市 GDP 出现了负增长现象。根据《中国城市统计年鉴—2013》，在国务院《全国资源型城市可持续发展规划（2013—2020年）》所涉及 110 个地级矿业城市中有 70 个城市的人均 GDP 低于全国平均水平。以焦作市为例，自 1956 年以来，焦作市以煤炭工业为基础，形成了以煤炭型企业为支柱产业的工业体系，到 1995 年，全市煤炭资源型企业有 1 233 家，从业人员 8.8 万人，原煤年产量 2 109.85 万吨，工业增加值占全市的比例为 90%。但是从 1996 年后，由于煤炭资源日益枯竭，开采成本不断升高，企业设备老化，技术更新缓慢，这些因素导致煤炭资源型企业经济效益下滑。到 2000 年，焦作市全市的地区生产总值（Gross Domestic Product，GDP）与 1999 年相比下降 13.6%。工业增加值和财政收入也分别下降 12.2% 和 24%。在"九五"期间（1996～2000年），焦作市 GDP 的年增长率仅为 3.5%。从这个数字可以看出，煤炭资源型城市由于受到煤炭资源枯竭影响，城市经济收支非常敏感。

（2）社会矛盾突出

煤炭资源型城市，随着煤炭资源的开采和消耗，资源储量日益减少，对资源依存度高的行业日益衰落，煤炭资源开采企业经营困难，面临转产、停产或破产倒闭，导致社会下岗人员增多。2013 年 8 月，国家发展和改革委员会界定了全国 262 个资源型城市中有 67 个资源趋于枯竭的城市，其中煤炭资源枯竭型城市 38 个（其中地级城市 14 个）。据统计，截至 2018 年，我国 20 世纪中期建设的国有矿山，其中有 2/3 进入"老龄期"，有 440 座矿山面临闭坑。国家发展和改革委员会能源局预计在未来 20 年内，我国将有近百个城市面临资源枯竭，涉及 60 多万矿工失业，1 000 万职工家属生活将受到影响。因此，随着煤炭资源的不断开采，我国煤炭资源型城市大都将进入资源开采的中后期，煤炭资源濒临枯竭，资源型城市接续产业发展不足，大量采掘业从业人员不能及时转产再就业，社会无法提供足够的就业岗位来满足下岗人员再就业需求，导致社会矛盾更加突出。

（3）煤炭资源濒临枯竭

2018 年，我国每年仍有 70% 以上的能源消费来源于煤炭。在今后相当长时间内煤炭资源在我国能源消费结构中仍然起到举足轻重的作用。然而，由于煤炭资源是不可再生资源，其有限性决定了城市煤炭资源必然走向枯竭。尤其是大规模的开采和回收率低是加速煤炭资源枯竭的主要原因。根据《2015 年中国能源蓝皮书》，国有大型矿井回采率为 40%，民营中小型煤矿只有 10% 左右，平均不到 30%，同国外 60% 左右的回采率相比不足世界先进水平的一半。中华人民共和国成立以来，全国累计产煤约 750 亿吨，按照国际平均回采率和全国每年 30 亿吨的年产量计算，总计浪费的煤炭资源至少可供继续开采 10 年以上，煤炭资源枯竭地区平均可以推迟 10 年进入枯竭期。根据世界能源委员会统计，截至 2015 年底，我国煤炭保有储量约为 1 566 亿吨，占全球煤炭储量综合的 13%，位居世界第三位。按照 2015 年 37.5 亿吨开采量计算，可维持开采 42 年，此后煤炭储量将会枯竭。这一水平与世界上煤炭储量前 10 位国家相比，位居最末（见表 1 - 1）。

表 1 - 1　　　2015 年已探明煤炭储量世界前 10 位国家比较　　单位：亿吨

国家	俄罗斯	美国	乌克兰	哈萨克斯坦	波兰	澳大利亚	南非	印度	巴西	中国	全世界
无烟煤和烟煤	491	1 113	162	281	140	386	487	901	—	622	4 583
亚烟煤和褐煤	1 079	1 353	179	31	—	399	—	23	101	523	3 688
总储量	1 570	2 466	342	313	140	785	487	924	101	1 566	8 694

国家	俄罗斯	美国	乌克兰	哈萨克斯坦	波兰	澳大利亚	南非	印度	巴西	中国	全世界
可采年数	471	240	436	362	88	213	198	217	79	42	155
可采年排名	1	4	2	3	8	6	7	5	9	10	—

资料来源：世界能源委员会（World Energy Council, WEC）.

从表1-1中数据可以看出，中国煤炭资源面临着严重的危机，不远的将来煤炭资源枯竭，我国将面临能源危机，这对中国经济发展来说将是一个非常严重的问题。

（4）生态环境恶化

据统计，我国煤炭资源型城市工业废水排放量平均每年达26亿吨，废气1 700亿立方米。废气污染大气，废水的排放直接污染了矿区附近的地表水体和浅层地下水资源，破坏饮用水水源质量，严重影响人们的身心健康。煤炭资源型城市除了以上"三废"污染外，还存在一些特有的生态环境问题：一是，地面塌陷严重。采空区地表塌陷，诱发地质灾害频发，城镇建筑物遭到不同程度的损坏，城镇郊区农田出现大面积塌陷等。根据1998年调查，每采1万吨煤炭形成下沉地面3亩。截至2011年底，我国现有煤炭资源型城市中约有14万平方公里沉陷区需治理。二是，煤炭开采产生的大量粉煤灰和煤矸石是煤炭资源型城市排放的主要固体废弃物，也是煤炭资源型城市的严重污染源。根据1998年调查，每采1万吨煤炭产生的粉煤灰和煤矸石占压土地达0.5~1平方公里。目前，全国有煤矸石山1 500多座，堆积量达30亿吨，煤矸石与粉煤灰堆存不仅占用大面积的土地资源，而且其本身带有的污染物和粉尘等通过气象因素转归至土壤、空气，破坏了城市原有的生态系统，给城市生态圈造成极大的循环污染。

基于以上事实，研究煤炭资源型城市生态安全预警及调控问题已成为重中之重。然而，以往的研究成果中，虽然我国学者以城市为对象研究生态安全问题的居多，但以典型煤炭资源型城市为对象研究生态安全问题的相对较少，尤其是对煤炭资源型城市生态安全预警及调控研究，尚属空白。

1.1.2 选题意义

长期以来，我国煤炭资源型城市沿着传统的追求经济利益最大化的道路发展，大规模开发与无限制消费的线性经济模式，使煤炭资源型城市的经济长期处于高投入、高消耗、高排放、不协调、难循环、低效率的粗放型发展状态，导致资源消费高、利用率低、生态环境恶化等一系列严重问题。我国现有煤炭资源型城市 136 座，占全国城市总数的 15%，市区人口约 8 000 万，占全国城市人口的 16%。官方预计在未来 20 年内，我国将有近百个城市面临着资源枯竭，涉及 60 多万矿工失业，1 000 万职工家属生活将受到影响。截至 2013 年，将近 8 000 万平方米的棚户区尚待改造，约 15 万公顷的沉陷区急需治理。所以，研究煤炭资源型城市的生态安全预警及调控问题，不仅是一个关系到煤炭资源型城市的生态健康发展问题，而且对于促进煤炭资源型城市可持续发展，推动该类城市经济生态转型、促进社会和谐稳定和民族团结、建设资源节约和环境友好型社会具有重要意义。

煤炭资源型城市作为我国较为重要的一类典型城市，从生态安全的视角来看，相关研究十分薄弱。由于煤炭资源型城市的生态环境极为脆弱，生存和生活环境极端恶劣，城市生态安全问题极为严重，为了保证煤炭资源型城市经济社会可持续发展，开展煤炭资源型这一典型城市的生态安全预警及调控研究，是关系我国煤炭型城市生存和发展的一个重大课题。所以，这是一个富有挑战性的课题，其学术价值和应用价值都是巨大的。

1.2 国内外研究综述

　　煤炭资源型城市的形成和发展，在国内外早已引起学术界的关注。本节通过 Elsevier SD 期刊全文数据库、Springer 期刊全文数据库、中国知识资源总库（CNKI）、中国期刊全文数据库（CNKI），在查阅了大量国内外关于资源型城市、煤炭资源型城市可持续发展和经济转型等文献的基础上，围绕着选题"煤炭资源型城市生态安全预警及调控"研究方向，聚焦于国内外煤炭资源型城市的研究成果，对煤炭资源型城市研究现状进行述评。

1.2.1 国内外煤炭资源型城市研究述评

（1）国外煤炭资源型城市研究现状

　　国外学者对煤炭资源型城市的研究开始于 20 世纪 30 年代。加拿大地理学家英尼斯（H. A. Innis）对煤炭资源型城市发展中存在的社会、经济问题率先展开了开创性研究。20 世纪 60 年代后，鲁卡斯（R. A. Lucas）、布莱德伯里（J. H. Bradbury）和马什（B. Marsh）等对于煤炭产业结构升级、单一经济向多元化过渡会自然实现这一假设进行了相关系统研究。随后，欧费奇力格（C. Ofairheallaigh）、霍顿（D. S. Houghton）、海特（R. Hayter）和巴恩斯（J. Barness）等也加入了研究队伍。总体来看，国外对于煤炭资源型城市的研究主要是加拿大、美国和澳大利亚学者，在煤炭资源型城市研究领域中加拿大的学者取得的成绩最引人注目。欧洲国家的成果数量少，仅见英国有少量论文发表。到 21 世纪初，国外学者对煤炭资源型城市的研究大致经历了 3 个阶段。

　　起步阶段（20 世纪 70 年代之前）：该阶段研究的视角聚焦在矿区发展的生命周期、社会与经济发展等基础性问题上。研究内容包括矿井生命周期、城市社会学、城市人口等方面问题。主要研究成果如下。

赫瓦特（Hewardt）提出了矿区城镇的五阶段发展理论。梅拉尼（Melanie）和格利森（Gleeson）指出资源繁荣加速澳大利亚经济增长的同时收益不断向采矿部门和区域集中，要通过政策支持，投资于教育、卫生和社保以顺利实施转型。

卢卡斯（Lucas）研究了单一产业结构的煤炭资源型城市的生命周期，并依据煤炭资源产业发展过程提出了四阶段理论：建设阶段、雇佣阶段、过渡阶段和成熟阶段。

布莱德伯里（Bradbury）将资本积累和依附理论引入煤炭资源型城市研究中，以此解释矿业城市兴衰原因及表现出来的社会经济特点。并于 20 世纪 80 年代补充了两个阶段，即衰退阶段、消亡或转型阶段。

胡贝特（Hubet）依据由煤炭资源开采周期决定的城市发展进程，提出了矿业城市"铃"形生命周期论。

理论探讨阶段（20 世纪 70 年代~80 年代中期）：该阶段研究的视角主要集中在煤炭资源型城市社会、经济发展及转型问题。主要研究成果如下。

沃本森（Robinson）、西门子（Siemens）、卢卡斯（Lucas）等重点研究了煤炭资源型城市发展过程中的社会问题，为稳定煤炭资源型城镇社区社会安定起到了很好作用。

格雷·豪斯特（Greg Halseth）针对加拿大煤矿城镇居民就业适应情况，认为职业培训和技能培训有助于煤炭企业失业人员的再就业，随着资源开采的变化，城镇居民对失业—再就业逐步适应，居民对未来的就业和生活总体上呈乐观态势。

伯奇（Burdge）研究了矿群开采中相互交织的采掘工程的影响叠加效应会缩短煤炭资源产业运行周期，地方政府需要在采矿的早期培育替代产业、吸引寻求再投资的出路，以确保经济效益、防止社会资本流失，从而增强矿业部门应对衰退的能力。

加顿（Garton）通过对澳大利亚北部矿产资源长期开发结果的研究

发现，虽然矿产资源开发带来了地区经济繁荣，但随着矿产资源枯竭，煤炭资源型城市将面临巨大的产业结构调整与升级的压力，因此，必须通过改变单一产业结构、加强环境保护，才能实现可持续发展。

日本通产省资源能源厅在 1995 年的研究报告中分析，日本政府必须在每年制定产煤地域振兴措施时，增加对煤炭区域实施补贴和援助的内容。日本政府为了扶持煤炭产业发展，曾在《产煤地域振兴临时措施法》对煤炭政策共进行了 9 次修订。在对煤炭企业扶持效果不显著的前提下，政府逐渐削减煤炭产量，将资金补贴转向基础设施建设、再就业培训和失业保障上，通过积极扶持新产业，实现煤炭资源型城市转型。

可持续发展研究阶段（20 世纪 80 年代后期至今）：该阶段主要研究煤炭资源型城市振兴与可持续发展问题。

库尔（Kwolek）探讨了煤炭资源型城市的煤炭采掘、运输、加工以及其他附属产业等对当地生态环境所造成的严重影响，建议政府通过法律途径强制约束煤矿开采、流通、燃煤加工等环节对环境的破坏，以保证其可持续发展。

巴尔特（Bartone）在研究了发展中国家的资源型城市的发展问题后，认为在经济相对落后国家的资源型城市发展过程中，必须尽早克服资源消耗与环境污染问题，才能保障将来的经济社会的可持续发展。

约翰·洛根（John Liken）在探讨了煤炭资源型城市经济发展、资源消耗、环境保护等问题以后得出结论：资源、环境与经济协调发展是煤炭资源型城市实现可持续发展基本条件。

（2）国内煤炭资源型城市研究现状

我国对煤炭资源型城市研究开始于 20 世纪 60 年代，虽然起步较晚，但是发展较快，伴随着煤炭资源型城市定义产生自 1978 年后，煤炭资源型城市研究在学术界开始兴起。特别是近年来，无论是实践探索还是理论研究，都取得了阶段性的突破，涌现了一大批学术论文和专著。

在中国知网上以"煤炭城市""煤炭型城市""煤炭资源型城市""煤炭资源城市""煤炭资源枯竭型城市"为主题关键词进行检索，选择三个数据库，即中国学术期刊网络出版总库、中国博士学位论文全文数据库和中国优秀硕士学位论文全文数据库，检索结果显示，共有1 782篇文献。其中，期刊论文1 127篇，优秀硕士学位论文276篇，博士学位论文27篇。煤炭资源型城市研究成果随着时间变化的趋势见图1-1和图1-2。

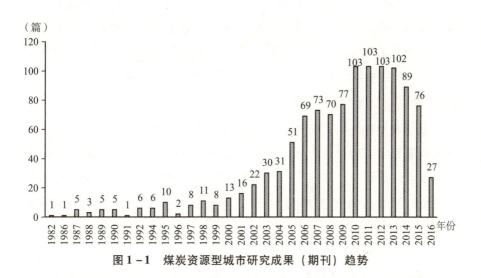

图1-1 煤炭资源型城市研究成果（期刊）趋势

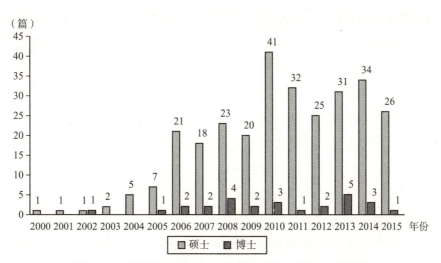

图1-2 煤炭资源型城市研究成果（硕、博论文）趋势

由图 1 – 1 可知，煤炭资源型城市方面的期刊论文开始于 1982 年，期刊论文的数量从 1997 年以后基本上呈逐年递增之态势，2010 年达到最大值 103 篇，2010～2013 年基本稳定在 100 篇以上达到研究高峰期，近两年来论文数有所下降。由图 1 – 2 可知，硕士、博士高层次的研究起步较晚，煤炭资源型城市研究的优秀硕、博士学位论文开始于 2000 年以后。2005 年以后博、硕论文关注较多，2005～2015 年硕士论文呈逐年增加态势，2010 年达到 41 篇。而博士论文整体来看较少，2005～2015 年基本在 1～5 篇之间波动。从以上这些数据分析来看，对煤炭资源型城市的研究层次较低，研究深度还不够，对煤炭资源型城市的研究和探讨还存在有巨大的空间。

通过以上资料收集整理、信息查阅、网上检索，本节将国内学者对煤炭资源型城市的研究成果归类分析主要表现在以下四个方面：煤炭资源型城市评价研究、煤炭资源型城市可持续发展研究、煤炭资源型城市转型研究、煤炭资源型城市生态安全研究。具有代表性的研究成果如下。

①煤炭资源型城市评价研究。

梅金雅，通过系统分析和层次分析法建立煤炭资源型城市可持续发展能力评价指标体系。运用 DEA 超效率模型对 22 个已探明煤炭储备量在 10 亿吨以上的城市的可持续发展能力进行 DEA 评价。结果显示只有徐州、唐山、鄂尔多斯、榆林是 DEA 有效，其他城市均处于无效状态。

宫凤，在参照国内外可持续发展指标体系基础上，构建了阜新市可持续发展指标体系，采用层次分析法、综合值数法计算出可持续发展能力指数。对阜新市的可持续发展能力进行了评价分析。

杨彬彬，构建了资源型城市可持续发展评价的指标体系，采用模糊数学模型，应用综合评价值分析方法，对煤炭资源型城市山东济宁市的可持续发展进行了评价。

孙平军，基于对矿业城市经济发展脆弱性的影响机理动态分析认为：矿业城市经济系统脆弱性是一组关于压力（P）—敏感（S）—弹性

（E）的函数关系式，并具此构建了基于 PSE 模型的矿业城市经济系统脆弱性的评价模型，并采取主成分分析法和熵值法相结合的方法，对阜新市经济发展脆弱性进行了评价。

蔡仲秋，以煤炭资源型企业群落为研究对象，运用文献研究、调查问卷、企业访谈对煤炭资源型企业群落的脆弱性形成机理进行了研究；用层次分析法对部分样本进行了脆弱性评价。根据评价结果，将煤炭资源型企业群落进一步可以划分为低—低型、高—低型、高—高型、低—高型。

杨波，探讨了煤炭资源型城市转型系统的反馈回路及其相互耦合作用，构建了效率评价体系和效果评价体系组合的城市综合评价系统，确定了评价指标和综合评价模型，对煤炭资源型城市转型效率与效果进行了评价。

刘春，从经济、社会、资源与环境的可持续发展 4 个方面构建了煤炭资源型城市评价指标体系，采用主成分分析法对煤炭资源枯竭型城市黄石市的 2000～2012 年的综合发展情况进行了综合评级与分析。

②煤炭资源型城市转型问题研究。

孙海军，以煤炭资源枯竭城市淮北市为例，通过分析煤炭资源型城市转型过程中存在的问题，指出了淮北市转型发展的新思路：发展新经济、培育新动能。

李成军，运用实证分析法，对煤矿城市经济转型涉及的一系列问题进行了系统研究，明确指出：煤矿城市经济转型必须在运用体制、机制和科技创新等各方面进行深刻调整、全面转换，形成新的接续主导产业，替代单一的煤炭经济，发展成新型的现代化城市。

赵兴武，在系统研究国内外煤炭资源型城市经济转型现状的基础上，结合中国煤炭资源型城市实际情况，系统研究了煤炭资源型城市经济转型的目标模式、接替主导产业选择与产业结构调整、效果评价与动态监控等问题。

章怀柯，运用定性描述与定量解析相结合的方法，构建了煤炭资源枯竭型城市转型战略风险的评价指标体系和评价模型，采用层次分析法和模糊综合评价法对转型战略风险进行模糊综合评价。

巴特苏龙，首先运用产业经济学、区域经济学及行政管理等学科的理论，通过对煤炭资源型城市产业结构进行研究，探寻了煤炭资源型城市产业转型的运行机制、转型模式、动力机制。其次以国内外煤炭资源型城市产业转型的典型案例为切入点，根据产业生命周期理论，对鄂尔多斯市产业转型道路进行探讨，提出了该城市产业转型的策略。

薛丹贵，以调查研究为基础，通过文献研究法、问卷调查法等多种方法研究了焦作市转型发展的有利因素及存在问题，采用对比分析法和系统分析法对焦作市国民经济和社会发展对矿产资源需求程度、现有资源保障程度、成矿地质条件以及勘查资源保障程度进行了研究，并从树立可持续发展观、改善社会民生、发展循环经济、加快城市功能转型、完善人才政策五个方面提出了焦作市煤炭资源枯竭型城市转型的发展对策建议。

朱新莹，通过对煤炭资源型城市枣庄市进行矿产资源型城市经济发展现状分析，借鉴国内外矿产资源型城市转型经验，提出了枣庄矿产资源型城市经济转型途径。明确指出枣庄市今后重点发展领域应集中在：实现农业地域生产综合体，合理调整工业布局，发展以旅游、物流、文化产业为中心第三产业，加强环境治理工程等。

③煤炭资源型城市可持续发展研究。

吕萍，以经济新常态为背景，在分析了鸡西、双鸭山、鹤岗、七台河四座煤炭城市主导产业"量价齐跌"的态势后，提出实施投资拉动产业支撑战略，应当培育发展煤化工、石墨、绿色有机食品加工业、生态旅游、电子商务五个接续替代产业的项目。

史学义，在对资源枯竭型城市进行调查分析的基础上，应用新经济增长理论和可持续发展理论，对煤炭城市经济转型进行了定性和定量分析，应用系统动力学方法编制了煤炭城市转型模型，并对煤炭资源型城市阜新市经济转型与可持续发展进行实证分析。

　　李波，以煤炭资源型城市大同市为例，对该市产业发展过程中存在的资源接续问题、环境污染现状和诸多社会不稳定因素进行了初步分析，针对大同市优势资源枯竭、生态环境恶化和社会压力增加的现状，分析了大同市存在的主要问题，明确指出大同必须依托该市产业基础，来寻找可持续发展的根本出路。

　　④煤炭资源型城市生态安全研究。

　　本书在查阅了大量国内关于资源型城市生态安全、煤炭资源型城市生态安全以及相关的生态安全评价与预警研究文献的基础上，围绕着选题"煤炭资源型城市生态安全预警及调控"研究方向，对现有的煤炭资源型城市生态安全问题研究现状进行总结。现有的成果主要集中在生态安全评价上。具有代表性的研究成果如下：

　　张秀梅，采用PSR应模型，选择了33个评价指标，构建了煤炭资源型城市生态安全评价指标体系，采用层次分析法、熵权法和状态最优法对指标进行组合权重，采用综合指数法对鄂尔多斯市2003~2008年生态安全状况进行了动态评价。

　　杜艳春、姜畔和毛建素，根据焦作市社会、经济及生态环境现状分析，借鉴PSR模型，运用层析分析法对焦作市生态安全进行了评价。运用熵值法和实践趋势法，分析了2001~2007年焦作市的生态安全状况。

　　王孟洲、鲁迪和马晴，运用生态足迹方法，对平顶山市的生态足迹构成及土地生态安全状况进行了分析，得出了平顶山市对资源的利用效率较低，土地生态系统处于超负荷的危险状态。

　　王鹏等，以煤炭资源型城市耒阳市为研究区，运用生态足迹方法评价耒阳市2006~2010年的生态安全状况，认为耒阳市人均生态足迹远远超过人均生态承载力，生态系统处于超负荷状态，其中化石能源用地、草地和建筑用地呈现严重的生态赤字。

　　陈云云，采用PSR构建了煤炭资源型城市生态安全25项指标，采用熵值法、综合指数法对煤炭资源型城市乌海市2003~2012年生态安全水平进行分析评价，得出了乌海市2003~2012年的生态安全指数逐年增加，生态安全状况有所好转，整体来看生态安全水平不理想，其生态安全指数平均处于一般安全状况。

陶晓燕，基于"压力—状态—响应"（PSR）概念模型，建立了典型资源枯竭型城市生态安全评价指标体系，利用集对分析理论，从同、异、反三个方面建立了资源枯竭型城市生态安全评价模型。并以焦作市为例，分析了焦作市 1999~2010 年的生态安全状况。

刘聪，综合运用生态学、社会学、管理学、经济学等多学科理论与方法，在对生态安全评价模型和指标权重优化分析的基础上，构建（PSIR）城市生态安全评价指标体系。并运用熵权法、综合指数法对徐州市在时间维和空间维上进行了生态安全的评价分析。

（3）国内外煤炭资源型城市相关研究评述

从以上研究内容看，国外学者对煤炭资源型城市的研究主要集中在生命周期、社会问题、经济问题、政策研究等宏观内容方面，还有涉及社会、经济案例、煤炭经济发展、产业结构调整和可持续发展问题。国内对煤炭资源型城市的研究主要是延续了资源城市所关注内容，包括煤炭资源型城市的人口问题、再就业问题、矿工的社会福利待遇问题，以及煤炭资源型城市升级转型、可持续发展、资源消耗、环境保护等问题。整体来看，国内外对煤炭资源型城市的研究从传统到现代、从宏观到微观、从理论到案例都有所涉及，几乎涵盖了煤炭资源城市的方方面面。从研究方法来看，国外多以描述性、概念性、理论性的研究为主，我国学者更注重数学模型、统计软件及 GIS 空间分析技术的运用，对煤炭资源型城市研究逐步向科学化、规范化、系统化方向发展，得到的结论更为准确，提出的政策建议更为合理、操作性更强。从理论借鉴上看，国外学者主要是以社会心理学、区域发展理论、国际化理论、依附理论、可持续发展理论为依据来指导相关的研究。我国学者对煤炭资源型城市的研究虽然起步较晚，但理论应用涉及面较宽，大部分都是以管理学、经济学、产业经济学研究为先导，特别注重了社会学、生态学、统计学以及数学等学科理论的交叉应用。

从共性角度看，国内外学者对煤炭资源型城市经济、社会、环境问题的研究都是基于实用主义思想，都以服务国家发展战略、国家政策、解决实际问题的需要为导向，具有浓厚的"以任务带学科"特色，具有明显的时代性和应用性。从研究的内容上，尽管国内研究取得了丰硕成果，但存在研究内容重复、研究深度不够的问题。多数研究者基于自身的学术背景和喜好出发，专于对经济结构、城市规划、制度管理、产业调整、环境整治等单一要素的研究较多，综合性研究成果较少。从社会学视角来研究煤炭资源型城市的社会经济环境问题还处于起步阶段。对煤炭资源型城市生态环境修复问题，采煤塌陷区的移民安置问题研究欠缺。从文化、制度、行为等视角来研究煤炭资源型城市产业结构演替、经济发展与产业转型、城市职能转变以及人口社会重构等问题需要加强。尤其是对煤炭资源型城市的生态建设问题、环境保护问题以及生态安全问题显得十分薄弱。在研究的方法上，国外多以描述性、概念性、理论性的研究为主，构建数学模型和运用统计方法的实证研究相对欠缺。我国在 GIS 空间分析技术研究运用不够，尤其是在煤炭资源型城市转型大背景下，物理空间和社会空间发生重构，运用 GIS 技术手段研究空间重构及其效应的成果还不多。尤其是在理论研究方面，除了资源型城市生命周期理论外，还未提出完全适合煤炭资源型城市的理论体系。

1.2.2　国内外生态安全预警及调控研究述评

通过对国内外相关研究文献的查阅、学习和总结本研究领域的研究成果，更加明确本研究命题的意义、选择的研究视角和借鉴的研究方法，以保证本研究具有创新性，避免进行重复研究。

（1）国外生态安全预警及调控研究现状

由于生态安全概念出现的相对较晚，尽管国外对生态安全的研究起步较早，但是真正在学术界研究开始兴起是在 20 世纪 90 年代以后。国外对生态安全研究比较具有代表性的成果如下：

麦克莱德和马克艾弗（Mac Leod & Mc Ivor）等率先构建了一个对全球生态安全风险及脆弱性进行评价的综合框架，并对其不足提出了改进措施。

弗拉迪（Vladimir. V）等认为，生态问题在一定程度上影响了国家或区域的可持续发展能力，可通过构建环境安全综合评价体系，评价国家或区域的社会经济发展、生态条件以及人力资源问题等。

塞纽（Cynil）曾专题研究生态安全与国家安全的关系。

杰拉德（Gerald）等指出尽管当今世界战争威胁依然存在，但引起争端的起源正逐步由军事向环境问题转化。

诺顿（Knaapen）等提出最小累积阻力模型（MCR），为景观生态安全研究提供了一种创新方法。该模型中心思想为通过计算源地到每一景观单元的阻力值，生成最小累积阻力面，并以此来表征研究区的景观安全程度。

罗伯特（Robert）等曾专题研究生态安全与国家安全的关系。

丹尼斯（Dennis）指出生态安全需要建立在四种平衡的保持基础上，即人类与自然环境之间的平衡、不同人种类别的平衡、人类与非人类种群的平衡以及人类与致病微生物之间的平衡。

班达里（Bhandari）等从经济、生态和社会三方面构建指标体系，评价尼泊尔西部生存安全问题。

拉苏尔（Rasul）等，选择12个指标评价孟加拉国传统农业的可持续发展状况，进而评价该地区生态安全状况。

国外对生态安全预警研究主要建立在生态风险评价、生态预报基础之上的。具有代表性研究成果如下：

美国在20世纪70年代开发了生境评价系统（HES）和生境评价程序（HEP），成功对密西西比河下游的森林生态以及区域生态影响进行了生态安全评价。列奥·波士玛（Leo Posthuma）提出了一个可用作生态风险评估，也可用于风险管理的新的模型框架来指导未来的生态脆弱性分析。1975 年，全球环境监测系统（global environmental monitoring system，GEMS）建立，标志着对生态安全预警的研究开始。许多国家和国际性组织分别从不同侧面进行了研究。美国环境保护基金会和自然资源保护委员成功地研制出了全球变暖预警系统（Global warning：Early warning signs），该系统能够标记气温逐渐升高的地区，使环境预警及调控在实际应用变得清晰可视。国际发展与活动组织（International Development Activity）开发了网上饥荒预警系统（famine early warning system network），它通过一系列社会经济数据，包括人口、收入、饥荒指数等参数的设定能够实现对全球各国家和地区的饥荒程度做出预警。夏普和登切克（William E. Sharpe & Michael C. Denchik）对森林演变进行了预警研究，他们建立了一个创新性指标，通过对酸性径流进行测量，基于酸性径流对鱼类的影响，来表征森林减少的程度，最终得出了生态环境的破坏主要原因是由于生态系统中酸类物质的长期缓慢积累的结果。克莫伯（B. H. Kmpob）把俄罗斯科学院地理所编制的全苏生态状况分布图（1：800 万）作为国家生态预报的基础。美国在控制沙漠化方面建立了一套完整的科学预警指标体系，运用生态安全预警的理念，引进卫星遥感技术结合地面检测，从两个角度同时对研究区草场和沙漠的变化进行监测观察，对西南部大草原的沙漠化问题进行了研究，取得了十分准确的预警效果，为沙漠化的研究和治理开创出了一个全新的局面。在生态预报的基础上，不少国家和地区建立起了不同类型各具特色的生态安全预警系统。如加拿大农业旱灾预警系统、乌克兰的环境监测预警系统等，都从不同角度开展了对生态环境预警的专门研究。随着生态环境预警系统和监测方法研究的不断深入，生态环境预警理论研究也得到不断完善，预警技术和手段进一步提高和发展，由以往的单项预警逐步发展到综合预警，从专题预警发展到区域预警，预警研究基本初步形成了理论体系和操作方法，但整体上，预警在资源型城市生态安全研究中的应用很少有专门报道。

（2）国内生态安全及预警研究现状

国内对生态安全研究起步较晚，2000 年以前，我国关于生态安全的研究并不多见，近年来有增长的趋势。自 2000 年 12 月 26 日国务院发布了《全国生态环境保护纲要》，首次提出了"维护国家生态安全"的目标，开启了国内大规模的生态安全研究的大门。真正对生态安全问题的关注开始于 20 世纪 90 年代后期。作者于 2017 年 6 月 29 日，在中国知网以"生态安全""生态安全 + 评价""生态安全 + 预警"为一级主题关键词进行检索，以"土地""水资源""湿地""生物""海洋""景观"为二级检索词，并选择三个数据库，即中国学术期刊网络出版总库、中国博士学位论文全文数据库和中国优秀硕士学位论文全文数据库，检索结果如表 1 - 2 所示。

表 1 - 2   国内生态安全研究成果

主题检索词	共计	期刊	硕士	博士	研究领域					
					土地	水资源	湿地	生物	海洋	景观
生态安全	21 214	12 115	2 902	670	2 955	1 194	1 042	3 012	396	1 528
生态安全 + 评价	4 079	2 173	1 284	361	1 394	368	267	656	74	601
生态安全 + 预警	674	369	190	53	181	50	47	137	16	58

同时，为了具体考察城市层面上的生态安全的研究现状，在中国知网上以"生态安全 + 城市""生态安全 + 城市 + 评价""生态安全 + 城市 + 预警""煤炭资源型 + 生态安全"为一级主题关键词进行检索，以"土地""水资源""湿地""生物""海洋""景观"为二级检索词，同样也选择了三个数据库，即中国学术期刊网络出版总库、中国博士学位论文全文数据库和中国优秀硕士学位论文全文数据库，检索结果如表 1 - 3 所示。

表 1 - 3　　　　　　　　　国内城市生态安全研究成果

主题检索词	共计	期刊	硕士	博士	研究领域					
					土地	水资源	湿地	生物	海洋	景观
生态安全 + 城市	2 967	1 550	636	112	747	206	171	331	50	333
生态安全 + 城市 + 评价	1 006	512	375	78	480	100	67	105	15	168
生态安全 + 城市 + 预警	674	369	190	53	181	50	47	137	16	58
煤炭资源型城市 + 生态安全	12	7	4	1	—	—	—	—	—	—

从表 1 - 2、表 1 - 3 检索结果来看，虽然我国学术界对生态安全问题的研究起步较晚，但对生态安全问题格外关注。无论是在研究的内容、方法还是深度上都取得了丰硕成果。短短十几年时间，生态安全的研究成果突破 2 万篇，优秀硕、博论文超过 3 千篇，研究的领域涵盖了土地、大气、水资源、湿地、生物、海洋、景观等。

对于生态安全预警研究是随着生态安全的研究深入而日益受到学术界的重视。我国最早开始于 20 世纪 90 年代的生态环境预警研究，国务院于 2005 年 5 月 24 日发布了《国家突发环境事件应急预案》，要求各地完善预测预警机制，建立预测预警系统。为此，国内许多学者在不同的空间尺度和不同的领域进行了生态环境评价和预警研究。其中，生态安全预警是生态环境预警研究的重要内容和焦点问题。从已有的相关研究成果看，我国学者对生态安全预警的研究，既有大尺度的省域、地区、城市复合系统的生态安全预警研究，又有小尺度的县、镇和土地、森林、耕地、农田等生态安全预警研究。按照时间序列，具有代表性的研究成果如下。

张秋霞等，以河南省粮食主产区新郑市为研究对象，基于压力—状态—响应（P—S—R）和生态—环境—经济—社会（E—E—E—S）框架模型，构建了耕地生态安全预警指标体系。引入变权理论确定指标权重，运用改进物元可拓模型确定新郑市耕地生态安全预警等级，并采用障碍度模型分析耕地生态安全障碍因子。

张赢月，结合吉林省辽河流域特点建立了一套预警指标体系，借助3S技术，获得了四个年份不同预警因子的时空变化数据，采用最小累积阻力模型，得到不同时空尺度下吉林省辽河流域生态安全警情演变趋势，并且计算出不同调控情景下警情的演变结果。

陈国阶、何锦峰，研究了生态系统和环境逆化变化（即退化、恶化）的过程和规律，阐述了与环境预警相关的环境影响强度、环境影响累积量、环境质量现状、环境标准、环境容量、环境影响响应、环境影响后果等概念，而且给出定理评价的数学表达公式。

刘树枫、袁海林和颜卫忠，分别就环境预警指标体系的建立和环境预警系统的层次分析模型进行了深入研究。

此外，还有许多学者对土地资源预警、水资源预警、耕地预警、流域生态系统预警、可持续发展预警进行了深入研究。

韩晨霞、刘征、赵旭阳、王彦芹，基于PSR框架模型，构建了河北省平山县生态安全预警指标体系，采用情景分析法，以2010年为基准年，对2015年、2020年、2025年的生态安全预警综合指数进行了预测，采用层次分析法和Delphi法相结合的方法确定了生态安全预警评价指标的权重，并运用模糊综合评判方法，结合Excel2003程序，设计了生态安全预警评价计算模型，最后采用综合指数法对平山县生态安全警情、警度进行了分析和判定。

马燕，立足湖北省耕地资源安全现状，通过从"数量、质量、生态"三方面构建了预警指标体系，通过灰色人工神经网络组合模型对湖北省耕地资源安全值进行时间预测，并预测了湖北省及辖域17个地区2011～2016年的耕地资源安全综合值。根据地区特点进行阈值确立进而预报警情，并根据致警因子，提出了排除湖北省耕地资源安全警情的三点对策。

王楠，根据郑州市土地生态安全现状，构建了郑州市土地生态安全预警指标体系，利用郑州市 2003～2011 年的原始数据，通过灰色等维新息 GM（1，1）模型对基础数据进行外推预测，得出 2012～2016 年的预测数据，最后利用熵值法及综合指数法对 2003～2016 年的指标数据进行警情评价。

陈美婷，基于 PSR 模型，选取了 27 项指标，构建了广东省土地生态安全预警指标体系，运用径向基函数神经网络模型（RBF），通过 Matlab9.0 软件编程序，对广东省未来五年土地生态安全演变趋势进行预测。利用熵权原理和变异系数法分析了影响广东省土地生态安全的时空演变机制，并根据各主体功能区的土地生态安全特点，从主体功能区划角度，提出了广东省土地生态安全管理措施。

高然，在 S－PRD 概念模型基础上，以水、大气、土地、生物子系统为基础，建立生态安全预警指标体系。通过构造 UNES 分要素指数，分析和评价了延吉市生态安全动态演变特征。利用灰关联矩阵分析方法对延吉市生态安全进行回顾性评价。最后利用 GM（1，1）模型，对延吉市 2014～2018 年预警指标值进行了预测，以及基于 UNES 分要素方法，对延吉市 2014～2018 年警情进行了动态演变趋势分析。

吴润嘉、朱玉林，以湖南省森林生态系统作为研究对象，借助 PSR 模型建立了预警指标体系，利用模糊指数评价法，通过最大隶属度对湖南省森林生态安全警情进行了评价分析，并提出了相应的治理措施。

林韵芝、刘友兆，以连云港市 2000～2012 年耕地生态安全系统数据为基础，采用径向基函数人工神经网络模型外推了连云港市 2013～2017 年预警指标，分析和预测了连云港市 2013～2017 年生态系统出现的警患，并为连云港市耕地生态安全提供高效可行的调控措施。

综观国内生态安全预警研究成果，呈现出以下特点：对生态环境预警研究多，生态安全预警较少，微观层面上的方法研究和实践研究相对较多，状态预警多，趋势预警较少。在预警指标体系构建上，绝大多数采用了压力—状态—响应（PSR）模型，但是也有个别学者采用了自然—

经济—社会（NES）模型；在生态安全指标的外推方法上，大部分采用了灰色 GM（1，1）预测模型和 BP 人工神经网络模型；在生态安全预警结果的评价方法上，实现了多学科交叉融合，绝大多数采用了综合指数法、层次分析法、模糊综合法、主成分分析法、生态承载力法和系统动力学方法等。而对于煤炭资源型城市这一典型类型城市生态安全预警与调控的研究尚属空白。

1.2.3　存在的主要问题

通过对国内外生态安全预警相关研究成果进行述评，可以看出，国内外学者在生态安全理论与方法研究上都进行了一定的探讨，为生态安全预警及调控研究提供了有力的支撑。

整体来看，国外在生态安全研究方面，大多数集中在概念的辨析、理念的形成及其对国家发展的重要意义上，注重从国家安全和社会安全层面研究生态安全问题。在生态安全预警研究方面，大量的研究主要是建立在早期生态预报及环境监测上，关注大范围的生态环境监测及监测系统建设问题。而对区域或城市小尺度的研究十分薄弱，尤其是对资源型城市生态安全预警问题研究更为少见。在研究手段上较为单一，目前仍集中在对生态安全预警的定性描述和概念探讨上，关于生态安全预警的定量研究相对较少。

在国内研究中，由于学者们研究视角与研究对象的差异性，目前对生态安全的概念和内涵没有达成统一的认识，对警情的等级划分尚没有形成统一标准。相关生态安全预警研究主要集中在单一方面。比如森林、土地、湿地、景观等，对于涵盖整个城市生态大系统开展综合性研究较少。由于生态安全预警研究刚刚起步，许多理论与实践问题有待进一步解决。

（1）生态安全预警指标体系有待进一步完善

在预警指标体系上，目前现有生态安全预警指标体系不少学者都是直接采用了生态安全评价指标体系，同时在研究过程中指标量化与权重的求取带有较强的主观性。因此，目前可操作性强的成熟生态安全预警指标体系并不多见，特别是适合于煤炭资源型城市的生态安全预警指标体系属于空白。

（2）生态安全预警方法有待进一步提高

在预警方法的选择上，一方面，大部分研究集中在对研究对象过去和现状的静态评价上，对警情演变趋势的预测分析不够充分，难以满足超前发现警情并及早预报警情方面的动态性要求。另一方面，对于警情演变趋势的预测模型的选择和改进上，绝大部分研究成果选择了单一模型预警方法，对于研究城市生态安全这一非线性复杂问题，要想提高预警的精准性和真实性，必须采取两种或多种模型进行组合权重和组合预警。

（3）对于生态安全调控研究十分薄弱

通过对收集到的相关成果整理归类分析，从已有的研究成果来看，无论是大尺度的省域、地区、城市复合系统的生态安全预警研究，还是小尺度的县、镇和土地、森林、耕地、农田等生态安全预警研究，其主要研究内容都是集中在生态安全预警评价和警情演变趋势的分析上，而对于产生警情的影响因素及主要问题如何进行调控，缺乏理论探讨与实践分析。虽然有的学者在预警研究中涉及调控问题，也只是泛泛提出措施和对策，尤其是在警情调控的手段和方法的研究上，尚属空白。

总体来看，虽然预警研究的发展历史较长，取得的成果也相当丰富。但是，预警及调控理论和方法在煤炭资源型城市生态安全方面的应用，应该说仍然是一个全新的研究课题。因此，这也为本书在煤炭资源型城市生态安全预警及调控方面的研究提供了更大空间。

1.3　研究内容及技术路线

1.3.1　研究内容

本书以煤炭资源型城市生态安全预警及调控为研究对象，以生态经济学理论、生态安全预警理论、城市生态学理论和统计学理论及多学科交叉理论为基础，采用理论分析和实证研究、定性分析和定量分析、数学模型与计算机编程技术相结合、静态评价与动态预测相结合的方法，在彻底厘清了煤炭资源型城市生态系统耦合演化机理的基础上，对煤炭资源型城市生态安全演变趋势进行了预警分析；通过设置不同的调控方案仿真模拟，寻找出煤炭资源型城市生态安全敏感因子。主要研究内容包括：

（1）核心概念的界定及相关基础理论

首先，应用文献查阅法，在系统总结国内外资源型城市、煤炭资源型城市研究成果的基础上，对论文涉及的核心概念及内涵进行了界定。对本研究主要涉及的生态系统理论等有关知识体系的核心思想进行理论梳理和整合。

（2）煤炭资源型城市生态系统耦合演化机理

尝试将物理学中的应力场理论引入城市生态系统研究中，根据煤炭资源型城市生态系统基本特征，建立生态系统"三场"应力耦合互动演化模型。对煤炭资源型城市生态场中要素耦合力、子系统耦合力和外部耦合力的大小及相互作用关系进行了力学分析，探讨煤炭资源型城市生态系统的耦合作用机理。

（3）煤炭资源型城市 PSR—NES 生态安全预警指标体系建立

根据煤炭资源型城市生态安全影响因素，采用文献查阅法、因素分析法、频度统计法、调查访谈法、电子邮件反馈法等对煤炭资源型城市生态安全预警指标进行筛选，建立了具有煤炭资源型城市特色的生态安全预警指标"备选库"。根据 PSR 模型和 NES 模型两种框架模型互通逻辑关系，构建 PSR—NES 两种模型相融合的煤炭资源型城市生态安全预警指标体系。

（4）煤炭资源型城市生态安全预警模型构建

煤炭资源型城市生态安全预警必然会涉及具体的理论模型和方法问题。根据预警研究的思路，首先提出原始数据的处理方法，其次根据相关数学原理，构建等维新息灰色 DGM（1，1）预测模型、RBF 神经网络模型及等维新息灰色神经网络（DGM—RBF）动态组合预警模型，最后提出了预警指标考核标准及警情等级划分原则与方法，确定了预警研究的基本流程和预警结果的表达形式。

（5）焦作市生态安全预警实证研究

根据焦作市生态安全的实际情况，建立 PSR—NES 生态安全预警指标体系。根据所收集到的焦作市原始数据，根据等维新息灰色神经网络（DGM—RBF）动态组合预警模型基本原理，通过 Matlab R2014b 应用软件编程，分别对预警指标进行外推预测。将预测结果加入原始数据中，根据指标标准化和组合权重的计算方法和预警综合指数合成方法计算出综合警度值数，通过对比警情等级划分区间及阈值，对焦作市生态安全演变趋势进行预警分析。

（6）焦作市生态安全调控实证研究

根据焦作市预警分析中可能出现的生态安全问题，采用"情景模拟法"设置"子系统调控""关键因子调控""目标仿真调控"三种不同的调控模拟方案，通过仿真模拟，从中找出生态安全敏感因子。最后，针对焦作市生态安全未来可能出现的生态安全危险状况，提出具有针对性的生态安全调控措施与对策。

1.3.2 研究技术路线

本书针对煤炭资源型城市所面临的环境恶化、资源枯竭等带来的一系列的城市困境与生态危机问题，从生态安全视角，采用理论与实证分析、静态与动态预警、警情分析与调控模拟等方法，对煤炭资源型城市生态安全预警及调控问题进行深入研究。具体研究思路如下。

首先，通过梳理国内外学者关于资源型城市、煤炭资源型城市生态安全方面的研究成果，明确研究的内容和研究方向；其次，在分析生态安全预警及调控研究所涉及的基本理论支撑的基础上，深刻探讨煤炭资源型城市生态系统耦合演化机理，为构建具有煤炭资源型城市特色的生态安全预警指标体系寻找依据；再其次，运用非线性动态组合预测模型对焦作市生态安全警情的演变趋势进行预测和预警分析；最后，运用"情景模拟法"，通过设置不同的调控方案进行仿真模拟，寻找出煤炭资源型城市生态安全影响敏感因子，针对煤炭资源型城市生态安全可能出现的危险问题，提出调控措施与建议。具体的研究技术路线，如图 1 - 3 所示。

1.4　研究特色及创新点

1.4.1　研究特色

本书在选题视角上，对煤炭资源型城市生态安全预警及调控进行研究，突破了以往大尺度的国家、省域、地区和小尺度的土地、森林、耕地、农田等生态安全作为研究对象的传统视角，填补了典型煤炭资源型城市生态安全预警及调控研究的空白。力争对理论研究相对薄弱的城市生态系统耦合演化机理锁定，对煤炭资源型城市生态安全预警指标体系建立、预警模型构建、生态安全调控模拟等盲点问题进行研究。

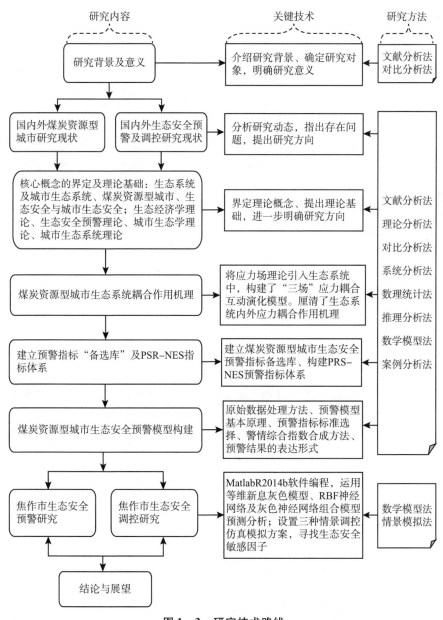

图 1-3　研究技术路线

在研究思路上，始终贯穿紧密结合实际、真实可靠、理论与实践相结合的思想。以融合性、组合性和动态性为主线，在指标体系的构建上选取了动态变化指标，运用了两种模型相融合，体现了两种模型逻辑相通、优势互补和动态的特性；在指标的权重上采取主、客观组合权重法，克服了主观与客观单方面的片面性；在预警模型的选择上，采用了等维新息灰色神经网络动态组合预警模型，充分发挥了两种预警模型的各自优势，保证了预警结果的准确性。

在研究内容上，首先注重从煤炭资源型城市生态系统特点出发，研究煤炭资源型城市生态安全预警及调控问题；其次重点厘清了煤炭资源型城市生态系统的耦合作用机理，以此为基础，对煤炭资源型城市生态安全预警指标的筛选方法、预警指标体系建立的针对性、预警模型构建的特色和实用性进行探究；最后通过实证研究，揭示了煤炭资源型城市生态安全演化规律，确定了影响煤炭资源型城市生态安全的敏感因子，为政府加强生态管理和生态建设制度的制定提供了可靠的理论依据。

1.4.2 创新点

本书基于生态经济学理论、城市生态安全理论，聚焦煤炭资源型城市生态安全预警及调控热点问题，系统研究了煤炭资源型城市生态系统耦合互动演化机理、生态安全预警指标体系及模型构建、生态安全调控及对策。其主要创新点如下。

第一，本书将物理学中应力场理论引入煤炭资源型城市生态系统研究中，构建了煤炭资源型城市生态系统"三场"应力耦合互动演化模型。在建立了力学基本假设条件的基础上，对煤炭资源型城市生态场中要素耦合力、子系统耦合力和外部耦合力的相互作用关系进行了力学分析，揭示了煤炭资源型城市生态系统从低级到高级，从无耦合到低度耦合、从中度耦合到高度耦合的螺旋上升的四阶段发展规律。厘清了煤炭资源型城市生态系统中各子系统及要素间的互为条件、相互激发的耦合作用机理。

　　第二，应用文献检索法、频度统计法、因素分析法、专家咨询法和理论分析法等，建立了具有通用性的煤炭资源型城市特色的生态安全预警指标"备选库"。根据 PSR 框架模型与 NES 模型优势互补、逻辑互通原理，构建了相互融合的煤炭资源型城市 PSR—NES 生态安全预警指标体系。该指标体系层次清晰，融合互通，充分体现了煤炭资源型城市生态系统的特点，反映了煤炭资源型城市人类活动与城市生态系统之间的相互能动关系。预警结果可靠，对于同类城市生态安全预警研究具有较高的参考价值。

　　第三，集成了生态安全研究的定量方法，将灰色预警模型与人工神经网络预警模型相结合，建立了灰色神经网络（DGM—RBF）动态组合预警模型。将该模型应用到煤炭资源型城市（焦作市）生态安全预警中，改变了以往预警研究中单一模型预测的弊端，提高了预测的精度和可靠性。

　　第四，基于情景模拟分析法，设计了生态安全"子系统调控""关键因子调控""目标仿真调控"三种调控模拟方案，对煤炭资源型城市（焦作市）生态安全调控进行模拟分析，确定了影响煤炭资源型城市（焦作市）生态安全的关键因子，验证了预警结果的真实性和可靠性，为政府加强生态管理和政策的制定提供了理论支撑。

2

核心概念界定与相关理论基础

2.1 核心概念界定

2.1.1 生态系统含义

生态系统（ecosystem），指在自然界的一定空间内，生物与环境构成的统一整体，是共同栖息在一定地域空间内的所有生物种类及其所处环境之间经过不断地进行物质循环、能量转换以及信息传递之后形成的具有一定结构和功能的统一整体。在这个整体中，生物与环境之间相互影响、相互制约，并在一定时期内处于相对稳定的动态平衡状态。自然生态系统不仅为人类提供食物、木材、燃料、纤维以及药物等社会经济发展的必需的物质资料，而且还维持着人类赖以生存的生命支持系统，包括空气和水体的净化、洪涝和干旱的缓解、土壤的产生及其肥力的维持、废物分解、生物多样性的产生和维持、气候的调节等。在自然生态系统中，能量的最终来源是太阳能，在物质方面则可以通过生物地球化学循环而达到自给自足。

2.1.2 煤炭资源型城市概念

煤炭资源型城市是我国较为重要的一类资源型城市。目前，煤炭资源型城市有煤炭城市、煤矿城市等不同的称谓，学术界还未形成统一的定义。李文彦最先采用统计资料对煤炭资源型城市进行界定：即煤矿职工占全市职工的比例大于25%、煤炭工业产值占全市工业总产值比例不能低于15%、煤矿的生产规模最小不能低于200万吨/年。满足上述3个指标的方可称为煤炭资源型城市。以后的学者如樊杰、周德群、史学义等，对煤炭资源型城市的定义基本上遵循了这种思想，只是各统计指标的门槛高低不同而已。1998年，国家计划委员会宏观经济研究院课题组进一步将界定标准明确化：就产值结构上，地级市要求超过2亿元，县级市煤炭采掘业产值超过1亿元，且在工业总产值中的比重要高于10%；从就业结构上，要求县级市的煤炭采掘业从业人员数不少于1万人、地级市则不能少于超过2万人，且在全部从业人数的比重高于5%。可见，无论哪类界定标准，煤炭产业的就业人数和产值是煤炭资源型城市界定较为重要的依据。因此，根据当前煤炭城市的发展状况，综合前人的相关定义方法，本书认同煤炭资源型城市是指因煤炭资源开发而形成和发展起来，煤炭资源采掘业产值占工业产值的比重高于10%、从业人员占全部从业人员比重不低于5%，且城市经济的发展对煤炭资源有较高的依赖性，通过煤炭开发向社会提供矿产品和矿产加工制品的城市。以此为标准，国务院在《全国资源型城市可持续发展规划（2013—2020年）》中界定了262座资源型城市，比较典型的煤炭资源型城市共计72个，其中地级市47个、县级市25个。详见表2-1。

表 2 - 1 典型煤炭资源型城市名单

类型	地级市（47）	县级市（25）
成长型	朔州市、鄂尔多斯市、六盘水市、毕节市、黔南布依族自治州、昭通市、榆林市	霍林格勒市、锡林浩特市、永城市、禹州市、灵武市、哈密市、阜康市
成熟型	张家口市、邢台市、邯郸市、大同市、阳泉市、长治市、晋城市、忻州市、晋中市、临汾市、运城市、吕梁市、鸡西市、宿州市、亳州市、淮南市、济宁市、三门峡市、鹤壁市、平顶山市、娄底市、广元市、广安市、达州市、安顺市、渭南市、平凉市	古交市、调兵山市、登封市、新密市、巩义市、荥阳市、绵竹市
衰退型	乌海市、阜新市、辽源市、鹤岗市、双鸭山市、七台河市、淮北市、萍乡市、枣庄市、焦作市、铜川市、石嘴山市	霍州市、北票市、九台市、新泰市、耒阳市、资兴市、冷水江市、涟源市、合山市、华蓥市
再生型	通化市、徐州市	孝义市

注：国务院. 全国资源型城市可持续发展规划（2013—2020 年）［N］. 人民日报，2013 - 11 - 12.

这里需要说明的是，煤炭资源型城市也是一个动态性的概念，随着城市经济对煤炭资源的依赖程度发展，煤炭资源型城市可能会改变成为非煤炭资源型城市。

2.1.3　生态安全与城市生态安全概念

（1）生态安全内涵

生态安全问题是一个全球性的话题，逐渐被越来越多的国外专家学者、政府官员甚至普通民众所重视，它是指人类赖以生存和发展的生态环境处于一个良性的可持续发展的状态。生态安全是一个全新的安全概念，从提出至今，大约已有 20 多年的历史。生态安全的思想最早出现在 19 世纪 40 年代的土地健康及土地功能评价中，其概念则建立在环境安全的概念基础上。从已有的研究成果来看，对生态安全的理解有狭义和广义之分。广义生态安全包括自然生态安全、经济生态安全和社会生态安全；狭义生态安全仅指自然和半自然生态系统安全，即生态系统完整性和健康的整体水平。以上两种的理解，其核心思想都是建立在经济发展与生态环境双方相互作用引起生态环境的变化这一基础之上。本书认同国际应用系统分析研究所（International Institute for Applied Systems Analysis，IIASA）提出的生态安全概念：即生态安全是指在人的生活、健康、安乐、基本权利、生活保障来源、必要资源、社会秩序和人类适应环境变化的能力等方面不受威胁的状态，包括自然生态安全、经济生态安全和社会生态安全等方面内容。

（2）城市生态安全内涵

城市生态安全的概念来源于"生态安全"的研究，它是生态安全理论研究的重要组成部分，也是生态安全理论在城市研究领域的具体应用。城市生态安全同国防安全、经济安全一样，它是国家安全的重要组成部分。城市生态安全是指维护城市发展所需的生态环境能满足城市当前和未来发展需要的一种城市发展状况。

目前城市生态安全还没有统一的定义，比较普遍的观点认为，城市生态安全是指一个城市生态环境支撑条件以及所面临的生态环境问题不对其生存和发展造成威胁，即城市生态系统的功能可以满足其持续生存与发展的需求。结合以上理解，本书将城市生态安全定义为：城市生态安全就是某个城市以自然生态系统、经济生态系统和社会生态系统的稳定为基础，实现人与自然、社会与自然、经济与自然的协调可持续发展，以达到城市自然和谐、社会稳定及经济良性发展的状态。目前，我国大部分城市都存在着各种不同的生态安全问题。

（3）煤炭资源型城市生态安全内涵

煤炭资源型城市生态安全是指煤炭资源型城市在一定时期内其自然、资源、环境及经济社会等各方面不受生态破坏与环境污染等影响，且各方面保持自身稳定健康发展的同时可以满足可持续发展的一种稳定的态势。限于煤炭资源的不可再生性，以及煤炭资源开采及运输对生态环境的破坏性，煤炭资源型城市生态安全具有特殊内涵：第一，煤炭资源型城市生态安全包含自然环境系统不受到威胁、经济生态系统可持续发展、社会生态系统和谐，其中自然资源承载力强、生态环境不受破坏及威胁是基础；第二，生态安全状态良好的煤炭资源型城市，必须是可持续发展能力强的，其资源利用合理、经济持续健康发展、城市整体竞争力强；第三，煤炭资源型城市生态安全是动态变化的，也是可以定量化的。

2.2　理论基础

煤炭资源型城市生态安全预警及调控研究是一项巨大的系统工程，没有理论基础的指导，将缺乏根基失去研究方向。当前我国理论界对煤炭资源型城市生态安全研究相当薄弱，尚未形成理论体系，但与之相关的基础理论研究如运用生态系统理论、生态经济学理论、城市生态学理论、可持续发展理论等都取得了一定的成效。

本书在"煤炭资源型城市生态安全预警及调控"研究中遵循的原则就是系统研究，即把"煤炭资源型城市生态安全预警及调控"问题看作一个整体系统进行分析。首先，通过探求"城市生态系统的动态耦合作用机理"来构建"煤炭资源型城市生态安全预警指标体系"；其次，根据国内外相关研究成果和国家、地方政府对其预警指标标准要求，通过建模和计算机运算手段对煤炭资源型城市生态安全警情进行动态分析；最后，通过实证分析、要素调控与情景模拟，寻找出影响煤炭资源型城市生态安全关键因子（因素），为煤炭资源型城市生态管理和政府决策提供科学依据。因此，在研究煤炭资源型城市生态安全预警及调控问题上，主要涉及"生态经济理论""生态安全理论""城市生态学理论""城市生态系统理论""城市生态安全预警及调控理论"以及"统计分析理论""数学建模理论"等学科内容，为本研究提供了重要的理论支撑和思路基石。

2.2.1　生态经济学理论

（1）生态经济学的形成与发展

现在形成的生态经济学可以说是生态学和经济学的再联合。生态经济学最早曾被称为污染经济学或公害经济学，它是生态学和经济学融合而成的一门交叉学科。生态经济学是 20 世纪 60 年代后期在生态学研究基础上正式创建的。美国海洋学家蕾切尔·卡逊（Rachel Carson）在 1962 年发表的《寂静的春天》中，首次真正结合经济社会问题描绘了美国滥用杀虫剂所造成的危害，揭示了近代工业对自然生态的影响。1966 年，美国经济学家肯尼斯·鲍尔丁在《一门科学——生态经济学》中，正式提出"生态经济学"的概念及"太空船经济理论"等。1989 年 *Ecological Economics* 刊物的创办，标志着生态经济学学科的正式创建。我国生态经济理论研究起始于 1980 年。近 30 年来，中国生态经济学把可持续发展理论和产权制度理论等最新理论融入生态经济学中，并把生态经济学从最初始的农业生态经济学范畴扩大成一个完整的学科体系。中国的生态经济理论研究正走向理论与实践的紧密结合，目前已扩充到多个分支领域，如城市生态经济学、旅游生态经济学、资源生态经济学、企业生态经济学、环保产业研究等。由于生态经济学研究的问题，直接关系到环境质量、社会经济发展和人类子孙后代的健康水平问题，目前已得到世界多数国家的政府、社会团体、学术界和企业单位所重视。

（2）生态经济学研究的内容

由于生态经济学所观察思考的客观实体是由生态系统和经济系统组成的有机统一体，因此，生态经济学的研究对象也只能是生态经济系统。这是因为生态经济学所研究的内容主要是围绕着人类经济活动与自然生态之间相互作用的关系，研究生态经济结构、功能、规律、平衡、生产力及生态经济效益，生态经济的宏观管理和数学模型等内容。生态经济学研究的重点内容是生态系统与经济系统的内在联系，即内在规律性。生态系统与经济系统之间的本质联系是两者间存在着物质、能源价值的循环和转变。生态经济学的研究内容除了环境污染、生态退化、资源浪费的产生原因和控制方法以外，还有经济发展与环境保护之间的关系、经济评价与经济活动、环境效应等。另外，生态经济学还研究以人类经济活动为中心的生态系统和经济系统的相互作用关系，从而揭示生态经济发展的运动规律。更重要的是，生态经济学的研究结果能够成为制定正确的发展战略和经济政策的科学依据。总之，通过生态经济学的研究，可以以较少经济价值来换取较多的社会、环境效益。因此，生态经济学对于解决由于经济无序发展所导致的环境问题具有很好的指导意义，并能够提出与之相适用的对策及方法。

（3）对本研究的支撑

生态经济理论研究内容主要集中在与生态环境和经济发展有关的方面以及两者之间关系的方面。它不仅研究生产要素、生态平衡对经济发展的相互促进制约，还研究经济技术要素在运动中对生态平衡的影响，并在研究中突出人对生态系统的主导作用。生态经济理论认为，造成生态环境问题的直接原因一般是人类活动干扰，探究其深层次原因是经济利益的驱动，当然这也是经济无序发展所导致的。而生态安全研究的核心正是探讨社会经济发展与生态环境关系、人类经济活动与自然环境的相互作用及影响。因此，生态经济理论是煤炭资源型城市生态安全预警及调控研究的重要理论基础。

2.2.2　生态安全预警理论

（1）生态安全预警理论

广义地说，预警是组织的一种信息反馈机制。它最初起源于军事，随着社会进步的需要，预警所具有的信息反馈机制逐步超越了军事，预警理论突破军事领域最早应用在经济领域，目前已进入政治、教育、医疗、灾变、治安等自然和社会领域。预警理论的基础是数学理论，数学理论为预警理论提供了具体方法和模型，即用数学模型来描述目标事件的本质及其发生与发展规律。生态安全预警理论是传统预警理论在生态安全研究领域的运用和拓展，是随着生态安全研究应运而生，是生态安全研究的重要内容和分支。20世纪90年代初，我国生态环境保护工作中的预警研究开始逐渐增多。郭中伟认为生态安全预警是一种社会公益性的服务，应该由国家组织实施。傅伯杰和陈国阶等对区域生态环境预警的原理和方法进行了较深入的研究，提出了以区域持续发展的能力作为区域生态环境预警的综合指标，对我国各省区的生态环境质量进行评价、排序和预警。总体来看，生态安全预警理论尚属于形成阶段，目前还停留在生态安全预警概念的探讨上，而对于生态安全预警评价方法及预警体系的构建上还没有形成统一理论体系。当前，日益突出的生态问题对我国生态安全构成巨大的威胁，控制生态系统发生退化并在生态恶化之前及时发出预警预报，将成为生态安全预警研究的重要内容。

（2）生态安全预警的方法

生态安全预警需要结合预警理论和生态安全的评价系统建立预警指标体系，合理地设计预警系统的结构，形成多层次的并列预警子系统，再根据研究区域的实际情况进行预警分析。所以，生态安全预警是一个复杂的统计预测过程。当前，主要是借鉴生态安全评价方法对生态安全预警进行研究。目前我国对生态安全预警的方法研究已取得了一些成果，主要表现在预警指标体系的构建、预警模型选择、预警评价方法研究等。但还存在理论和方法不成熟，生态安全预警研究仍是一个较新的研究领域，相关的理论、方法、技术及预警系统构建的研究尚需在理论体系、预警的方法和技术等方面进一步深入研究和完善。

（3）对本研究的支撑

生态安全预警研究思想来源于近年来兴起的"生态安全"的研究，是生态安全理论研究的重要内容和理论分支，是生态安全理论在生态系统安全研究中的具体应用。尽管目前生态安全预警理论尚未真正形成，还不能为煤炭资源型城市生态安全预警研究提供直接的理论和方法，但是学者们对生态安全预警理论的具体化和实践化的研究成果，对本研究提供了较好理论支撑。

2.2.3 城市生态学理论

（1）城市生态学的形成与发展

城市生态学（urban ecology）研究开始于 20 世纪 30 年代芝加哥学派的城市社会学研究。早在 1904 年英国学者盖迪斯（Patrick Geddes）在《城市开发》和《进化中的城市》中把环境、卫生、居住、市政工程、城市规划系统等问题统一起来研究，对城市的研究运用了生态学的原理和方法，开创了人类生态学研究的先河。直到 20 世纪 70 年代以后，城市生态学才正式从生态学和城市问题研究学科中分离出来，成为一门独立的学科。

20 世纪 80 年代初，城市生态学传入我国后就引起了各个城市学科专家的广泛关注。在 1986 年 6 月在天津召开第二届全国城市生态研讨会，重点讨论了城市生态学理论及其在城市规划、管理和建设中的具体应用问题。1987 年 10 月在北京召开的"城市及生态研究及其在城市规划发展中的应用"国际学术讨论会将城市生态学研究推向理论研究高潮，1997 年 12 月在深圳召开了全国第三届城市生态学术讨论会，同年又在香港召开了"城镇可持续发展的生态学"专题谈论会。目前环境科学、计算机科学以及耗散论、突变论、协同论等逐步融入城市生态学理论研究中，随着理论研究的不断深入，城市生态学将逐渐形成一种新的理论学科。

（2）城市生态学研究对象

城市生态学的研究对象是以人类活动为中心的城市生态系统。城市生态学运用生态学的概念、方法和原理，试图通过对城市复杂生态系统内部的结构、功能、特点及其存在问题的研究找到解决问题的出路和途径，从而实现城市这个复合生态系统的良性、稳定的循环，保证城市的可持续发展，最终使得人类与赖以生存的环境和谐相处。

（3）城市生态学研究内容

城市生态学研究的主要内容是城市生态环境与城市居民之间的相互作用关系。该理论研究的范围包括：城市中居民空间分布状况与居民流动的特征；城市污染治理状况及效率；城市生态承载力与容量；城市中资源、能量消耗与城市环境的影响关系；城市生态内部循环与代谢状况等。

（4）对本研究的支撑

以城市生态学理论为指导，来研究城市生态安全预警及调控问题，可以应用城市生态学相关理论来分析城市生态安全存在的危险因素，确定城市生态安全预警指标，构建城市生态安全预警指标体系，并且根据所建立的城市生态安全预警指标阈值，分析城市生态安全状况，对城市生态安全做出预警。因此，城市生态学理论对煤炭资源型城市生态安全预警及调控研究命题，具有直接的理论指导作用。

2.2.4 城市生态系统理论

（1）城市生态系统的基本内涵

城市生态系统是城市生态学研究的重要内容。由于学者研究领域的差异，对其概念的认识存在一定的差别。马世骏认为，城市生态系统是包括自然、经济与社会的复合生态系统，也是以人为中心的系统。本书根据研究的需要，采用马世骏的观点，认为城市生态系统是由经济、社会、自然三个子系统构成的复合生态系统。城市生态系统是按人类对自然环境的适应、加工、改造的意愿创建的一种特殊的人工生态系统，是典型的人类社会—经济—自然复合生态系统。在城市生态系统中，人起着重要的支配作用，这一点与自然生态系统明显不同。城市生态系统，既是以城市为中心、自然生态系统为基础、人的需要为目标的自然再生产和经济再生产相交织的经济生态系统，又是在城市范围内以人为主体的生命子系统、社会子系统和环境子系统等共同构成的有机生态巨系统。当今，城市生态系统已经成为人类生态系统的主体，对城市生态系统的研究已成为城市生态学的研究的中心和研究重点。

（2）城市生态系统理论研究内容

城市生态系统理论研究的核心是城市生态物质和社会学诸多因素的变异性、层次性、和谐性和演绎性。城市生态系统理论将整体论同还原论、定量分析同定性分析方法相结合，来研究城市生态系统共生和再生能力的循环、生产、流通、消费与还原功能的运作，社会、技术经济与环境目标的结合，结构与次序、空间与时间、能量与物质的统筹，科学、人文、经济与工程技术方法的统一等方面的内容。通过研究环境物理、环境化学、生物链的能量流动以及物质循环因素，以及众多自然生态因素、社会文化因素、生物物种能量传递、生态演替和社会经济过程的运作模式等以实现城市生态系统的功能整合。

（3）对本研究的支撑

煤炭资源型城市是一种典型的资源型城市，将城市生态系统理念引入煤炭资源型城市生态安全预警与调控研究中，无论是从研究的内容、研究对象还是研究的方法上，两者完全具有融合性和包容性。因此，城市生态系统理论为煤炭资源型城市生态安全预警及调控研究提供了研究的基本框架和研究范围。

2.3　本章小结

本章是本研究的立足点和基础，也是各章节研究内容和方向的出发点。对于"煤炭资源型城市生态安全预警及调控研究"命题研究而言，核心概念认知与理论基础的把握是整个论文的写作依据，贯穿于研究的全过程之中。从本书的选题、结构的确定与修正、研究内容的撰写，乃至研究结论的产生，都体现出煤炭资源型城市生态系统发展思想。本章在对生态系统与城市生态系统、煤炭资源型城市、生态安全与城市生态安全等核心概念进行了系统梳理的基础上，简要阐述了生态经济理论、生态安全预警理论、城市生态学理论、城市生态系统理论内涵和基本原理等，为本书下一步研究提供了有力的理论支撑。

3

煤炭资源型城市生态系统耦合
作用演化机理分析

3.1 煤炭资源型城市生态系统耦合结构

3.1.1 耦合与系统耦合

耦合（coupling）概念来源于物理学，是指两个或两个以上的体系或两种运动形式之间通过各种相互作用而彼此影响的现象。

系统耦合（system coupling）的概念，是随着耦合概念广泛运用而派生出的一个具有应用性的概念。系统耦合是指两个或两个以上具有耦合潜力的系统，在人为调控下，通过能流、物流和信息流在系统中的输入和输出，形成新的、高一级的结构功能体，即耦合系统。这一系统耦合过程蕴藏着复杂的变化，包含着众多错综复杂的因子，伴随着物质、能量、信息等流动与循环。系统耦合可以使系统中的各个组配置更合理，系统功能趋向于完善，呈现出耦合系统特征，推动形成新的耦合系统，实现生态系统的进化。我国农业科学家任继周院士在 20 世纪 90 年代通过大量的耦合理论研究之后，对系统耦合给出了如下定义：系统耦合是指两个或两个以上的具有同质耦合键的系统，在一定的条件下，通过物流、能流和信息流的超循环，形成新的高级系统的系统进化过程。

3.1.2 煤炭资源型城市生态系统的组成

煤炭资源型城市生态系统是将资源型城市和煤炭型企业整合而成的典型特色的大系统，其内部结构是由自然子系统、经济子系统和社会子系统组成。而每个子系统内部又包含了与其相关若干要素，且要素及子系统之间相互依赖、相互协调、相互促进、动态耦合成为一个复杂的人工生态复合系统。

（1）生态要素

生态要素是煤炭资源型城市生态系统构成中最基本的组成部分和功能元素。城市生态要素主要包括：自然要素、经济要素、社会要素等。自然要素是城市边界范围内与人类生活密切的、在城市生态系统中能够发挥生态功能的所有自然物的结合，由城市中一切非人类创造的直接和间接影响到城市生活和生产环境的各个独立的、性质不同而又有总体演化规律的基本物质组成。如水、大气、生物、阳光、土壤、森林、自然山体、河流、湿地、地形、地貌、地质、气候、城市绿地等等。经济要素是一个城市经济发展状况、经济结构、居民收入、消费者结构等方面所必须具备的基本因素，包括劳动者、劳动工具、劳动对象、生产、分配、交换、消费、分工、财产关系、福利、保障等，主要由工厂、企业、商业机构、金融机构、公司、集团等生产机构和服务业构成。社会要素是城市赖以存在和发展的基本成分和重要基础，主要包括机关、学校、社团、治安、医疗、福利、宗教、文化、体育、娱乐、科研机构、民俗文化、社区服务设施等等。自然要素、经济要素、社会要素之间相互影响、相互制约，通过物质转换和能量传递两种方式密切联系。

(2) 生态子系统

煤炭资源型城市生态系统是由与生态要素相对应的自然子系统、经济子系统和社会子系统而组成的耦合系统。各子系统之间按照一定的形体结构组成，通过相互作用、相互交织等复杂的作用机理形成一个有机组合的耦合系统。自然生态系统、经济生态系统和社会生态系统是相互联系、相互影响、相互制约的。自然子系统是煤炭资源型城市生态耦合系统的物质基础，对经济生态系统提供可利用资源，为社会生态系统提供生态需求；经济子系统是煤炭资源型城市生态耦合系统的关键，为社会生态系统提供物质商品的生产和服务，以满足人类物质生活的需要；社会子系统是煤炭资源型城市生态系统耦合发展的保障，为经济系统的科学发展提供良好的社会政治体制和稳定有序的社会环境，是实现生态系统耦合和社会良性运转的保证。三个子系统在适当的管理与监控下，形成相互制约、相互依存的、有序而相对稳定的生态网络系统。

城市生态系统是一个不断演化升级发展的动态耦合系统。煤炭资源型城市生态系统是一个多层次的复杂系统，也是新陈代谢异常活跃的有机系统。从系统耦合元素基本特征来看，煤炭资源型城市自然子系统是煤炭资源型城市生态系统耦合的物质基础，经济子系统是耦合的核心，社会子系统是耦合的内在动力。

3.2 煤炭资源型城市生态系统耦合机制

3.2.1 城市生态系统反馈机制

反馈（feedback）又称回馈，是控制论的基本概念，指将系统的输出返回到输入端并以某种方式改变输入，进而影响系统功能的过程，即被控制的过程对控制机构的反作用，这种反作用影响这个系统的实际过程或结果。反馈包括正反馈与负反馈两种类型，正反馈加速了变量的变化，负反馈抑制或减弱了变量的变化。通过反馈概念可以深刻理解各种复杂系统的功能和动态机制，进一步揭示不同物质运动形式间的共同联系。

在城市生态系统中，当自然、经济、社会子系统任何一个子系统发生变化时，必然会影响其他的子系统，甚至会影响整个城市生态系统发生一系列的变化。这个过程就是反馈的过程。城市生态系统正是在反馈的作用下使系统不断地发展变化，从而使得城市生态系统不断从低级向高级发展演化。正反馈是生产消费系统的内在驱动力，负反馈则是生态支持系统的支持与约束力。在以人为中心的城市生态系统中，存在有正负两种不同方向的反馈机制。一方面，人类的生产消费是城市生态系统的内在驱动力，也是一种正反馈机制。正是因为人类对物质与精神的需求具有无限扩张的特征，才使得城市生态系统不断发展。另一方面，在城市生态系统中，如果人类对物质文化的追求对城市生态系统产生的正反馈影响在城市生态系统承受范围内时，生态系统的自我稳定与调节作用能够维持自身的平衡，这种生态系统的自我维护机制就是一种负反馈机制。因此，城市生态系统正是通过正反馈与负反馈的机制不断发展与相互协调，呈现出良好的态势。一旦人类活动对自然界的影响超过生态承载能力时，负反馈机制失灵，就会导致城市生态系统结构功能遭到严重破坏，城市生态系统将发生崩溃。

3.2.2　城市生态系统耦合机制

根据系统耦合原理，按照马世骏的城市生态系统是由自然、经济、社会三个子系统构成的复合生态系统的观点。城市生态系统耦合的内涵是指经济子系统、社会子系统和自然子系统之间在正负反馈两种机制的相互作用下，使城市生态系统向着更高层次演变发展的一种态势。城市生态系统耦合是指系统内部在自然、经济、社会的三个维度上起作用，表现为子系统之间相互依存、互相促进的关系，最终将促进系统结构更加稳定和生态功能的整体提高。值得指出的是，耦合与复合概念意义的区别。耦合系统中各子系统有着十分密切的相互作用与相互依存关系，而这种关系通常是在耦合系统形成过程中发生的，而复合仅仅是指混合、合成，也就是说，复合系统形成过程中，各子系统之间不一定发生着密切的功能或结构关系。城市生态系统耦合比"复合"更具有协调性、关联性和整体性，它不仅是生态系统内各子系统及要素之间的相互协调，还包括融合、干预与调控。所以城市生态系统的耦合演化过程实际上是城市生态系统从无序到有序、从局部到整体的综合升级和提高的过程。城市生态系统耦合发展通常可以产生两种效应：一是打破原有子系统之间格局，改变其独立运作的模式，从而通过有效的耦合形成新的耦合系统；二是城市生态系统在耦合过程中改善原系统运行弊端，形成新的结构和功能，以实现城市生态系统耦合发展的目标。

3.2.3 煤炭资源型城市生态系统耦合互动演化模型

煤炭资源型城市生态系统由三个子系统及为数众多的要素组成，且子系统内部机制、运行形式和结果是多方面的。自然子系统的资源与环境的合理、高效运行，能够为经济子系统提供充足的自然资源，为社会子系统提供良好的生态环境。经济子系统的高效运行能够满足人类物质生活的需求，提高经济效益。社会子系统的良好运行能够保障自然子系统良性循环和经济子系统的经济效益最大化。正是因为煤炭资源型城市生态系统中自然、经济、社会三个子系统之间的"双重"耦合互动关系的存在，才促使煤炭资源型城市生态系统从低级向高级良性发展。煤炭资源型城市生态系统内部各要素、各部分之间的相互作用互动演化关系是通过彼此间的物流、能量流、价值流和信息流的形式来实现。煤炭资源型城市生态系统耦合互动演化模型，如图3-1所示。

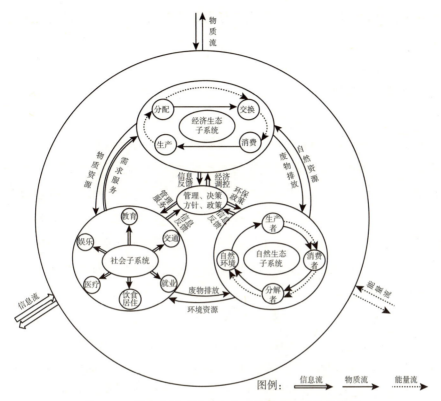

图 3 – 1　煤炭资源型城市生态系统耦合互动演化模型

（1）物质流

城市生态系统中存在复杂的物质流，将城市生态系统的物质流分为自然物质流、经济物质流。自然物质流，它是通过生产者→消费者→分解者→环境→生产者的循环过程进行的。经济物质流，它是通过生产→分配→交换→消费→生产的过程在社会各部门之间循环流动。从图 3 – 1可以看到，物质流在自然与经济子系统、自然与社会子系统之间都具有双向流动性，而在经济与社会子系统间则是单向流动的，社会子系统是物质的最终消耗者。实质上由于自然子系统与经济子系统之间的内在联系和相互促进关系的存在，自然物质流与经济物质流都是在社会子系统的作用下相互转化的。自然物质流是由自然力推动的生态流，主要包括空气和水体的流动，具有数量大、状态不稳定的特点，流动的速度和强度会直接影响城市的经济生产、社会生活和自然还原功能，直至影响到城市生态系统的发展方向。经济物质流是社会和经济活动的物质基础。经济物质流反映了人类经济活动与自然生态系统之间的物质关联关系，体现了物质在系统内部与系统之间的迁移和转化途径。物质流在城市生态系统中，使社会经济子系统与周围的自然子系统通过物质流与能量流相连接。社会经济子系统被看作自然环境系统中一个具有代谢功能的有机体，该有机体对自然子系统的影响可以用其从自然环境中摄取以及排泄到自然环境中的物质来衡量。所以说，自然物质流、经济物质流都是在社会子系统的作用下实现了三大子系统之间物质利用流动与交换，体现了物质的高效利用，推动了城市生态系统的物质循环与发展。

（2）能量流

城市生态系统中的物质流与能量流相伴相生，彼此联系、相互依赖。能量流是能源在满足城市经济生产、社会生活过程时在城市生态系统内部和外部的传递过程中产生的。能量流与物质流的分类相对应，城市生态系统中的能量流也包括自然能流和经济能流。自然能流构成城市生态系统的能量来源，包括太阳能、风能和水能、生物能、矿物能等流动；经济能流发生在投入到产出、生产到消费过程中，通常指能源开发所形成的有用能源。经济能流是由自然能流转化而来的。根据能量守恒定律，能量只能被消耗和减少。因此，能量流动与物质流动具有显著的方向性差别，物质流具有双向循环流动特征，而能量流动有两个显著的特点，其一是流动的单向性和非循环性；其二是能量的递减性，即随着能量的传递和转移，能量是逐渐消耗与减少。从图 3-1 可以看出，能量流在自然子系统和经济子系统内部具有单向循环性。生产者从自然环境中获得能源，通过生产消耗能量转化为产品或能量，消费者在消耗能量或产品后将其分解到自然环境中，能流每完成一个循环，大量初级能量都会被消耗掉。在经济子系统内部，生产者吸收自然能量转化为经济能流，能量通过生产—分配—交换—消费完成一个单项循环，在物质生产和消费过程中，经济能量逐步被消耗。根据物质不灭、能量守恒定理来解释城市生态系统中能流，就是能量在消耗，新的物质在产生，物质在城市生态系统中具有双向流动性，而能量流动只能是单向的、逐步被消耗的。

（3）信息流

城市生态系统的信息流分为自然信息流和人工信息流两类。人工信息流指城市生态系统在人为操作下，与外界信息间提取、传递、加工、储存、使用等过程；自然信息流指城市生态系统与外界、子系统之间以及各子系统要素间由于相互影响、作用、适应所发生的自然信息传递与交换的过程。在煤炭资源型城市生态系统中，以物质和能量为载体，通过物质流和能量流而实现信息的获取、存储、加工、传递和转化。这一信息传递过程不仅是生态系统的重要特征，而且是管理生态系统的关键因素。从图3-1可以看出在城市生态系统中，人与子系统以及外部之间的信息传递具有双向性。在以人为中心的城市生态系统中，人与内部三大子系统之间以及人与城市生态系统外部之间无时无刻不在进行着信息的双向交换。正是因为人与各类信息的双向交换作用，才能促使人通过对获取信息的识别、判断、加工、储存后，通过正确的信息反馈不断调整三大子系统之间的耦合关系，从而推动城市生态系统内外部的耦合发展。

3.3 煤炭资源型城市生态系统"三场"应力耦合作用机理

3.3.1 "三场"应力耦合的基本假设

由于自然科学与社会科学具有一定的相融互通性，本书引进物理学中的应力场原理来解读煤炭资源型城市生态系统耦合作用机理。为了便于分析，首先以一定的假设为基础。前文已经针对煤炭资源型城市生态系统内部组成和功能做了阐述，本节不再赘述，现将基于应力场的煤炭资源型城市生态系统耦合作用机理的假设条件列举如下。

（1）耦合应力场（生态场）

在物理学中，应力场是指在一定的空间内，具有联系的来自不同方向的力所构成应力聚集、叠加和集中状态的总称。通常应力场把力的状态作为空间和时间的函数来描述。若应力的状态与时间无关，则为静态应力场，反之，则为动态应力场或时变应力场。

煤炭资源型城市生态系统具有应力场特征。一方面，煤炭资源型城市生态系统在一定的时空范围内，具有动态性、开放性和复杂性；另一方面，系统内部强调子系统之间和子系统要素之间的相互联系，而且当系统内部元素之间通过相互作用在一定的空间聚集叠加并达到一定规模时，系统内部将会产生互为条件、相互激发和碰撞，形成某种动态的、具有指向性的运动状态。因此，煤炭资源型城市生态系统具备了应力场的空间条件又具备了相互聚集、叠加和集中的应力场特征。所以，我们可以把煤炭资源型城市生态系统看作是一个生态应力场。

（2）耦合应力场结构（三场结构）

按照耦合应力场的空间结构，可以把煤炭资源型城市生态系统划分为"三元结构"或"三场结构"。这里将耦合应力场分为要素场、子系统场和外场。要素场是由子系统的内部要素耦合应力叠加作用产生，它体现为内部要素之间的耦合关系。子系统场是由子系统与子系统之间的耦合应力叠加作用产生，它体现为子系统之间耦合关系。要素场和子系统场可以统称之为内场，内场反映了内部环境间的相互影响和促进，体现了内部子系统和要素的多元性和集聚性，内场具有更强的势能和耦合应力。外场的形成一部分是内场耦合应力超越城市生态系统的物理边界而形成的耦合应力场作用范围的外延，一部分是由系统外部要素和环境作为应力源而产生的，可以说外场是内场耦合应力与外部耦合应力的聚集和叠加场，外场中应力作用更加发散，作用对象更加动态模糊。城市生态系统的演化发展正是内场耦合应力和外场耦合应力的"三场应力"耦合作用的结果。

（3）耦合应力场效应

在耦合应力场内，具有高度开放性，各子系统或要素之间不断进行物质、能量和信息的交换，各子系统或要素之间以耦合应力的非线性叠加方式相互作用、相互配合、相互促进。无论是经济子系统内部要素的生产、分配、交换、消费，还是自然子系统内部要素的阳光、空气、淡水、土地、动物、植物、微生物等，以及社会子系统内部要素的教育、就业、饮食居住、医疗、交通、娱乐等，都是以人的主观能动性不断调整耦合应力的作用方向而为生态系统耦合发展服务，而三大子系统之间在物质流、能量流和信息流的交换过程中，也是在不断调控、修订各子系统的发展目标，使其相互适应，以维系耦合系统的共生关系。因此说，正是由于耦合应力场的存在"活化"了生态系统，在作用力与反作用力的互相影响下，使得子系统和要素之间相互碰撞，实现由"要素元"到子系统架构的耦合升级与重构，进而催化生态系统出现良性循环，实现生态系统从低级状态（不耦合状态）向高级耦合状态的演进，最终实现系统总体耦合演化目标。

（4）耦合应力源

应力场中的耦合应力源是场应力的来源和制造者，在煤炭资源型城市生态系统中任何子系统和任何形态的要素均可看作为耦合应力源，如所有的生物、动物、植物和人类生产者、消费者等。正是由于这些耦合应力源的存在，才得以实现和维持生态系统的结构、关系、形态的稳定，保证生态系统的耦合良性循环。

（5）耦合应力

耦合应力场和耦合应力源的存在必将产生耦合应力，它源于生态系统中子系统之间和子系统要素之间的物质流、能量流和信息流交换，从万有引力定律来看，所有子系统及要素之间都会产生凝吸力、结合力、张力或更为复杂的单一重组交织力、多维重组的复合力以及变形、变态随机力等等。如自然生态的变化、人类资源开发、能源消耗、物质资料生产、流通和消费、人口的增加、科技技术的吸纳、外资引进、外部信息传递活动等都是力的作用结果。这种作用力可以称为耦合应力，它体现为生态系统中不同时刻不同要素之间的吸附与整合、不同子系统之间的竞争与合作等。生态系统正是因为在不同耦合应力的叠加下，才可以引发资源优化配置及经济协同发展。

（6）耦合距离（耦距）

在耦合应力场（生态场）中的子系统及要素之间存在一定的耦合距离 L，体现为子系统之间及要素之间的耦合力的差异程度，即相互之间形成耦合共生体的阻碍程度，它受两者间空间距离 L_1、互补性 L_2、相关性 L_3 影响。两个子系统及要素之间的耦合距离表示为：

$$L = f(L_1, L_2, L_3) = \sqrt{(\alpha_1 L_1)^2 + (\alpha_2 L_2)^2 + (\alpha_3 L_3)^2} \qquad (3.1)$$

式中，α_1、α_2、α_3 为影响因子。

（7）能值存量

能值分析是以美国著名生态学家奥德姆（H. T. Odum）为首创立的生态、经济系统研究理论和方法，是在传统能量分析的基础上创立的一种新的研究方法。它把各种形式的能量转化为统一的单位——太阳能焦耳（Sej）。采用一致的能值标准，以统一的能值标准为量纲，把系统中不同种类、不可比较的能量转化成同一标准的能值来衡量和分析，从而评价其在系统中的作用和地位，综合分析系统的能量流、物质流、货币流等，得出一系列反映系统结构、功能和效率的能值分析指标，从而定量分析系统的功能特征和生态、经济效益。

基于以上能值分析理论，从经济学看，能值是度量来自自然系统的"自然资本"和生态服务功能价值的度量单位。能值为环境、资源、人类劳务、信息和发展决策的分析评价提供了新尺度。存量是利润的核心，是决定价值的关键。在煤炭资源型城市生态系统中，每一子系统和要素自身都拥有一定的能值存量，即自然资本和生态服务功能内部积累。不同的子系统和要素内部能值存量大小存在差距，一般情况下，在耦合应力作用下，容易出现主体间的碰撞、交换。能值将会在子系统和要素的内部流动中积累与扩充，同时耦合应力场可获得对外部能值的吸收，以提升系统内部的整体耦合势能和能值存量。

3.3.2　煤炭资源型城市生态系统耦合力

本书将耦合应力场（生态场）划分为要素场、子系统场和总系统内外交互场，将三场中对应起主要作用的耦合应力进行划分，包括要素耦合力、子系统耦合力以及来自外部的耦合扰动力。

（1）要素耦合力

在城市生态系统中，人起着重要的支配作用，它所需求的大部分能量和物质，都需要从其他生态系统中人为地输入。因此，在人为地干扰和操纵下城市生态系统中各子系统要素之间能值存量 Q 存在差距，在各要素之间进行物流、能流和信息流的耦合交换过程中，从耦合应力场的观点上来看，耦合距离的大小也同样存在差距，这种差距使得要素与要素之间能量流动产生势能差，继而就产生了耦合与竞争的场力 F_1。耦合应力的大小与要素之间的能值存量和耦合距离有关，根据万有引力定律，两个要素之间耦合力可以用下式表示：

$$F_1 = G \frac{Q_1 Q_2}{L^2} \tag{3.2}$$

式中：G——万有引力常量，Q_1、Q_2——耦合要素的能值存量。

设两要素之间耦合距离 L 为定值，$\Delta u = Q_1 - Q_2$；当要素能值存量 $Q_1 \geq Q_2$ 时，且要素 Q_1 向 Q_2 流动时，定义为正向耦合力，当要素 Q_2 向 Q_1 流动时，定义为负向耦合力或干扰力。于是式（3.2）可以表达为（3.3），耦合力和干扰力与要素能值存量差间的函数曲线，见图 3 - 2。

$$F_1 = f(\Delta u) = \begin{cases} f(\Delta u) \leqslant 0, \ \text{且} \left| Q_1 - Q_2 \right| \leqslant 0, \ \Delta u \in (0, \ \Delta u_1) \\ f(\Delta u) > 0, \ \text{且} \left| Q_1 - Q_2 \right| = (0, \ 1), \ \Delta u \in (\Delta u_1, \ \Delta u_2) \\ f(\Delta u) > 0, \ \text{且} \left| Q_1 - Q_2 \right| \geqslant 1, \ \Delta u \in (\Delta u_2, \ \infty) \end{cases}$$

$$(3.3)$$

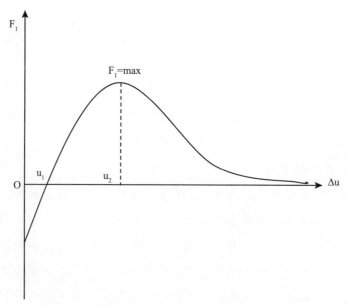

图 3 – 2　要素之间耦合力与能值存量差间的函数曲线

式（3.3）和图 3 – 2 表明，两要素之间的耦合力表现出三阶段状态。

第一阶段状态：当两要素之间的能值存量差为负数时，此时 $F_1 \leqslant 0$，且在（0，Δu_1）范围内，两要素之间耦合力表现出负向作用效应。说明系统内部要素之间容易引起资源利用竞争，甚至是恶性竞争，而且能值存量差距越小，产生的负作用力越大。

第二阶段状态：当能值存量差为正值，此时 $F_1 > 0$，且在（Δu_1，Δu_2）范围内时，两要素之间耦合力表现出正向作用效应。能值的差距越大，两要素之间的耦合力越大，说明系统内部要素之间资源利用效率高，越有利于两要素之间能量流、物质流和信息流的交换。因此，在一定的能值存量差范围内，两要素之间的耦合 F_1 为正值，且是关于 Δu 的递增函数。

第三阶段状态：当能值存量差达到 Δu_2 时，此时 F_1 达到最大值，且在（Δu_2，$+\infty$）范围内，两要素之间耦合力 F_1 仍然表现出正向作用效应。但是，随着 Δu 的增大两要素之间的耦合力 F_1 逐渐变小，此阶段 F_1 是关于 Δu 的递减函数。表明两要素之间能量流、物质流和信息流的交换达到了平衡，如果再继续正向流动就会产生过度耦合现象。说明系统内部要素之间容易引起资源利用的反向竞争或恶性竞争。

（2）子系统耦合力

城市生态系统是以人为主体的非平衡稳态系统，人类活动是最主要的干扰因素，在城市生态系统演进过程中，其最佳状态不是简单的维护自然生态平衡，而是取决于人类需求与自然系统所提供服务之间的互动关系，也就是说要从系统所呈现的状态和系统为人类提供的服务功能及其变化趋势等方面认识城市生态系统。通常在城市生态系统中的自然子系统、经济子系统和社会子系统任何一个子系统都无法拥有人类所要求完成某一项目工程所需的所有知识、技能和资源，即存在自然资本和生态服务功能缺口，这个缺口需要从其他子系统获得相关资源来弥补；某一子系统拥有所需的全部资源和功能，由于以人为主体的城市生态系统中人类参与的复杂性和人类活动的主观性，单一生态子系统仍无法按照人类需求快速完成物质、能量和信息的交换。所以单一的生态子系统必须向其他子系统吸取物质、资源和信息以弥补自身的缺口。本书把子系统对周围其他子系统所产生的吸附力定义为子系统耦合力 F_2。与要素耦合力同理，每一个完整的子系统都具有一定的能值存量，而且不同的子系统能值存量的大小是有差别的，正是由于子系统之间能值存量差的存在，才驱使各个子系统在耦合运动时产生耦合力的作用与反作用，那么处在耦合应力场内的自然子系统、经济子系统和社会子系统耦合运动表现为类似于电场中正、负电荷间的吸引力，这种吸引力表现为子系统之

间内部耦合力 F_{21}。不同子系统之间的内部耦合力大小，可用物理学中的库仑定律表示为：

$$F_{21} = \eta \frac{Q_1 Q_2}{L_{12}^2} \tag{3.4}$$

式中，η——耦合力的影响系数；Q_1、Q_2——子系统的能值存量；L_{12}——子系统之间耦合距离。

众所周知，子系统应力场不同于要素应力场，因为城市生态系统自然、经济、社会三大子系统的划分是根据生态系统中要素属性和研究的需要进行的抽象分类，现实中三大子系统是交织融合在一起无法区分开来的。从库仑定律公式来看，子系统间的耦合距离是无法进行量化的。因此，处在系统耦合应力场内的自然子系统、经济子系统和社会子系统耦合运动与电场中的电荷运动具有本质的区别，子系统之间耦合运动不仅受到来自子系统之间内部耦合力作用，同时还将受到外部因素的扰动力干涉，有时这种外部的扰动力甚至会大于子系统间的内部耦合力。所以，在研究子系统耦合力的同时，不得不考虑来自外部的扰动力 F_{22}。扰动力的产生会抵消一部分子系统间内部耦合力，甚至有可能完全抵冲子系统间内部耦合力，阻止子系统间物质流、能量流和信息流，重创新的生态网络。实际上在城市生态系统形成的开始，外部的扰动力就存在，子系统间的内部耦合力与外部扰动力是一种共生关系。正是扰动力的存在导致系统耦合的不完善运动。但并不是任何形式的扰动力都会对子系统的耦合产生负面作用，自然界的任何事物的发展都是在耦合与竞争中求得更大更好的发展，耦合发展可以使 2 个或 2 个以上的子系统优势汇聚形成超循环，从而形成具有特殊结构功能的更高一级的新系统。扰动与竞争力增大也有可能同时孕育生产潜势和机遇，包含系统耦合的正因素。因此，实际上子系统间的相互作用、相互融合的耦合演化过程就是内部耦合力与外部扰动力的动态博弈的过程，它们共同构成了子系统耦合力 F_2。F_2 可以用式（3.5）表示：

$$F_2 = F_{21} \pm F_{22} \tag{3.5}$$

通过上述分析我们可以明确看出，在子系统耦合应力场内，子系统间的内部耦合力和外部扰动力都是客观存在的，鉴于本书研究目的是探讨子系统间的耦合作用关系，找出子系统耦合演化规律，所以对于子系统的内部耦合力和外部扰动力的量化问题不以考虑。以下仅对子系统内外力的作用结果进行分析。这里需要说明的是当外部扰动力为正向作用时，无疑增大了子系统间的耦合力 F_2，有利于各子系统相互耦合良性发展。这里仅对外部扰动力为负向力时子系统间作用结果给以分析。

参考上节要素耦合力的分析结果，定义子系统间的内部耦合力 F_{21} 为正向力，外部扰动力 F_{22} 为负向力，式（3.5）可以改写为：

$$F_2 = F_{21} - F_{22} \tag{3.6}$$

因此，子系统间在内外部正反向力的作用下，耦合作用结果可以表现为以下三种状态：

当 $F_2 > 0$ 时，子系统间的耦合力大于零。子系统间的内部耦合力起主要作用，能量值存量大的子系统的能量流入能量值存量小的子系统，两个子系统中能流相互作用并通过做功过程转化成较高质量的能量形式，子系统间的耦合作用效果明显。

当 $F_2 = 0$ 时，子系统间的耦合力等于零。说明正向内部耦合力与负向的外部扰动力相互抵消，此时两子系统间既不存在耦合关系，也不存在竞争关系。此时两子系统共生关系微弱，子系统演化发展方向具有发散性和不稳定性。

当 $F_2 \leq 0$ 时，子系统间的耦合力小于零。说明正向内部耦合力小于负向的外部扰动力，此时两子系统间存在着既耦合又竞争关系，但是竞争力大于耦合力。此时，两子系统之间能量流、物质流和信息流产生反向流动，容易引起资源利用的反向竞争或恶性竞争，产生"负耦合"现象，可能会导致子系统演化将朝着反方向运动。

（3）系统外部耦合力

从能量的角度来看，根据能量守恒定律，系统内的自然、经济、社会三个子系统相互作用、彼此影响的过程实际上是物质、能量、信息、资金和人力流动交换和循环过程，如果系统内的自然、经济、社会三个子系统能值存量一定时，无论三大子系统怎样耦合作用，最后发展的结果也只可能是内部自行运作、供给平衡。实际上，在系统内部子系统之间耦合发展协调优化的过程中，由于生态系统的开放性，系统必定从外部吸收资源、资金、技术和信息同时进入系统内部，从而通过提高系统内部能值存量，实现系统总体产出效益的提高。因此，城市生态经济系统与外部其他系统之间同样存在着复杂的耦合关系，即存在有系统外部耦合力 F_3。由于外力存在着正负两个方面的扰动（人口流动是负向的、资源和资金的流动是正向的），外力的作用从短期看很难判断对系统影响的好与坏，但它确实会对整个耦合应力场（生态场）及内部子系统及要素产生大的冲击和扰动，从而打破系统内部的能量平衡，促进生态系统向更高级耦合状态演进，或使系统结构崩溃走向颠覆性的变革。

3.3.3　煤炭资源型城市生态系统"三场"应力耦合演化趋势分析

（1）"三场"应力耦合作用结构模型

根据以上对煤炭资源型城市生态系统耦合应力分析，正是由于"三场"应力的耦合作用推动着整个城市生态系统由初级耦合阶段向着高级耦合阶段发展。基于耦合应力场（生态场）以及要素耦合力、子系统耦合力、外部耦合力的现实存在，为了便于分析"三场"应力耦合作用机理，本书将耦合应力场（生态场）内部要素耦合力、子系统耦合力和来自系统外部的扰动力共同构成了煤炭资源型城市生态系统耦合作用结构模型，如图 3 - 3 所示。

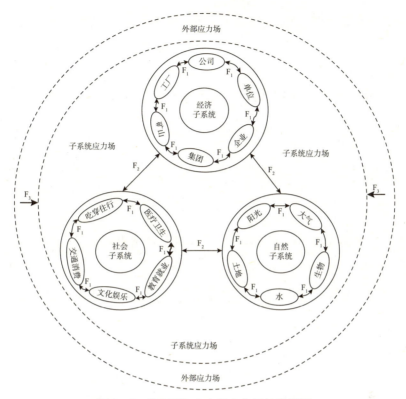

图 3 – 3　"三场"应力耦合作用结构模型

(2)"三场"应力耦合效应分析

①耦合度模型。

从图 3 – 3 可以看出，煤炭资源型城市生态系统"三场"和"三应力"的存在和运动，形象地刻画了城市生态系统的内外部作用机理。从生态场的应力平衡角度看，"三场"应力耦合效应决定了生态系统的走向和发展趋势。耦合度正是反映系统内外部耦合作用的效果。本书借鉴了物理学中的容量耦合概念及容量耦合系数模型。其基本原理为：设变量 $W_i(i=1, 2, 3, \cdots, n)$ 表示子系统，其对应的耦合力为 $W_j(j=1, 2, 3, \cdots, m)$。则多个子系统的耦合度模型可表示为：

$$W_n = \left\{ \frac{W_{j1} W_{j2} W_{j3} \cdots W_m}{(W_{j1} + W_{j2})(W_{j2} + W_{j3})(W_{j3} + W_{j4}) \cdots (W_m + W_{j1})} \right\}^{1/n} \quad (3.7)$$

②多要素的耦合力。

设变量 $u_i(i=1, 2, 3, \cdots, n)$ 是子系统内要素之间的耦合力，其值为 $X_i(i=1, 2, 3, \cdots, n)$。$X_{max}$、$X_{min}$ 是子系统内部要素耦合力的最大值和最小值，每个要素耦合力对子系统的耦合贡献率可以表示为：

$$u_i = \begin{cases} \dfrac{X_i - X_{max}}{X_{max} - X_{min}} \text{正向耦合力（} i=1, 2, 3, \cdots, n\text{）} \\ \\ \dfrac{X_{max} - X_i}{X_{max} - X_{min}} \text{负向耦合力（} i=1, 2, 3, \cdots, n\text{）} \end{cases} \quad 0 \leqslant u_i \leqslant 1 \quad (3.8)$$

则单个子系统多要素的耦合力采用线性加权法求解：

$$W(u_i) = \sum u_i \lambda_i \quad \lambda_i \geqslant 0, \sum \lambda_i = 1 \quad\quad (3.9)$$

式中，$W(u_i)$ 为子系统中要素的总耦合力；λ_i 为单个要素耦合力在子系统中的权重系数。

③系统耦合度。

由于本书研究的煤炭资源型城市生态系统仅有自然、经济、社会三个子系统，煤炭资源型城市生态系统"三场"应力耦合度，可以将上述公式（3.7）模型可以改写为：

$$W_n = \left\{ \frac{W_1 W_2 W_3}{(W_1 + W_2)(W_2 + W_3)(W_3 + W_1)} \right\}^{1/3} \quad\quad (3.10)$$

④耦合度评判标准。

耦合度是对子系统之间相互影响、相互作用程度的有效度量。煤炭资源型城市生态系统发展受内部自然子系统、经济子系统和社会子系统耦合发展的影响，三者相互影响、相互作用，构成彼此耦合的交互体。因为 W_n 值介于 $0 \sim 1$，"三场"应力耦合效果可以采用中值分段法对耦合度进行分段评价，具体评判标准，见表 3-1 所示。

表 3 – 1   "三场"耦合效应评判标准

耦合度	耦合阶段	耦合效应
$0 < W_n \leqslant 0.3$	无耦合	内部耦合结构未形成，能值存量较低，系统内部耦合力较小，外部耦合力为零，总系统无耦合效应
$0.3 < W_n \leqslant 0.5$	低度耦合	内部耦合结构形成，能值存量增加，系统内部耦合力增大，外部耦合力产生，总系统耦合效应产生
$0.5 < W_n \leqslant 0.8$	中度耦合	内部耦合结构稳定，能值存量增强，内部耦合力较大，内场耦合效应明显，外部耦合力增强，总系统耦合能力较强
$0.8 < W_n \leqslant 1$	高度耦合	内部耦合结构更加稳定，能值存量富裕，内外场高度耦合，三场耦合效应明显，总系统耦合能力达到最强

（3）"三场"应力耦合演化趋势分析

煤炭资源型城市生态系统耦合发展过程，实际上是系统耦合应力场的存在，"活化"了系统内部子系统、要素间的耦合应力，在耦合应力的非线性叠加下，总系统的耦合力不断克服来自系统内外部的负向力，使整个生态系统呈螺旋上升演化。如图 3 – 4 所示。

①萌芽阶段（$0 < W_n \leqslant 0.3$）。

该阶段表现为子系统之间以及系统内各要素之间的耦合结构尚未形成，内部要素及子系统处于独立、混乱、无序状态。该阶段要素耦合力和子系统耦合力正在发展，内场的耦合效应不明显，此时系统与外部环境间能值交换机制尚未建立，系统的外部耦合力几乎为零，该阶段总系统处于无耦合阶段。

②形成阶段（$0.3 < W_n \leqslant 0.5$）。

系统内部各要素间的耦合结构已经形成。该阶段城市生态系统进入快速发展期，具体表现为煤炭资源型城市生态系统的内部相互之间的耦合力逐步增加，在要素耦合力 F_1 和子系统耦合力 F_2 的正向作用下，子系统之间、系统内部各要素间的物质流、能量流和信息流的速度不断加大，此时系统与外部环境间能值交换机制已经建立，外部的资源不断向系统内流动，总系统的能值储量开始增大，外场 F_3 的耦合效应逐渐显现，耦合系统与外界开始逐步形成正向的互动关系，该阶段总系统处于低度耦合阶段。

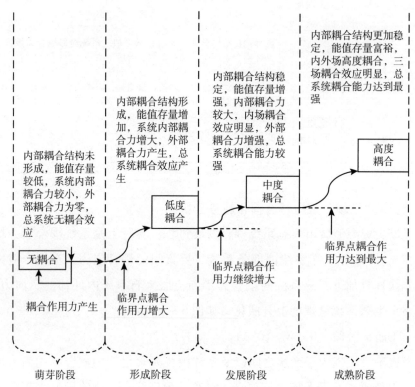

图 3-4　基于"三场"应力耦合的煤炭资源型城市生态系统演化趋势

③发展阶段（ $0.5 < W_n \leq 0.8$ ）。

系统内各要素之间的耦合结构稳定。该阶段表现为煤炭资源型城市生态系统随着系统耦合程度的加深，系统内部各子系统之间、各要素间的耦合力增强，整个生态应力场内能值储量不断增大，内场效应明显，耦合系统与外界开始形成正向的互动关系，此时，虽然会时常受到外力 F_3 的扰动影响，但由于系统正处于旺盛生命期，内部的自组织性和调节性非常强，系统通常能抵制负方向的外力影响，从而进一步实现更高级的耦合发展。该阶段总系统处于中度耦合阶段。

④高度耦合阶段（$0.8 < W_n \leqslant 1$）。

系统内各要素之间的耦合结构更加稳定。该阶段耦合系统日趋壮大和稳定，"三场"耦合效应走向成熟，内部耦合系统与外界互动基本达到了高度耦合，前期积累的资源和能量得到集中爆发。整个生态应力场能量及场效应达到最大，对外场的拓延效应最为明显。系统内部耦合与外界互动基本达到了高度融合与共生。外环境各种因素对煤炭资源型城市生态系统的发展产生积极作用，外部耦合力 F_3 的作用极化到最大，总系统步入了高度耦合期。此时，煤炭资源型城市生态系统中环境保护、生态建设法规逐步健全，生态建设、环境保护与经济社会发展政策层面的相应法规逐步得到落实，自然、经济、社会三大子系统同步耦合共振协调发展。但此时煤炭资源开发与能源消耗、环境污染强度加大，环境承载力逐步缩小，总系统对外界扰动弹性也随之下降，容易受到外场力 F_3 的干扰，此时，如果系统自组织调节和内部耦合力的综合推动不能促使系统找到新的耦合发展增长点，总系统可能在下一阶段打破平衡走向衰落。

3.4　本章小结

本章将系统耦合理论引入煤炭资源型城市生态系统研究中，首先，在分析了煤炭资源型城市生态系统内部组成和功能的基础上，建立了煤炭资源型城市生态系统耦合互动演化模型；其次，根据应力场原理，在建立了力学基本假设条件的基础上，对煤炭资源型城市生态应力场中要素耦合力、子系统耦合力和外部耦合力相互作用机理进行了理论分析；最后，在构建了"三场"耦合作用结构模型的基础上，引用耦合度的概念和模型，从生态场耦合结构的形成、能值存量的变化、耦合力的大小以及内外耦合效应等几个方面，分析了煤炭资源型城市生态系统从低级到高级，从无耦合到低度耦合、从中度耦合到高度耦合的螺旋上升的四个发展阶段。

煤炭资源型城市生态安全
预警指标体系建立

    预警指标体系的构建是进行煤炭资源型城市生态安全预警研究的前提与基础，其构建的合理与否将直接影响预警结果的科学性与准确性。

4.1　生态安全预警指标体系构建原则

4.1.1　预警指标体系构建的思路

    煤炭资源型城市生态系统中的自然子系统、经济子系统和社会子系统中，自然系统的变化是客观存在的，自然危险因素也是客观存在的，自然系统的自身调节和还原能力也是客观存在的，然而，现实中自然危险因素和自然还原能力则无法通过量化的标准表现出来，人类只能根据已发生的自然状态，通过检测和技术手段来评判自然系统所表现出的某种状态。在经济子系统中，人是经济子系统的主体，是经济发展的主要推动者和受益者，人的生产活动和物质需要的追求，往往给城市生态系统造成影响和破坏，人为的生态危险因素潜在经济活动之中，人们可以根据经济发展的量化指标来表达人为生态危险因素的存在。社会子系统的要素是人，其功能主要在于它通过与外部环境的交换（互动）来实现对城市生态系统的主动调节和响应，以实现维持城市生态系统的平衡。其对城市生态系统调节和响应能力，人们往往可以通过技术手段对人类生态响应程度进行监测和量化。因此，按照城市生态安全危险因素来源分析，认为煤炭资源型城市生态安全状态是城市生态自然危险因素、经济活动产生人为危险因素和社会响应因素三种要素综合作用的结果。在构建煤炭资源型城市生态安全预警指标体系时，把自然危险因素、经济活动所产生的人为危险因素和人为的社会响应因素作为影响城市生态安全警情指标。因此，本书构建煤炭资源型城市生态安全预警指标体系的思路是：

第一，煤炭资源型城市生态安全的典型性与一般城市普遍性的差异性，给建立指标体系带来了诸多困难。煤炭资源型城市生态安全涵盖了一般城市多方面的内容而又具有自身的独特典型城市结构内容。因此，煤炭资源型城市的生态安全的预警内容，迫使研究者不得不选择典型的指标体系，通过选取尽可能多的典型指标，尽力表现煤炭资源型城市生态安全的方方面面。因此，本书设想确立一种煤炭资源型城市生态安全预警指标体系建立的模式，即在大量备选指标中，通过动态的选入或剔除指标来适应煤炭资源型城市的市情，建立一套更为灵活的指标体系，以适应煤炭资源型城市生态安全预警提出的个性化要求和城市发展的普遍化需要。这样就形成了通用性指标与煤炭资源型城市典型性指标并存的指标体系，来解决煤炭资源型城市生态安全预警的复杂性与差异性矛盾。

第二，在具体的预警指标的构建过程中，必须立足煤炭资源型城市特点，根据煤炭资源型城市生态安全预警的需要收集资料，再运用相关指标构建方法对煤炭资源型城市生态安全预警指标类型进行归类而形成初始指标体系，最后经过对初始指标体系的筛选优化形成最终指标体系。同时，应该看到，由于煤炭资源型城市发展阶段、经济状态、社会因素及时空动态等的差异，不同煤炭资源型城市在不同的发展阶段其预警指标体系应是一个不断完善不断调整的动态过程。

第三，对于管理科学指标由于涉及观念和制度层面内容较多，很难进行量化，而且数据的来源，也缺少权威信息发布为依托，故管理科学类指标不做考虑。

4.1.2 国内外预警指标体系的经验借鉴

通过对现有文献中的生态安全评价与预警指标体系的考察，共同达成统一认识的指标体系并不多。而具有煤炭资源型城市典型特点的生态安全预警指标体系的研究，尚处于空白研究阶段，更缺乏实际应用的案例。国内外在生态安全评价与预警指标体系研究中存在主要缺陷为：一是理论框架不够完善。由于目前国内外生态安全理论目前处在研究探索阶段，而生态安全评价与预警指标体系是根据生态安全理论的发展要求而产生的，故生态安全指标体系的理论框架和评价方法的研究也处在探索阶段，其建立的原则、方法和评价标准尚不统一。二是生态安全评价指标概念不够清楚。许多生态安全指标体系没有确切指出指标中所包含的生态安全内涵或安全性的信息。三是研究区域或领域不均衡。侧重于国家、省域和区域以及领域性的土地、湿地、山地、流域的指标体系研究较多，而对典型性城市生态安全指标体系的研究极为少见，尤其是对煤炭资源型城市生态安全预警指标的研究尚属空白。四是重视现状研究，忽视未来研究。生态安全指标体系的选取上主要还停留在静态的多层面上，选择动态的预测未来发展的指标更是缺乏。五是指标体系表达的功能有限。没有充分体现时间维与空间维方面的内容，同时极少考虑政策、制度方面的影响因素。六是评价过程主观性较强。在确定生态安全指标时缺乏客观性，选取评价指标过于庞杂且不平衡，且存在统计口径不统一的现象，影响了整个评价效果。七是忽视了数据的统计和量化的评价。有些指标虽然很好，但是在实际中很难统计到相关数据，无法真正进行量化评价。以上这些指标体系的缺陷也为本书煤炭资源型城市生态安全预警指标体系的建立提供了经验和教训。

4.1.3　预警指标体系构建原则

构建煤炭资源型城市生态安全预警指标体系是进行生态安全预警研究的基础。只有建立一套科学、完整的煤炭资源型城市生态安全预警指标体系，才能对煤炭资源型城市生态系统的安全状况进行评价与预警，找出存在的问题，从而为煤炭资源型城市生态安全的管理和决策服务。但由于煤炭资源型城市时空、地域尺度的差异以及学科门类的差异，目前还没形成统一、规范的生态安全预警指标体系构建原则。根据煤炭资源型城市生态安全的内涵、预警的目的和实际应用的需要，本书认为，煤炭资源型城市生态安全预警指标体系的建立，既要遵循一般城市生态安全评价与预警指标选择方法，同时又必须充分考虑与体现出煤炭资源型城市生态安全预警的特殊性。因此，选取的预警指标应当具有针对性和可操作性。

（1）权威性与典型性相结合

由于城市生态安全预警对政府具有决策参考意义，是城市可持续发展水平的重要表现，涉及面很广，因此预警指标应该确保权威性。因此，生态安全预警指标应尽可能使用政府、统计局、相关政府管理机构等官方权威部门统计和发布的指标。即使数据出现小部分缺失，需要使用其他数据推算的，也应该基于来自官方的权威数据。同时，预警指标应尽可能选取具有典型性的指标。因为，煤炭资源型城市生态安全预警是对煤炭资源型这一特定的城市自然、经济、社会三大子系统综合作用结果的评估和预测。所选的预警指标不仅要全面、客观地反映煤炭资源型城市生态安全的内涵，而且要紧密结合煤炭资源型城市的生态系统的特点对城市生态安全预警指标做出个性化的选择。

（2）系统性与独立性相结合

煤炭资源型城市生态安全预警体系是一个庞大而复杂的复合系统，涉及自然生态系统、城市经济系统和社会系统。它们由若干的因素按照一定的层次、结构和时间与空间的形式互为作用与制约。影响因素之间既有内在的联系，又有能够独立地反应该领域的特征，每个指标之间尽量保持独立，避免信息重复，造成预警结果的不确定性。

（3）复杂性与简明可行性相结合

由于影响煤炭资源型城市生态安全的因素复杂多样，既包括一般城市自然、经济和社会中的自然因素和人为的影响因素，也包括由于人类对煤炭资源开发利用行为所带来的直接和间接影响因素，这样就增加了预警研究的复杂性。因为预警涉及资源、环境、经济和社会等各个方面，其相应的关联影响因素甚多，预警指标数量也很多，这为其预警的数据量化处理带来很大的不便。因此，建立的预警指标体系必须注重复杂性与简明性的统一。在具体的操作过程中，应本着能体现主题、适用、大众、特殊性的原则，能从大量的指标体系中提炼出煤炭资源型城市最有本质的指标，这不仅有利于数据的收集、加工和处理，而且也便于建立权威性高、通用性强、可靠实用的煤炭资源型城市的预警指标体系。

（4）动态性与静态性相结合

煤炭资源型城市的生态安全预警既是静态评价又是动态过程预警。由于煤炭资源型城市生态安全表现为在时间序列和空间尺度上都具有不断变化的特征，并且影响生态安全的各种因素均在不断变化，这就决定了煤炭资源型城市生态安全预警需要因时、因地、因事调整预警指标体系，从而使得煤炭资源型城市生态安全预警更加贴近现实，更具动态性和多样性。因此，预警指标体系选择，一方面，能反映煤炭资源型城市发展状态的空间发展和时间尺度动态变化，刻画出煤炭资源型城市可持续发展的能力强弱；另一方面，在具体评价与预警时应是针对一定的时间范围内进行的，这是一个相对稳定静态的过程，即指标体系应是体现动态与静态的统一有机体。

（5）导向性与前瞻性相结合

煤炭资源型城市的生态安全的预警的意义不仅为了测定城市生态系统安全发展水平的高低，更重要的是通过评价预测去发现问题、调控进程、预警预报。因此，选择的指标要既能综合评判城市生态系统的安全现在，也能预测城市生态安全未来的演变趋势，提前发现城市生态安全变化中的问题，提出政府对城市生态安全的调控措施与对策，从而引导煤炭资源型城市的生态系统走向安全、健康、持续、稳定的发展。同时，指标体系设计要放眼国际，紧跟发达地区或城市研究成果，从国际、国内有关城市生态安全评价、城市生态文明建设和城市可持续发展等相关研究成果中归纳总结出具有政策导向性和居于科学发展前沿的指标，并结合煤炭资源型城市的特定生态安全特点应用到生态安全评价与预警实践中去。

4.2　生态安全预警指标的筛选步骤与方法

建立科学合理的预警指标体系，是准确评估煤炭资源型城市生态安全警情现状和发展态势的首要前提。本书借鉴以往的文献研究成果，对煤炭资源型城市生态安全预警指标体系的构建流程分为三个步骤。即：初选（文献查阅法、因素分析法、频度统计法得到初选库）；复选（调查访谈法、专家咨询法形成指标备选库）；确定入选指标。具体步骤，如图 4 - 1 所示。

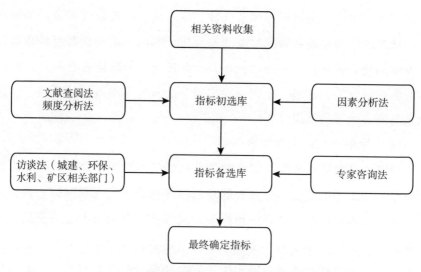

图 4 - 1   煤炭资源型城市生态安全预警指标筛选流程

4.2.1   预警指标初选

建立指标初选库。首先，在广泛收集国内外众多的资源型城市生态安全评价与预警、煤炭资源型城市生态安全评价与预警、生态城市建设和城市可持续发展等相关研究成果、文献、报告和官方文件基础上，提取出一批通用性指标；其次，采用因素分析法、频度统计法对文献中指标出现的频度，反复过滤，每次选择出现频率最高的指标。同时，基于对生态安全内涵、特征与构成的分析，明确生态安全预警的目标和具体内容，科学选择能体现煤炭资源型城市生态安全预警内容的指标，最后形成预警指标初选库。详见表 4 - 1。

表 4 - 1   预警指标初选库

序号	项目	单位	频度
1	人均 GDP	元	50
2	人口密度	人/hm²	43

续表

序号	项目	单位	频度
3	第三产业占 GDP 比重	%	38
4	人口自然增长率	%	38
5	城市生活污水集中处理率	%	37
6	城镇人均公共绿地面积	m²	37
7	工业废水排放量	万吨	37
8	环保投资占 GDP 比重	%	36
9	建成区绿化覆盖率	%	34
10	工业固废综合利用率	%	33
11	万人拥有高校在校生	人	33
12	人均耕地面积	公顷	31
13	森林覆盖率	%	31
14	万人拥有卫生技术人员	人	30
15	万人拥有医院床位数	人	29
16	城镇居民恩格尔系数	—	27
17	二氧化硫排放量	万吨	27
18	人均水资源占有量	吨	27
19	GDP 年增长率	%	25
20	集中式饮用水源水质达标率	%	24
21	城镇生活垃圾处理率	%	23
22	城市空气质量（好于或等于 2 级标准）	天/年	22
23	自然保护区占国土比例	%	22
24	城市人均道路面积	m²	21
25	城市人均居住面积	m²	21
26	城镇居民人均可支配收入	元	20
27	城镇化率	%	19
28	万人公交车辆	辆	18
29	工业废气排放总量	m³	17
30	单位 GDP 耗水量	万吨	14

序号	项目	单位	频度
31	科技、教育经费占 GDP 比重	%	14
32	城镇登记失业人员	%	12
33	工业废水重复利用率	%	12
34	高新技术产业占 GDP 比重	%	11
35	单位 GDP 能耗	吨标煤/万元	10
36	工业"三废"处理率	%	10
37	工业烟尘排放量	m^3	10
38	噪声达标覆盖率	%	10
39	R&D 支出占 GDP 比重	%	9
40	城镇在岗职工人均年工资总额	万元	9
41	固定资产投资总额	万元	9
42	工业固废排放量	万吨	8
43	水资源总量	m^3	8
44	城乡居民人均储蓄存款	万元	7
45	单位 GDP"三废"产生量	万吨	7
46	单位 GDP 耗电量	度	7
47	机动车尾气排放达标率	%	7
48	进出口贸易总额占 GDP 比重	%	7
49	地方财政收入占 GDP 比重	%	6
50	水土流失面积	公顷	6
51	城市居民人均可支配收入	元/人	6
52	城镇居民平均生活用电量	度	6
53	基尼系数	—	6
54	人均煤炭资源占有量	吨	6
55	三废资源综合利用率	%	6
56	实际利用外资金额	万元	6
57	城市建设用地占城市面积比例	%	6
58	城镇人均生活用水量	吨	6

续表

序号	项目	单位	频度
59	城镇人口总数	万人	6
60	第三产业从业人员比重	%	6
61	就业率	%	6
62	工业粉尘排放量	万吨	6
63	煤矸石排放总量	万吨	6
64	煤炭资源回采率	%	6
65	煤炭消耗总量	万吨	6
66	城镇人均废水排放量	吨	6
67	万人拥有教师数	人	6
68	万人拥有专业技术人员	人	6
69	城镇生活污水排放量	m^3	6
70	单位工业总产值废渣排放量	万吨	6
71	耕地总面积	公顷	5
72	煤炭资源产值占 GDP 比重	%	5
73	煤炭资源储采比	%	5
74	农民人均年纯收入	万元	5
75	农民人均生活消费支出	万元	5
76	万人从事科技活动人数	人	5
77	万元工业产值耗水量	吨	5
78	城市污水处理率	%	5
79	园林绿地面积	m^2	5
80	采煤塌陷面积	m^2	5
81	工业粉尘排放达标率	%	5
82	工业烟尘排放达标率	%	5
83	公共绿地面积	公顷	5
84	旅游业收入占 GDP 比重	%	5
85	煤炭 100 万吨死亡率	人	5
86	煤炭资源储量	万吨	5

序号	项目	单位	频度
87	人均原煤产量	吨	5
88	采煤沉陷区治理率	%	5
89	煤矸石综合利用率	%	5
90	煤炭工业增加值占工业增加值比重	%	5

4.2.2 预警指标的复选

在以上初步选取的预警指标中，有的对煤炭资源型城市生态安全预警所起的影响作用较小，而且有的意义之间难免会有交叉和重复。故而在具体预警研究时仅采用部分指标，即需要通过一定方法，在初选指标库基础上，对其进行复选。通过复选保留主要指标，剔除关联度较大或对预警研究意义较小的指标，这样可以获得适合于煤炭资源型城市生态安全预警指标体系。因此，首先在建立了初选库的基础上，通过对初选库中样本数据的特点分析、从初选库中选出一部分适合煤炭资源型城市的通用性指标；其次，通过对河南省内平顶山、焦作、鹤壁等煤炭资源型城市的广泛调研，走访了统计部门、环保部门和生态园示范区，获得煤炭资源型城市直观的感受和第一手的调查资料。将调查资料与初选指标进行对比分析进行复选。

4.2.3 预警指标备选库

笔者将以上复选出的指标，使用电子邮件意见征集的形式，发送给一些生态安全研究领域的专家征求意见。然后根据专家反馈的意见，再一次对指标集进行调整，又进一步剔除了部分专家认为不合适的指标，将专家普遍认为重要的指标遴选出来，加以整理，最后形成煤炭资源型城市生态安全预警指标的备选库。详见表4－2。

表 4－2   煤炭资源型城市生态安全预警指标备选库

序号	项目	单位	频度
1	人均 GDP	元/人	50
2	人口密度	人/hm^2	43
3	第三产业占 GDP 比重	%	38
4	人口自然增长率	%	38
5	城市生活污水集中处理率	%	37
6	城镇人均公共绿地面积	m^2	37
7	工业废水排放量	万吨	37
8	环保投资占 GDP 比重	%	36
9	建成区绿化覆盖率	%	34
10	工业固废综合利用率	%	33
11	万人拥有高校在校生	人	33
12	万人拥有卫生技术人员	人	30
13	万人拥有医院床位数	人	29
14	城镇居民恩格尔系数	—	27
15	二氧化硫排放量	万吨	27
16	人均水资源占有量	吨	27
17	GDP 年增长率	%	25
18	集中式饮用水源水质达标率	%	24
19	城镇生活垃圾处理率	%	23
20	城市空气质量（好于或等于 2 级标准）	天/年	22
21	城市人均道路面积	m^2	21
22	城市人均居住面积	m^2	21
23	城镇居民人均可支配收入	元	20
24	城镇化率	%	19
25	工业废气排放总量	m^3	17
26	单位 GDP 耗水量	万吨	14
27	科技教育经费投入占 GDP 比重	%	14
28	城镇登记失业人员	%	12

序号	项目	单位	频度
29	高新技术产业占 GDP 比重	%	11
30	单位 GDP 能耗	吨标煤/万元	10
31	工业烟尘排放量	m^3	10
32	噪声达标覆盖率	%	10
33	工业固废排放量	万吨	8
34	地方财政收入占 GDP 比重	%	6
35	城市居民人均可支配收入	元	6
36	人均煤炭资源占有量	吨	6
37	实际利用外资金额	万元	6
38	城镇人均生活用水量	吨	6
39	第三产业从业人员比重	%	6
40	工业粉尘排放量	万吨	6
41	煤矸石排放总量	万吨	6
42	万人拥有专业技术人员	人	6
43	城镇生活污水排放量	m^3	6
44	煤炭工业增加值占工业增加值比重	%	5
45	农民人均年纯收入	万元	5
46	万人从事科技活动人数	人	5
47	城市污水处理率	%	5
48	采煤塌陷面积	m^2	5
49	工业粉尘排放达标率	%	5
50	工业烟尘排放达标率	%	5
51	人均公共绿地面积	公顷	5
52	旅游业收入占 GDP 比重	%	5
53	煤炭资源储量	万吨	5
54	采煤沉陷区治理率	%	5
55	煤矸石综合利用率	%	5
56	煤炭工业增加值占工业增加值比重	%	5

通过初选和复选，建立的"备选库"指标，不仅能适用于全国大部分的煤炭资源型城市，帮助其进行生态预警工作，而且还能为其他煤炭资源型城市的预警提供参考指标，从而确保了煤炭资源型城市生态安全预警指标选取标准的一致性、指标来源的可靠性和指标数据的权威性，简化了预警流程，提高了预警效率。

4.3　PSR—NES 生态安全预警指标体系框架设计

4.3.1　PSR—NES 模型的融合性

煤炭资源型城市生态系统层次众多、内部结构复杂。其预警指标体系是一个包含自然、经济和社会等方面的复杂系统。PSR（pressure-state-response）概念框架模型是环境质量评价学科中常用的一种评价模型，最初是由加拿大统计学家拉波特和弗兰德（David J. Rapport & Tony Friend，1979）提出，后由经济合作与发展组织（Organisation for Economic Cooperation and Development，OECD）和联合国环境规划署（United Nations Environment Programme，UNEP）于 20 世纪 90 年代共同发展起来的用于研究环境问题的框架体系。PSR 模型使用"原因—效应—响应"这一思维逻辑，体现了人类与环境之间的相互作用关系。PSR 模型认为人类的社会经济活动与自然环境之间存在相互作用的关系，即人类从自然环境中获得各种资源又通过生产、消费向自然环境排放废弃物，从而改变资源的数量和环境的质量，资源环境的变化进而又影响人类的社会活动及其福利等，如此循环往复，形成了人类活动与自然环境之间的"压力—状态—响应"关系。该模型包含了压力、状态和响应三类指标。其中，压力指标表达了人类的经济和社会活动对环境的作用；状态指标表达了特定时间阶段的环境状态和环境变化情况；响应指标指社会和个人如何行动来减轻、阻止、恢复和预防人类活动对环境的负面影响，以及对已经发生的不利于人类生存发展的生态环境变化进行补救的措施。该框架模型强调人类活动和经济运作对环境的影响，深刻反映了自然生态系统与社会经济系统之间的相互作用机理，从不同角度反映城市生态安全各指标之间的连续反馈机制，有利于反映生态安全预警的系统过程。由于这一模型具有明确的逻辑基础，特别是它提出的所评价对象的压力—状态—响应指标与参照标准相对比的模式受到了很多国内外学者的极大关注。但是，PSR 概念模型存在以下问题：环境影响指标是反映环境问题"受体"（人类健康与社会经济）活动的指标，但是 PSR 概念模型对此有所缺少；PSR 概念模型不能区分某些环境指标究竟属于哪一类，如单位经济产值、自然资源消耗指标，既可作为压力指标，也可以作为状态指标；反映环境与资源问题的价格指标与一些环境指数也很难纳入概念模型；指标数量过多。

随着自然—社会—经济复合生态系统理论的产生。国内学者将"自然（N）—经济（E）—社会（S）"模型（NES）运用到城市生态安全评价与预警中，认为城市生态安全状况主要受自然、经济和社会等因素的影响。自然因素是城市生态安全的前提和限制因素，其主要作用是保证城市生态系统功能得到正常发挥、内部结构稳定和合理，以及自我调节和恢复能力；经济因素是城市生态安全的动力条件和发展的有力支撑，其实质是人们采取不同经济生产和生活活动，追求经济的持续增长，能够为维持城市总体安全状况提供资金支撑；社会因素是城市生态安全的保障和持续条件，其实质是保障社会发展需求下承载一定人口数量、资源利用与开发的社会公平性等。

从上面对压力—状态—响应（PSR）和自然—经济—社会（NES）两个指标框架模型原理来看，它们选取了两个不同的视角对生态系统指标来进行生态安全研究。PSR 框架模型对指标的组织分类有较强的系统性，强调相互间的因果逻辑关系。该模型从人与自然环境相互作用和影响出发，强调人的各类活动对生态和环境造成压力，给人类带来了各种问题，倒逼人类为了改变环境质量采取种种措施，缓解问题，维持环境持续健康发展。NES 框架模型是以自然—社会—经济城市复合生态系统理论为基础，选取自然、经济、社会相应评价指标，反映评价对象的复合性、系统性和归属性。

从以上对两个概念框架选取的具体指标及其之间的逻辑关系来看。一方面，城市生态安全状况发生变化是由于多种原因造成的，即有社会、经济压力，又存在着自然生态系统本身造成的压力。自然生态系统通过自身的净化等功能来解决或减缓压力，但很多问题已超出了自然生态系统的净化能力，需要人类从社会、经济等方面采取响应措施。另一方面，城市生态系统的三个子系统内部都存在着逻辑作用关系，自然子系统内部的运动变化形成影响生态系统的压力，自然环境将随着发生变化，同时自然生态系统通过内部循环改善其变化；同理，社会、经济子系统的发展对城市生态系统造成了很大压力，自然、社会、经济环境不断变化，当城市生态系统安全问题随之出现后，社会、经济子系统都将采取相应措施进行响应。由此可见，压力—状态—响应（PSR）和自然—社会—经济（NES）概念框架之间相互包含、相互联系、优势互补，具有互通性和融合性。具体两种指标框架模型的融合作用机制，如图 4 - 2 所示。

通过上述分析可以看出：两种模型均有各自突出优势，由于 PSR 框架模型和 NES 框架模型各有所长，都能在自己的框架内较合理地反映城市生态安全存在的问题，但是也存在局限性，无法实现更全面、全角度的分析，为了尽可能理清各因素之间的关系。必须对其实行融合。因此，本书尝试从融合理念出发，以这些相通性为切入点，对这两个指标体系框架进行修正融合，构建基于 PSR—NES 框架模型的煤炭资源型城市生态安全预警指标体系，以期能够科学合理全面地表征生态系统的运行机制。

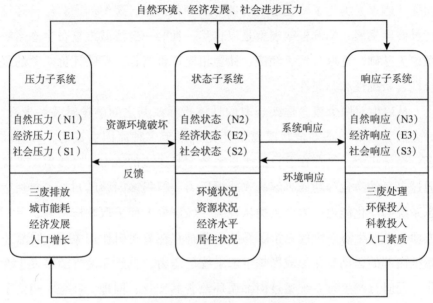

自然环境、经济发展、社会进步压力

| 压力子系统 | 资源环境破坏 | 状态子系统 | 系统响应 | 响应子系统 |

图 4 – 2　PSR—NES 模型的作用机制

4.3.2　煤炭资源型城市生态安全预警指标体系层次结构

煤炭资源型城市生态系统就是一个由自然、社会、经济等多方面要素耦合而成的复杂的巨系统。生态安全强调的是人与自然、人与社会和谐的关系及保持自然、经济、社会三维复合系统整体的统一。煤炭资源型城市生态安全预警的目的就是使这个复杂系统中的各个子系统相互之间以一种健康、协调、安全状态运行，以维持城市生态系统不受到威胁。因此，在构建 PSR—NES 框架模型的生态安全预警指标体系时，应当运用系统层次分析思想把复杂的问题分成若干存在联系而有序的层次，对每一层次的相关元素进行比较分析。本书以煤炭资源型生态安全预警总体目标为导向，在充分考虑压力—状态—响应三大子系统和自然、经济、社会三因素协调共存的前提下，按照"四级叠加、逐层收敛、统一排序"的原则，将煤炭资源型城市生态安全预警指标体系框架分为四层逻辑层，即目标层、系统层、因素层、指标层。

第一逻辑层：即目标层。综合反映煤炭资源型城市生态安全总体状态水平。

第二逻辑层：即系统层。其指标体系框架以压力、状态、响应三系统为基础构建系统层。

第三逻辑层：即因素层。其是分别以城市的自然、社会、经济三因素属性构建因素层，即由自然压力、经济压力、社会压力构成系统压力层；由自然状态、经济状态、社会状态构成系统状态层；由自然响应、经济响应、社会响应构成系统响应层。

第四逻辑层：即指标层。该层是自然、经济、社会三因素层的进一步细化，是具体可测的、可比的、可以获得的指标。包括来自自然、经济、社会压力因素、状态因素、响应因素等。最后，按照每个子系统中三因素，从煤炭资源型"指标备选库"中选取对应的指标共同构成一个"四层"的城市生态安全预警指标体系。该框架模型的层次结构，既能体现煤炭资源型城市生态系统内部自然、经济、社会各因素之间的相互作用关系，又能反映出城市生态系统产生的压力、状态、响应逻辑关系，在进行结果分析时，能从多层次视角反映城市生态安全存在的问题。具体的融合思路，如图4-3所示。

因此，本书将煤炭资源型城市生态安全预警指标体系划分为"总目标层—系统层—因素层—指标层"四层结构，共同构成煤炭资源型城市生态安全预警指标体系结构。即：系统层将目标层解析为内部具有逻辑关系的三大子系统，即压力系统、状态系统和响应系统。其中"压力子系统"即造成煤炭资源型城市生态安全警情恶化的危险因素，分为自然因素、经济和社会活动产生的人为因素；"状态子系统"即煤炭资源型城市生态系统在上述压力下自然因素、经济和社会活动所处的状况；"响应子系统"即为促进煤炭资源型城市生态可持续发展对自然、经济和社会活动而采取的对策措施。

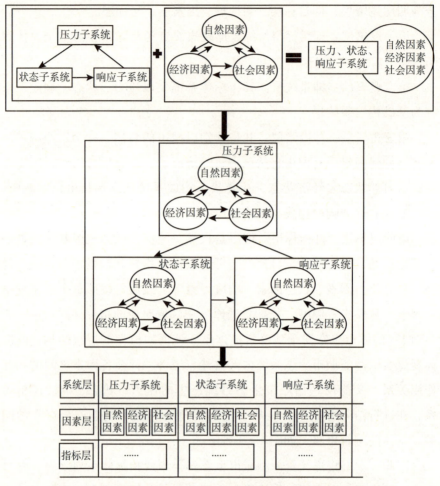

图 4-3 煤炭资源型城市 PSR—NES 预警指标体系融合层次结构

4.3.3 煤炭资源型城市（PSR—NES）预警指标的逻辑关系

根据煤炭资源型城市 PSR—NES 预警指标体系融合层次的构建原理，选取的自然、经济、社会因素指标间存在着压力、状态、响应的逻辑关系，具体关系如图 4-4 所示。

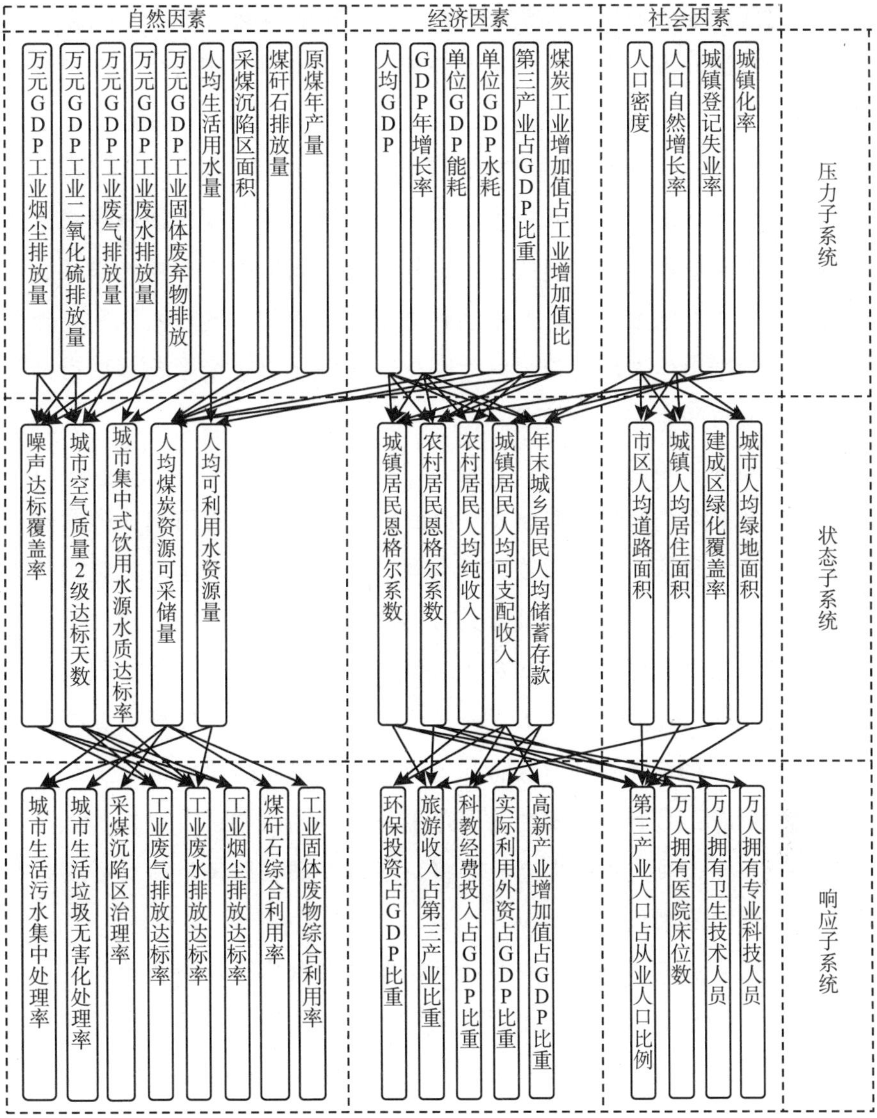

图 4 - 4 煤炭资源型城市 PSR—NES 预警指标逻辑关系

根据图 4 - 4 可知，自然、经济、社会子系统之间是相互作用的，他们的逻辑关系可从压力—状态和状态—响应两个方面来解释。

（1）压力—状态

来自于自然、经济、社会活动的综合作用的压力，必将在城市生态系统的时间截面表现出一种状态变化。具有影响自然属性的"三废"排放、煤炭资源开发、人均对水资源的消耗，必将引起城市生态环境和空气质量的变化；具有经济属性的 GDP 增长、单位 GDP 的能耗、单位 GDP 水耗、第三产业产值的增加、煤炭工业增加值的增大，必将影响经济发展、城乡居民经济收入、生活质量、资源消耗强度，加速煤炭资源的枯竭，引起城市生态环境的恶化；具有社会属性的人口自然增长、密度增加、失业率增加，必将会影响到城市道路面积、居住面积和绿地面积减少，给城市生态环境带来巨大变化，城镇化率直接影响着城市的发展水平和城市的生态建设状况。

（2）状态—响应

城市生态系统的时间截面表现出的状态变化，必将引起人类通过措施手段、环境政策、经济政策和社会调节意识及行为对生态系统的状态变化做出响应。煤炭资源型城市具有自然属性的"三废"处理、采煤沉陷区治理、煤矸石综合利用，必将对城市生态环境的改变做出积极的响应；具有经济属性的环保投入、科教投入、利用外资、发展高新技术和旅游产业，必将对改善环境状态和生产环境、提高居民经济收入起到积极有效的响应；具有社会属性的医疗卫生条件的改善、专业技术人员增加和第三产业人员比重的提高，必将对经济发展、居民生活舒适度改善和就业率增加带来积极的响应。

由此可见，某一个状态的表现可能体现在自然、经济和社会三个方面。某一个状态指标的变化原因可能来自于自然压力、经济压力和社会压力的影响。自然、经济和社会任何一项响应指标的变化都可能对压力和状态产生改善或治理作用。同样，经济发展产生的压力导致了自然和社会两个子系统状态的变化，而环保经济投入的响应均对自然和社会状态进行改善。因此，本书所构建的 PSR—NES 预警指标体系，直观地体现了各子系统之间以及各因素之间是彼此交叉、综合作用和联系。即人类活动对环境一旦施加了一定的压力，压力的综合作用就会表现出一种状态，状态的表现结果必将引起人类通过自身的经济社会活动对状态的改变做出积极响应，如此循环往复，构成了人类与生态系统之间的作用与反作用关系。

4.3.4　煤炭资源城市生态安全预警指标选取

在对煤炭资源型城市生态系统安全影响因素分析和认识的基础上，遵循上述 PSR—NES 融合层次结构预警指标体系构建的基本原则，借鉴以往文献中的城市生态安全评价指标体系的研究成果，经过对"备选库"内指标的进一步优化筛选，最终建立了一套基于 PSR—NES 融合层次结构的煤炭资源型城市生态安全预警指标体系。该指标体系保留了一般城市生态安全指标体系的常用指标，如人口密度、经济发展、环境污染、能源消耗、环保投资等指标，根据煤炭资源型城市的特点加入了反映煤炭城市特点的指标，这样使该指标体系不但具有一般城市生态安全的特点，并且具有煤炭城市的特点。

由于该指标体系是针对煤炭资源型城市生态系统具体特性而建立的，因此具有典型的煤炭资源型城市的特点。其中在经济发展领域，设置了"煤炭工业增加值占工业增加值的比重"这个指标，它主要是反映煤炭资源型城市的煤炭资源开发产业的发展程度，煤炭资源型城市是否能够实现可持续发展关键要看煤炭工业增加值在整个城市工业增加值中是否处于主导地位，是否能在保持城市工业发展良好势头中逐步被其他资源开发产业所替代，因此设立这个指标是非常必要的。在城市生态压力系统中增加了"原煤产量""采煤沉陷区面积""煤矸石排放量"等。考虑到煤炭资源开发给环境带来的破坏，在保留三废排放量这些常规指标外，还加上了矿山生态破坏治理率和采矿沉陷地治理率，这些指标是煤炭资源型城市生态系统具有代表性的指标。具体指标选取与确定如下。

（1）压力系统

①自然压力。

这部分指标主要表现了"三废排放""煤炭资源开发""水资源消

耗"对煤炭资源型城市生态系统造成的压力影响。根据煤炭资源型城市的典型性及其数据可获得性。本书选择"工业烟尘排放量""工业二氧化硫排放量""工业废气排放总量""工业废水排放量""工业固体废弃物排放量""人均生活用水量""原煤年产量"。这些指标在一定程度上直接导致了城市自然环境状况恶化、煤炭资源产出减少、人类对水资源的消耗程度，将直接影响煤炭资源城市人类的健康和城市可持续发展。

②经济压力。

人类社会的发展离不开经济建设，因此经济压力也是影响煤炭资源型城市生态系统安全状况的主要因素之一。尤其是经济较发达的煤炭资源型城市，其中对生态安全影响较大的最易获取的经济指标是城市GDP，而GDP增长率、单位GDP能耗、单位GDP水耗、煤炭工业增加值占工业增加值的比重、第三产业占GDP的比重，这些指标分别从不同的经济发展侧面反映了煤炭资源型城市生态安全造成的影响。因此，本书选取上述指标来表达经济发展对煤炭资源型城市造成的生态压力。

③社会压力。

社会压力主要是来自于人口的增长、城镇登记失业率和城市化率，这些指标直接对城市生态系统的承载能力和土地利用结构造成影响，这些因素不仅针对煤炭资源型城市，也适用于任何地区和城市。由于城市面积是一定的，人口增长率和人口密度在一定程度上表达人口压力，因此，本书选择人口密度、人口自然增长率、失业率、城镇化率几个方面来反映城市的社会压力。

（2）状态系统

①自然状态。

城市生态系统在受到来自自然、社会、经济各方面的时间积累影响后，城市生态系统在任何一个时间截面都会表现出一种状态。因此，主要从城市时间截面的自然、经济、社会状态上来看，三因素都可以利用政府监测数据表现出来状态的变化。由于本书是对煤炭资源型城市的生态安全预警及调控构建指标体系，选取"空气质量达标率""城市噪声达标覆盖率""城市饮用水水源水质达标率""人均煤炭资源可采储量""人均可利用的水资源量"情况来表示煤炭资源型城市的自然状态。这里强调了关乎人类生活健康的空气质量、环境噪音、煤炭资源储量和水资源的自然状态。

②经济状态。

在受到经济发展、自然变化和社会进步的压力后，对煤炭资源型城市生态系统安全造成影响的主要经济状态变化，主要是通过城乡居民经济收入和居民的消费水平表现出来。因此，本书选取"农村居民可支配收入""城镇居民可支配的收入""城镇居民恩格尔系数""农村居民恩格尔系数""年末城乡居民人均存款"五个指标来表示。这里强调了人类生存的经济实力和经济状态。

③社会状态。

在受到来自于自然、社会、经济各方面的压力影响后，社会环境状态也会出现相应变化。而与人类生活密切相关的城市环境、居住情况、出行便利情况则是煤炭资源型城市的社会状态表现。因此，本书选取在社会发展中影响人类生活舒适度的"城镇居民居住面积""人均市区道路面积""建成区绿化覆盖率""城市人均绿地面积"来表示社会状态的变化。

（3）响应系统

①自然响应。

城市生态系统是具有明显人类特征的复合人工生态系统，通常当城市生态系统遭到生态破坏时，自然的自身调节能力非常微弱的，必须靠人工调节。因此，煤炭资源型城市在遭受污染致使生态环境破坏后，人类势必将发挥人工调节作用，使城市生态环境状况得到改善。结合压力、状态所选择的指标，本书选择"三废处理能力""采煤沉陷区治理率""煤矸石综合利用率"等来反映人类对自然系统破坏的响应能力。

其中，"采煤沉陷区治理率""煤矸石综合利用率"指标，充分反映了煤炭资源型城市对生态破坏的人类治理响应能力，更具有煤炭资源型城市的典型性。

②经济响应。

经济是人类对生态系统破坏响应的基础。经济方面的响应主要是通过环保投入、科教投入、高新技术投入占 GDP 的比重来表示城市经济响应能力。因此，本书选取"环保投资占 GDP 比重""科教投入占 GDP 比重""高新技术增加值占 GDP 比重""实际利用外资占 GDP 比重""旅游收入占第三产业比重"等指标来反映经济响应能力。这些指标充分体现了改善原来的企业粗放式生产经营模式，加强环保治理与环境保护投入响应能力。

③社会响应。

煤炭资源型城市生态系统的社会响应主要表现在人类医疗卫生状况、人类科教文化素质和三产业的发展水平上，这些指标不仅体现了社会进步状况，而且潜在地体现了人类对改善城市生态系统变化的响应综合能力。结合压力、状态所选择的指标，本书选择"万人拥有医院床位数""万人拥有卫生人员数""万人拥有专业科技人员数""第三产业人口占从业人员比例"来表示。此外需说明的是，针对环境保护实施的人文政策和制度也属于很重要的社会响应指标，但由于指标的获取性及数据的量化可比性有一定困难，故本书没有选取这类指标。

据以上分析，本书从 PSR 概念模型与 NES 模型融合的视角来构建了煤炭资源型城市生态安全预警指标体系，并且据煤炭资源型城市类型的典型性构建了个性指标与共性指标共存的融合分类指标体系，从而对不同煤炭资源型城市具体生态安全预警研究时更具有针对性。因此，本书构建了一个具有四级层次、逐级耦合的煤炭资源型城市 PSR—NES 生态安全预警指标体系，详见表 4 - 3 ~ 表 4 - 5。

表4-3　　煤炭资源型城市PSR—NES生态安全预警（压力子系统）指标

系统层	因素层	指标层	单位
压力子系统（P）	自然（N1）	万元GDP工业烟尘排放量（X1）	千克
		万元GDP工业SO_2排放量（X2）	吨
		万元GDP工业废气排放量（X3）	标立方米
		万元GDP工业废水排放量（X4）	吨
		万元GDP工业固体废弃物排放量（X5）	千克
		人均年生活用水量（X6）	吨
		采煤沉陷区面积（X7）	hm^2
		煤矸石排放量（X8）	万吨
		原煤年产量（X9）	万吨
	经济（E1）	人均GDP（X10）	元
		GDP年增长率（X11）	%
		单位GDP能耗（X12）	吨标准煤
		单位GDP水耗（X13）	吨
		第三产业占GDP比重（X14）	%
		煤炭工业增加值占工业增加值比重（X15）	%
	社会（S1）	人口密度（X16）	人/km^2
		人口自然增长率（X17）	‰
		城镇登记失业率（X18）	%
		城镇化率（X19）	%

表4-4　　煤炭资源型城市PSR—NES生态安全预警（状态子系统）指标

系统层	因素	指标	单位
状态子系统（S）	自然（N2）	噪声达标区覆盖率（X20）	%
		城市空气质量2级达标天数（X21）	天/年
		城市集中式饮用水源水质达标率（X22）	%
		人均煤炭资源可采储量（X23）	吨
		人均可利用水资源量（X24）	m^3

续表

系统层	因素	指标	单位
状态子系统（S）	经济（E2）	城镇居民恩格尔系数（X25）	%
		农村居民恩格尔系数（X26）	%
		农村居民人均纯收入（X27）	元
		城镇居民人均可支配收入（X28）	元
		年末城乡居民人均储蓄存款（X29）	元
	社会（S2）	市区人均道路面积（X30）	m^2
		城镇人均居住面积（X31）	m^2
		建成区绿化覆盖率（X32）	%
		城市人均绿地面积（X33）	m^2

表 4-5　煤炭资源型城市 PSR—NES 生态安全预警（响应子系统）指标

系统层	因素	指标	单位
响应子系统（R）	自然（N3）	城市生活污水集中处理率（X34）	%
		城市生活垃圾无害化处理率（X35）	%
		采煤沉陷区治理率（X36）	%
		工业废气排放达标率（X37）	%
		工业废水排放达标率（X38）	%
		工业烟尘排放达标率（X39）	%
		煤矸石综合利用率（X40）	%
		工业固体废物综合利用率（X41）	%
	经济（E3）	环保投资占 GDP 比重（X42）	%
		旅游收入占第三产业比重（X43）	%
		科教经费投入占 GDP 比重（X44）	%
		实际利用外资占 GDP 比重（X45）	%
		高新技术产业增加值占 GDP 比重（X46）	%
	社会（S3）	第三产业人口占从业人口比例（X47）	%
		万人拥有医院床位数（X48）	张
		万人拥有卫生技术人员（X49）	人
		万人拥有专业科技人员（X50）	人

具体的预警指标体系层次结构划分如下：

总系统层：体现了煤炭资源型城市生态安全警情演变的总趋势。

子系统层：将煤炭资源型城市生态安全总系统分为压力子系统、状态子系统、响应子系统。

因素层：说明各子系统是由自然因素、经济因素和社会因素所组成。

指标层：代表煤炭资源型城市生态安全预警研究的各个方面具体指标。

以上共性指标计 44 个，煤炭资源城市典型性指标计 6 个，共计 50 个指标。

总之，从表 4-3～表 4-5 所建立的指标体系看，影响煤炭资源型城市生态安全的自然和经济方面的指标较多，说明在煤炭资源型城市生态系统中，人对自然生态环境变化与改造和经济发展对城市生态安全具有决定性的影响，人为因素是反映城市生态安全水平最重要因素。

4.3.5　预警单项指标的释义

（1）压力子系统指标

万元 GDP 工业烟尘排放量：用每年万元 GDP 工业烟尘排放量（工业烟尘排放量/GDP）指标衡量煤炭资源型城市主要生态压力，反映了工业经济增长对城市环境质量影响程度。该指标为逆指标，其值越大，说明万元 GDP 产生的烟尘量多，城市环境面临压力也越大，单位为千克。

万元 GDP 工业 SO_2 排放量：用每年万元 GDP 工业 SO_2 排放量（年工业 SO_2 排放量/GDP）表示城市经济增长与 SO_2 排放之间的关系。该指标为逆指标，其值越大，万元 GDP 的 SO_2 排放量越大，对城市环境危害越严重，带来的负面影响也越大，单位为吨。

万元 GDP 工业废水排放量：用每年万元 GDP 工业废水排放量（年工业废水排放量/GDP）表示城市经济增长与工业废水排放之间的关系。

该指标为逆指标，其值越大，万元 GDP 工业废水排放量越大，对城市环境污染越严重，带来的负面影响也越大，单位为吨。

万元 GDP 工业固体废弃物排放量：用每年万元 GDP 工业固体废弃物排放量（工业固体废弃物排放量/GDP）表明城市经济发展与工业固体废弃物排放量之间的比例关系。该指标为逆指标，其值越大，万元 GDP 工业固体废弃物排放量越大，对城市环境污染越严重，带来的负面影响也越大，单位为千克。

人均年生活用水量：通常用人均日用水量表达，本书经过换算用人均年用水量来表达，该项指标反映了城市人类生活对水资源的消耗量。对于煤炭资源型城市来说，城市缺水是一种普遍现象。因此，人均年用水量对于煤炭资源型城市来说是一项影响生态安全重要指标。该指标为逆指标，其值越大，说明人类生活对水资源的消耗量大，对城市生态系统压力也越大。单位为吨。

采煤沉陷区面积：这是一个典型的煤炭资源型城市指标。煤炭资源型城市最大的生态破坏是煤炭资源开发引起的大面积土地塌陷，破坏了大面积的土地资源。该指标为逆指标，其值越大，沉陷区面积越大，带来的负面影响也越大。单位为公顷（hm^2）。

煤矸石排放量：这是一个典型的煤炭资源型城市指标。煤矸石是煤炭资源型城市的主要固体废弃物，也是煤炭资源型城市的严重污染源。煤矸石堆存不仅占用大面积的土地资源，而且给城市生态圈造成循环污染。该指标为逆指标，其值越大，带来的生态负面影响也越大。单位为万吨。

原煤年产量：煤炭资源型城市表现出经济发展对煤炭产量的高度依赖，煤炭产量的变化直接影响着煤炭资源型城市的经济发展。从保持煤炭资源型城市生态安全和可持续发展视角来看，该指标为逆指标，其值越大，能源开发强度越大，有限的煤炭资源的服务年限将会缩短，带来的负面影响也越大，单位为万吨。

人均 GDP：即 GDP/人口数。该指标为正指标，其值越大，表明城市经济实力增强，维护生态安全的能力也就越强。单位为元。

GDP 年增长率：GDP 年均经济增长率，是衡量若干年来城市经济的平均变化情况。该指标为正指标，其值越大，表明城市经济发展速度较快，维护生态安全的能力也就越强。单位为%。

单位 GDP 能耗：表示经济增长与能源消耗量关系。该指标为逆指标，其值越大，能源消耗量越大，带来的负面影响也越大。单位为吨标准煤/万元。

单位 GDP 水耗：表示经济增长与水资源消耗量关系。该指标为逆指标，其值越大，水资源消耗量越大，带来的负面影响也越大。单位为吨/万元。

第三产业占 GDP 比重：第三产业，指不生产物质产品的行业，即服务业。第三产业占 GDP 比重是衡量一个国家或地区是否富裕发达的重要指标，一般发达国家或地区的第三产业占 GDP 比重都在 60% 以上，部分超过 70%，我国第三产业比重非常低。该指标为正指标，其值越大，表明城市富裕发达，维护生态安全的能力也就越强。单位为%。

煤炭工业增加值占工业增加值比重：该指标反映了城市工业发展对煤炭工业的依赖程度。该指标为逆指标，其值越大，说明城市工业对煤炭产业的依赖程度越高。单位为%。

人口密度：人口总数/土地总面积，表示单位面积土地上承载的人口数。该指标为逆指标，其值越大，单位土地承载的人数越多，面临压力也越大。单位为人/km²。

人口自然增长率：指一定时间内（通常为一年）人口净增数（出生人数 – 死亡人数）与该时期内平均人数之比。该指标为逆指标，其值越大，人口自然增长越快，对城市生态系统造成的负面影响越大。单位为‰。

城镇登记失业率：煤炭资源枯竭型城市在转型过程中，由于会出现下岗、失业人员再就业这一典型问题，该指标是反映社会稳定性的指标，反映失业职工所造成的社会压力。计算公式为：城镇登记失业率 =

（城镇登记失业人数/城镇从业人数＋城镇登记失业人数）×100%。该指标为逆指标，其值越大，失业人数越多，对城市生态系统造成的负面压力子系统越大。单位为%。

城镇化率：即城镇化水平，通常用市人口和镇驻地聚集区人口占全部人口（人口数据均用常住人口而非户籍人口）的百分比来表示，用于反映人口向城市聚集的程度和过程。

（2）状态子系统指标

噪声达标区覆盖率：城市噪声污染对居民的生活环境和舒适度造成了极大的威胁和影响，对城市生态安全有着较大的影响作用。国家《城市区域环境噪声标准（GB3096—93）》规定了城市五类区域的环境最高限值。城市噪声达标区覆盖率的计算公式为：噪声达标区覆盖率＝（达标区面/建成区面积）×100%。该指标为正向指标，其值越大，表明煤炭资源型城市噪声污染较小。单位为%。

城市空气质量2级达标天数：按照国家《环境空气质量标准（GB3095—2012）》评价，衡量某个区域的空气质量达到几级标准，主要就是看这个地方空气中各种污染物如可吸入颗粒物（PM10）、二氧化硫（SO_2）、二氧化氮（NO_2）的浓度达到几级标准。《国家生态园林城市分级考核标准》中规定，B类城市，每年大于300天为合格。单位为天/年。

城市集中式饮用水源水质达标率：指向城市市区提供饮用水的集中式水源地达标水量占总取水量的百分比。单位为%。

人均煤炭资源可采储量：我国煤炭可采储量占世界可采储量的12%，人均占有量约为234.4吨。人均煤炭资源占有量的变化，反映了煤炭资源储量减少的幅度，同时也反映了城市人口变化与煤炭资源储量的关系。该指标为正指标，其值越大，表明煤炭资源丰富，煤炭资源枯竭时间延缓，城市可持续发展的能力也就越强。单位为吨。

人均可利用水资源量：我国人均水资源量只有2 100立方米，仅为世界人均水平的28%。对于煤炭资源型城市来说，人均水资源量是衡量煤炭资源型城市可利用水资源的程度指标，也是衡量该类城市生态安全状况重要指标之一。该指标为正指标，其值越大，表明该城市水资源丰富，城市可持续发展的能力也就越强。单位为 m^3。

恩格尔系数：恩格尔系数是食品支出总额占个人消费支出总额的比重。恩格尔系数较高，作为家庭来说则表明收入较低，作为国家来说则表明该国较穷。反之，作为家庭来说则表明收入较高，作为国家来说则表明该国较富裕。恩格尔系数达59%以上为贫困，50%～59%为温饱，40%～50%为小康，30%～40%为富裕，低于30%为最富裕。该指标属于逆向指标，其值越大，表明社会发展水平越低。单位为%。

农村居民人均纯收入：农民一年人均纯收入水平能有效地反映土地产出水平。该指标为正指标，其值越高，农民经济实力增强，维护生态安全的能力也就越强。单位为元。

城镇居民人均可支配收入：指反映城镇居民家庭全部现金收入能用于安排家庭日常生活的那部分收入。它是家庭总收入扣除交纳的所得税、个人交纳的社会保障费以及调查户的记账补贴后的收入。人均可支配收入＝（家庭总收入－交纳的所得税－个人交纳的社会保障支出－记账补贴)/家庭人口数，它是用以衡量城市居民收入水平和生活水平的最重要和最常用的指标。该指标为正指标，其值越高，城镇居民的经济实力越强，维护生态安全的能力也就越强。单位为元。

年末城乡居民人均储蓄存款：即年末城乡居民储蓄余额与居民人数之比，它反映了城乡居民的储蓄水平。城乡居民储蓄余额代表的是居民可支配收入中用于消费后的剩余购买力。该指标为正指标，其值越高，城镇居民的经济实力越强，维护生态安全的能力也就越强。单位为元。

市区人均道路面积：指城市中每一个居民平均占有的道路面积，即用城市道路的面积除以该城市的人口数。人均道路面积少，城市基础设施供给落后，将制约城市的可持续发展。参照国际上现代化城市 $12m^2$，确定该项指标的全面小康目标值为 $12m^2$。该指标为正指标，其值越高，维护生态安全的能力也就越强。单位为 m^2。

城镇人均居住面积：人均居住面积指的是房子的实际使用面积，是反映城镇居民居住水平的基本指标，也是城镇居民生活水平是否提高的标志性指标之一。该指标为正指标，其值越高越好，表明居民生活质量越高，城市的可持续发展态势越好。单位为 m^2。

建成区绿化覆盖率：指在城市建成区的绿化覆盖面积占建成区的百分比，即绿化植物的垂直投影面积占城市建成区总面积的比值，是衡量一个城市绿化水平的主要指标。计算公式为："建成区绿化覆盖率（%）=建成区所有植被的垂直投影面积（平方公里）/建成区面积（平方公里）×100%"。该指标为正指标，其值越大，城市宜居环境越好，城市生态系统越安全。单位为%。

城市人均绿地面积：指城镇公共绿地面积的人均占有量，生态城市达标值为≥$11m^2$/人。具体计算时，公共绿地包括公共人工绿地、天然绿地，以及机关、企事业单位绿地。该指标为正指标，其值越大，人均拥有的生态绿地就越多，城市生态系统越安全。单位为 m^2。

（3）响应子系统指标

城市生活污水集中处理率：指城市市区经过城市集中污水处理厂二级或二级以上处理且达到排放标准的生活污水量与城市生活污水排放总量的百分比。其计算公式为：城市生活污水处理量/城市生活污水排放总量×100%，表示城市生活领域的生态维护力度。该指标为正向指标，其值越大，城市维护生态安全力度也越大。单位为%。

城市生活垃圾无害化处理率：是指无害化处理的垃圾量占总处理垃圾量的比率。城市生活垃圾无害化处理率是城市环境质量度量的主要指标。该类指标为正指标，其值越大，表明对城市生态安全的威胁减小，维护城市生态系统安全的水平越高。单位为%。

采煤沉陷区治理率：煤矿井下采掘过程中，引起地表面下沉，形成塌陷。塌陷是煤矿开采对土地破坏的主要形式，塌陷地面一般占井下煤田开发区总土地破坏面积的80%以上。采煤沉陷区的环境保护与治理，直接关系到矿区的经济发展、社会稳定和生态环境。采煤区综合治理率是考察煤炭资源型城市生态恢复能力重要指标。该类指标为正向指标，其值越大，表明煤炭资源型城市对生态破坏的恢复能力强，维护城市生态系统安全的水平高。单位为%。

工业三废排放达标率："三废"指的是废气、废水和固体废弃物。"工业三废"给城市生态、经济、社会造成严重危害。城市"工业三废"的达标率是城市对"工业三废"处理达到国家规定的"工业三废"标准，是对整个城市环境质量度量的主要指标。该类指标为正指标，其值越大，表明工业生产对城市生态安全的威胁减小，维护城市生态系统安全的水平越高。单位为%。

煤矸石综合利用率：煤矸石是煤炭资源型城市的主要固体废弃物，也是煤炭资源型城市的严重污染源。煤矸石综合利用率计算公式为：煤矸石年利用量/煤矸石年产生总量×100%。该指标为正指标，其值越大，表明煤炭资源型城市生态保护能力较强，维护城市生态系统安全的水平越高。单位为%。

环保投资占GDP比重：环境保护是资源型城市能否实现可持续发展的关键。环保投入越高，越有益于改善环境污染、生态恢复、生态保护等。国际经验表明，该比例达1.0%～1.5%，只能基本控制污染加剧的趋势，达到2%～3.0%后才能逐步改善环境。该指标为正指标，其值越大，对煤炭资源开发引起的生态破坏的恢复能力增强。单位为%。

旅游总收入占第三产业比重：是指一个城市的旅游业及相关产业总收入除以当年第三产业总收入，表明了一个城市的旅游业对第三产业的贡献率。该指标为正指标，其值越大，表明煤炭资源型城市经济转型效果越好，生态经济发展水平越高，城市对经济发展带来的生态压力的响应能力越强。单位为%。

科教经费投入占GDP比重：指国家每年科学与教育经费投入占GDP的比重。

实际利用外资占GDP比重：指国家每年实际利用外资额占GDP的比重。

高新技术产业增加值占 GDP 比重：指国家每年高新技术产业增加值占 GDP 的比重。

万人拥有医院床位数：指每万人拥有能收容病人住院并能为病人提供医疗、护理服务的医院床位数。万人医院床位数是用来说明一个城市的医疗物质资源状况指标，反映城市维护人民健康的医疗条件供给能力。该指标为正指标，其值越大，表明煤炭资源型城市的医疗卫生资源供给能力越强。单位为张。

万人拥有卫生技术人员数：据相关研究成果显示，万人拥有卫生技术人员数每增加1%，会使人口死亡率下降0.47%。万人拥有卫生技术人员数是用来说明一个城市的医疗技术资源状况指标，反映城市维护人民健康的医疗技术供给能力。该指标为正指标，其值越大，表明煤炭资源型城市的医疗卫生资源供给能力越强。单位为人。

万人拥有专业科技人员数：专业科技人员数是指社会各行业中从事科学技术活动的自然科学技术专业人员。其比例越高，社会智能化程度越高，城市创新能力越强，有利于科学技术进一步发展。该指标为正指标，其值越大，表明煤炭资源型城市的科技竞争力和创新能力越强。单位为人。

4.4 本章小结

本章首先提出了煤炭资源型城市生态安全预警指标体系构建的原则与思路，并针对国内外预警指标选取中存在的问题和缺陷提出了自己的看法；其次，通过文献查阅法、频度分析法、因素分析法等建立了生态安全预警指标"初选库"，通过调查研究法、专家咨询法进行了指标二次复选，构建了具有煤炭资源型城市特点的生态安全预警指标"备选库"；最后，基于 PSR—NES 原理，构建了具有煤炭资源型城市特色的 PSR—NES 两种模型相融合的生态安全预警指标体系。

5

煤炭资源型城市生态安全预警模型构建

5.1 预警指标原始数据的处理方法

一个完整的预警过程必然涉及众多的具有不同量纲的预警指标，在进行预警时必须对这些指标的采样数据进行无量纲处理，即标准化处理。在多指标预警评价模型中，由于指标原始数据存在着度量单位、数量级别不统一，不能够简单地直接进行比较。大量研究结果表明，标准化方法的选择直接影响预警结果与排序的准确性。指标的标准化是指通过一定的数学变换消除指标类型与量纲影响的方法，把性质、量纲各异的指标转化为可以综合的一个相对数，即标准化值。

5.1.1 指标一致化方法

根据指标性质及表现形式的不同，综合评价指标可分为三种类型，正指标、逆指标和适度指标。所以指标标准化过程包括两个方面内容：即指标类型一致化和指标无量纲化。本书以正指标（即指标值越大越好）为评价基础，所以指标的一致化处理只针对逆指标和适度指标，常用的处理方法详见表 5-1。

表 5-1　　　　　　　　　　常用指标一致化处理方法

项目	倒数一致化	减法一致化
逆指标	$y = \dfrac{1}{x}$ （x > 0）	$y = M - x$ （其中 M 为指标 x 的一个允许的上界）
适度指标	$y = \dfrac{1}{\|a - x\|}$ （其中 a 为指标 x 的适度值）	$y = K - \|a - x\|$ （其中 K 为正常数，a 为指标 x 的适度值）

5.1.2　预警指标标准化方法

数据的标准化（normalization）是将数据按比例缩放，使之落入到一个小的特定区间，通过数学变换来消除原始变量指标量纲影响的方法。如果是落到 0~1 区间，也可以叫为数据归一化。在某些比较和评价的指标处理中经常会用到，去除数据的单位限制，将其转化为无量纲的纯数值，便于不同单位或量级的指标进行比较和加权。本书采用线性标准化方法，具体标准化计算方法如下：

（1）Z—Score 标准差化法

$$y_{ij} = \frac{x_{ij} - \bar{x}_j}{s_j} (i = 1, 2, \cdots, n; j = 1, 2, \cdots, m) \qquad (5.1)$$

公式中，$\bar{x}_j$ 表示第 j 个指标的平均值，$\bar{x}_j = \dfrac{1}{n} \sum\limits_{i=1}^{n} x_{ij}$；$s_j$ 表示第 j 个指标的标准差，$s_i = \sqrt{\dfrac{1}{n-1} \sum\limits_{i=1}^{n} (x_{ij} - \bar{x}_j)^2}$。

（2）极差标准化法

$$y_{ij} = \frac{x_{ij} - \min(x_j)}{\max(x_j) - \min(x_j)} \qquad (5.2)$$

（3）极大化标准化法

$$y_{ij} = \frac{x_{ij}}{\min(x_j)}(i=1,2,\cdots,n; j=1,2,\cdots,m) \qquad (5.3)$$

（4）极小化标准化法

$$y_{ij} = \frac{x_{ij}}{\max(x_j)}(i=1,2,\cdots,n; j=1,2,\cdots,m) \qquad (5.4)$$

（5）平均化标准化法

$$y_{ij} = \frac{x_{ij}}{x_j}(i=1,2,\cdots,n; j=1,2,\cdots,m) \qquad (5.5)$$

（6）比重法标准化法

$$y_{ij} = \frac{x_{ij}}{\sqrt{\sum_{i=1}^{n} x_{ij}^2}}(i=1,2,\cdots,n; j=1,2,\cdots,m) \qquad (5.6)$$

注：$0 \leqslant y_{ij} \leqslant 1$，$y_{ij}$值的分布仍与相应原 x 值的分布相同，适用于呈正态分布或非正态分布指标值的标准化。

5.1.3　预警指标权重方法

预警指标权重的确定是进行城市生态安全预警评价的难点之一。在城市生态安全的预警中，由于所建立的预警指标体系中各指标对城市生态系统的影响程度一般各不相同，因此在预警评价时不能平等对待。为确切地反映各指标对城市生态安全影响的重要程度，以便准确对城市生态安全进行预警评价，必须选用一定的数量值来定量地描述各个指标的重要性状况，称之为"权重"。权重是预警研究中的一个重要内容，合理地分配权重是量化评估的关键。因此，权重的构成是否合理，直接影响到预警的科学性和真实性。权重确定合理与否对预警结果将产生决定性影响。目前关于权重的确定方法有很多，但根据计算权重时原始数据的来源不同，可大致分为两类，即主观赋权法和客观赋权法。主观赋权法是根据对各指标的主观重要程度由专家根据经验进行赋权，反映了决策者的主观意向，因而具有较强的主观随意性，客观性差，不能完全真实地反映事物间的现实关系。而客观赋权法是各指标根据一定的规则进行自动赋权的方法，它不依赖于人的主观判断，没有考虑决策者的主观意向，因此确定的权重可能与人们的主观意愿或实际情况不一致。上述两种赋权方法各有优缺点。因此，人们又提出第三种赋权法即组合赋权法。在权重计算时，首先分别采用主观赋权法中的层次分析法和客观赋权法中的熵权法确定权重，然后将两种方法计算得到的权重按照一定的数学原理进行组合计算，从而得到最终的组合权重。由于组合赋权时，采用不同类的赋权方法进行组合，使各种赋权方法的优点融为一体，使权重结果体系了最佳的综合效应。所以，本书采用组合赋权法确定煤炭资源型城市生态安全预警指标体系中的各指标的权重。

（1）AHP 层次分析法——主观权重法

①AHP 权重确定的基本原理。

层次分析法（analytic hierarchy process）是美国运筹学家萨蒂（T. L. Saaty）教授 20 世纪 70 年代提出的。它是一种能将主观与客观相结合的评价方法。该方法是对一些较为复杂、模糊的问题做出决策的简易方法，它特别适用于那些难于完全定量分析的问题。该方法的分析思路是首先建立问题的层次关系，把需要解决的问题分层系统化；其次，依据人们对现实的判断对每一层次因素的重要性进行权重。最关键在于能将多而杂的过程变得少而精，从而实现维度的降低，然后对各因素进行量化建模。该方法能有效地将定量与定性相结合，用统一的标准化以后的数据来进行分析研究，是一种有效的分析复杂事物的决策方法。

对于煤炭资源型城市生态安全的预警，其建立的预警指标体系与AHP 层次分析法基本特征相吻合，因而，可以用 AHP 层次分析法对所选取的预警指标进行权重分析。本研究在权重确立的过程中，最为关键的步骤就是采用专家咨询问卷方式对同一层次内的指标进行两两比较，构造指标判断矩阵。其次，利用层次分析法计算出各指标的权重并进行一致性检验。

②层次分析法的基本步骤。

利用层次分析法确定指标权重的基本步骤是：

第一步：建立层次结构模型。

在确定了煤炭资源型城市生态安全预警指标体系后，把所选取的预警指标，根据其表征的内涵不同，可以划分为不同的层次：目标层、系统层、因素层和指标层，然后再用层次框架图说明指标间的递阶结构及隶属关系，本书根据煤炭资源型城市生态安全预警指标体系 PSR—NES 模型，建立 4 层结构，如图 5-1 所示。

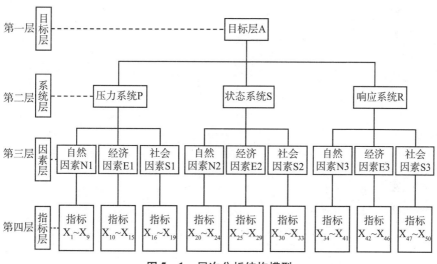

图 5-1 层次分析结构模型

第二步：构造判断矩阵。

AHP 决策分析法的重要环节之一就是构造判断矩阵，评定某一层次中各元素的相对重要性，根据每一层次中各指标相对上一层次某准则的重要性，构造判定矩阵 $A(\alpha_{ij})_{m \times m}$，其中 A 是判定矩阵，m 是两两比较的指标数目，α_{ij} 是指标 X_i 比 X_j 相对上一层次某准则重要性的比例标度，可选数值 1~9 进行赋值，该式必须满足 $\alpha_{ij} = \dfrac{1}{\alpha_{ji}}$，（$i \neq j$，i，j = 1，2，

3，…，m），$\alpha_{ij} \geq 0$，$\alpha_{ji} = 1$；判断矩阵标度见表 5 - 2。评定某一层次中各元素的相对重要性，而该层次从属于上一个层次中的某元素，判断矩阵见表 5 - 3。

表 5 - 2　　　　　　　　　　1 ~ 9 标度的含义

标度	含　　义
1	两个因素相比，具有相同重要性
3	两个因素相比，前者比后者稍重要
5	两个因素相比，前者比后者明显重要
7	两个因素相比，前者比后者强烈重要
9	两个因素相比，前者比后者极端重要
2, 4, 6, 8	表示上述相邻判断的中间值
倒数	若因素 i 与因素 j 的重要性之比为 a_{ij}，则因素 j 与因素 i 重要性之比为 $a_{ji} = \dfrac{1}{a_{ij}}$

表 5 - 3　　　　　　　　　　矩阵

A	B1	B2	…	Bm
B1	b_{11}	b_{12}	…	b_{1m}
B2	b_{21}	b_{22}	…	b_{2m}
…	…	…	…	…
Bm	b_{m1}	b_{m2}	…	b_{mm}

其中，b_{ij} 表示对于 A 而言，元素 B_i 对 B_j 的相对重要性的判断值。

第三步：层次单排序与权重计算。

通过计算该比较指标对某准则的权重，对于判定矩阵 A，m 个指标相对某准则的权重是 W_1，W_2，W_3，…，W_m。其向量表达式 W =（W_1，W_2，W_3，…，W_m）^{T}，W 为指标 i 的特征向量，也就是权重；其目的是为了确定本层次相对于所对应的上一层次中的某个元素的重要性的计算，即将这些元素指标进行重权的大小值排序。可以归结为计算判断矩阵的特征值和特征向量，计算步骤如下。

首先，确定所建判断矩阵每一元素的积：

$$M_i = \prod_{j=1}^{m} b_{ij}(i = 1, 2, 3, \cdots, m) \tag{5.7}$$

其次，计算 M_i 的 m 次方根：

$$\overline{W}_i = \sqrt[m]{M_i}(i = 1, 2, 3, \cdots, m) \tag{5.8}$$

最后，将向量 $\overline{W} = (\overline{W}_1, \overline{W}_2, \overline{W}_3, \cdots, \overline{W}_m)^T$ 归一化处理：

$$W_i = \overline{W} / \sum_{i=1}^{m} \overline{W}(i = 1, 2, 3, \cdots, m) \tag{5.9}$$

则 $W_i = (W_1, W_2, W_3, \cdots, W_m)^T$ 就是所要求的权重值。

第四步：求解判定矩阵的最大特征根。

$$\lambda_{max} = \sum_{i=1}^{m} \frac{(AW)_i}{m W_i}(i = 1, 2, 3, \cdots, m) \tag{5.10}$$

$(AW)_i$——为向量 AW 的第 i 个分量。

第五步：对矩阵进行一致性检验。

首先，计算一致性指标 CI：

$$CI = \frac{\lambda_{max} - n}{n - 1} \tag{5.11}$$

其次，查找相应的平均随机一致性指标 RI。对 $n = 1, 2, \cdots, 9$，萨蒂给出了 RI 的值，详见表 5 – 4。

表 5 – 4　　　　　层次分析法平均随机一致性指标 RI 对应值

n	1	2	3	4	5	6	7	8	9
RI	0.00	0.00	0.58	0.90	1.12	1.24	1.32	1.41	1.45

RI 的值是这样得到的，用随机方法构造 500 个样本矩阵，随机地从 1~9 及其倒数中抽取数字构造正互反矩阵，求得最大特征根的平均值 λ'_{max}，并定义：

$$RI = \frac{\lambda'_{max} - n}{n - 1} \qquad (5.12)$$

最后，计算一致性比 CR：

$$CR = \frac{CI}{RI} \qquad (5.13)$$

当 CR < 0.10 时，认为判断矩阵的一致性是可以接受的，否则应对判断矩阵作适当修正。

第六步：层次总排序及一致性检验。

上面我们得到的是一组元素对其上一层中某元素的权重向量。我们最终要得到各元素，特别是最低层中各因素对于目标的排序权重，从而进行因素选择。总排序权重要自上而下地将单准则下的权重进行合成。

设上一层次（A 层）包含 A_1，…，A_m 共 m 个因素，它们的层次总排序权重分别为 a_1，…，a_m。又设其后的下一层次（B 层）包含 n 个因素 B_1，…，B_n，它们关于 A_j 的层次单排序权重分别为 b_{1j}，…，b_{nj}（当 B_i 与 A_j 无关联时，$b_{ij} = 0$）。现求 B 层中各因素关于总目标的权重，即求 B 层各因素的层次总排序权重 b_1，…，b_n，计算按下表所示方式进行，即 $b_i = \sum_{j=1}^{m} b_{ij} a_j$，$i = 1$，…，n。层次分析法各因素对应层次排序权重计算方法，见表 5-5。

表 5-5　　　　　　　层次分析法各因素对应层次排序权重

层 A	A_1	A_2	…	A_m	B 层总排序权值
层 B	a_1	a_2	…	a_m	
B_1	b_{11}	b_{12}	…	b_{1m}	$\sum_{j=1}^{m} b_{1j} a_j$
B_2	b_{21}	b_{22}	…	b_{2m}	$\sum_{j=1}^{m} b_{2j} a_j$
…	…	…	…	…	…
B_n	b_{n1}	b_{n2}	…	b_{nm}	$\sum_{j=1}^{m} b_{nj} a_j$

对层次总排序也需作一致性检验，检验方法同层次总排序一样由高层到低层逐层进行。这是因为虽然各层次均已经过层次单排序的一致性检验，各成对比较判断矩阵都已具有较为满意的一致性。但当综合考察时，各层次的非一致性仍有可能积累起来，引起最终分析结果较严重的非一致性。设 B 层中与 A_j 相关的因素的成对比较判断矩阵在单排序中经一致性检验，求得单排序一致性指标为 CI(j)j = 1，…，m，相应的平均随机一致性指标为 RI(j)、CI(j)、RI(j) 已在层次单排序时求得，则 B 层总排序随机一致性比为：

$$CR = \frac{\sum\limits_{j=1}^{m} CI(j) a_j}{\sum\limits_{j=1}^{m} RI(j) a_j} \tag{5.14}$$

当 CR < 0.10 时，认为层次总排序结果具有较满意的一致性并接受该分析结果。

（2）信息熵权重——客观权重法

熵的概念源于热力学，是对系统状态不确定性的一种度量。熵权法是以各因素所提供的信息量为基础，根据各指标传递给决策者的信息量大小来确定其权重，是一个综合指标的数学计算方法。熵权法权重具体确定过程如下：

对所研究的评价问题，设有 m 个待评价样本，评价指标为 n 个，第 i 个评价样本的第 j 个指标值记为 x_{ij}，i = 1，2，3，…，m；j = 1，2，3，…，n。矩阵 m×n 中第 ij 项指标的信息熵为 E_j。

第一步：建立原始数据矩阵 X = x_{ij}，其中 x_{ij} 表示第 i 个样本第 j 个指标的数值，相对应的原始数据构成如下列矩阵形式表示。

$$X = \begin{pmatrix} x_{11} & \cdots & x_{1n} \\ \vdots & \ddots & \vdots \\ x_{m1} & \cdots & x_{mn} \end{pmatrix} \tag{5.15}$$

第二步：按照一定的标准化方法，对原始数据进行标准化处理，得到矩阵为 $A = (A_{ij})_{m \times n}$，$A_{ij} \in [0, 1]$，并且不破坏数据之间的比例关系。计算获得标准化处理后的数值 Y_{ij}。

$$Y_{ij} = \begin{cases} \dfrac{X_i - X_{max}}{X_{max} - X_{min}} & \text{正向指标时}（i = 1, 2, 3, \cdots, n） \\[2ex] \dfrac{X_{max} - X_i}{X_{max} - X_{min}} & \text{负向指标时}（i = 1, 2, 3, \cdots, n） \end{cases} \quad 0 \leqslant Y_{ij} \leqslant 1 \quad (5.16)$$

第三步：根据标准化后的指标值计算出第 i 个样本第 j 指标所占比重。

$$f_{ij} = \frac{Y_{ij}}{\sum\limits_{i=1}^{m} Y_{ij}} \tag{5.17}$$

第四步：第 i 项指标的信息熵 E_j。

$$Z_i = \frac{\sum f_{ij} \ln f_{ij}}{\ln n}（i = 1, 2, \cdots, m；j = 1, 2, \cdots, n） \tag{5.18}$$

其中，$f_{ij} = \dfrac{y_{ij}}{\sum y_{ij}}$，$f_{ij} \leqslant 0$，$f_{ij} \ln f_{ij} = 0$，$y_{ij}$ 为标准化后的指标值。

$$E_j = -\frac{1}{\ln m} \sum_{i=1}^{m} f_{ij} \ln f_{ij} \tag{5.19}$$

第五步：计算熵值 E_j 的冗余度。

$$D_j = 1 - E_j \tag{5.20}$$

第六步：根据计算得出的信息熵和计算好的冗余度可以计算出每个指标的权重值，计算公式如下。

$$Q_i = \frac{D_j}{\sum\limits_{j=1}^{m} D_j}（Q_i \in [0,1]，\sum_{i=1}^{m} Q_i = 1） \tag{5.21}$$

式中，E_j 是指信息熵，Y_{ij} 是第 i 个研究对象第 j 个指标的标准化值，由此可得出第 j 个指标的熵权重 Q_i。

对于多层次结构的预警指标体系，根据信息熵可叠加性，利用下一层次的指标权重计算值，可以按照相应的比例计算出对应于上一层次的权重值。

（3）组合权重的方法

预警指标权重的确定是进行预警研究的难点之一。预警指标权重是对每个指标在整个指标体系中的相对重要性的数量表示。权重确定合理与否对预警结果将产生决定性影响。组合权重是在充分考虑了主、客观评价结果在评价对象中不同作用的一种综合性权重方法。差异系数法组合权重是目前解决主、客观权重比例平均分配的不科学问题的一种简捷权重方法，该组合权重法把主客观这两种权重结果结合起来确定预警指标的组合权重，能够更加客观全面地反映问题的实际情况，衡量预警指标在预警对象中的真实重要性，并且还能较好地保证各主客观赋权结果与合成权重之间的一致性。本书采用差异系数组合权重法。其计算方法如下。

设通过层次分析法确定的单个预警指标的权重 W_i 和熵权法确定的权重 Q_i，则组合权重 M_i 为：

$$M_i = (1 - \gamma) W_i + \gamma Q_i \tag{5.22}$$

式中，γ 为修正系数，γ 值将采用熵权法确定的指标权重的差异系数进行计算：

$$\gamma = V \times \frac{n}{n - 1} \tag{5.23}$$

式中，V 为差异系数；n 为评价指标的个数。求熵权法确定的权重差异系数，可通过以下公式进行计算：

$$V = \frac{2}{n} \times (1 \times p_1 + 2 \times p_2 + \cdots + n \times p_n) - \frac{n + 1}{n} \tag{5.24}$$

式中，P_1、P_2、P_3、P_n 是将熵权法确定的各个指标权重按照由小到大的顺序重新排序。

为了求证式（5.24）可靠性，下面通过 V 的最大和最小值两种情况来验证 γ 修正系数的真实性。

第一种情况，当熵权法确定的各个指标权重相同时，设每个指标的

权重为 $1/n$，这时 $V = 0$，则有：

$$\gamma = V \times \frac{n}{n-1} = 0 \tag{5.25}$$

第二种情况，当 Q_i 指标权重差异非常大时，可近似看作只有一个关键指标再起作用，别的指标此时忽略其影响，该指标权重近似为 1，于是 V 的值接近 $(n-1)/n$，则式（5.23）改写为：

$$\gamma \approx \frac{n}{n-1} \times \frac{n-1}{n} = 1 \tag{5.26}$$

因此，γ 的取值范围为 $0 \leqslant \gamma \leqslant 1$。说明采用差异系数法求得的修正系数 γ 值客观地反映了两种权重结果的真实性。

5.2   煤炭资源型城市生态安全预警模型

预警模型的设计是本书研究的核心内容之一。煤炭资源型城市生态安全预警是用来预测生态系统当前及未来一段时期内的生态发展的安全及偏离程度，并对其生态安全的发展趋势给出预警信号的过程。本书拟借助城市生态安全评价、可持续发展等相关研究领域的模型评价方法对煤炭资源型城市安全预警进行研究。当前，在各类预警过程中，寻找警情、确定警限、预报警情等，每个阶段都需要应用一些模型。常用的单一预警方法有灰色 GM（1，1）预警模型、BP 神经网络预警模型、支持向量机预警模型、系统动力学预警模型以及两种或两种单一模型相结合的组合预警模型等。本书构建了等维新息灰色 DGM（1，1）预警模型、RBF 神经网络预警模型以及等维新息灰色神经网络（DGM—RBF）动态组合预警模型，从而为煤炭资源型城市生态安全预警奠定理论基础。

5.2.1 等维新息灰色 DGM （1，1） 预警模型

（1） GM （1，1） 灰色预测模型

灰色 GM （1，1） 模型作为灰色预测理论的核心和基础，是依据已知的多种因素的综合数据，将它们的时间序列按微分方程拟合外推以达到预测目的。在模型的建立过程中，灰色预测即使面临较少的样本数据且随机分布，也可得到比较高的预测精度。为了考察预测结果的精度，灰色预测一般采用残差检验、关联度检验和后验差检验（即均方差检验）三种方法对预测精度进行检验。

通常灰色 GM （1，1） 模型预测步骤为：创建原始序列→生成累加序列→生成邻值序列→生成 GM （1，1） 模型微分方程求出 a 和 b 的数值→输出模型方程→还原 $x^{(0)}$ 预测值→预警模型检验。灰色预测模型是时间序列的一阶微分方程，简记为 GM （1，1） 模型。具体的建模过程如下。

设 $x^{(0)}(1)$，$x^{(0)}(2)$，…，$x^{(0)}(M)$ 是预测的某项指标的原始数据，且原始数据是一个混乱的随机数列，其发展趋势也是没有规律可循的。建模时首先对该原始数列作一次累加生成处理：

$$x^{(1)} = x^{(0)}(1) \tag{5.27}$$

$$x^{(1)}(2) = x^{(0)}(1) + x^{(0)}(2) \tag{5.28}$$

$$x^{(1)}(3) = x^{(0)}(1) + x^{(0)}(2) + x^{(0)}(3) \tag{5.29}$$

$$x^{(1)}(k) = \sum_{i=1}^{k} x^{(0)}(t) \tag{5.30}$$

$$x^{(1)}(M) = \sum_{i=1}^{M} x^{(0)}(t) \tag{5.31}$$

可以得到新数列 $x^{(0)}(1)$，$x^{(0)}(2)$，…，$x^{(0)}(M)$，此累加后的数列随机性明显弱化，平稳性也大大增加。对累加后的新数列，可以用如下微分方程进行描述：

$$\frac{\mathrm{dx}^{(1)}}{\mathrm{dt}} + \theta \mathrm{x}^{(1)} = \lambda \mathrm{u} \tag{5.32}$$

式中，θ 和 λ 可以通过如下最小二乘法拟合得到：

$$\begin{bmatrix} \theta \\ \lambda \end{bmatrix} = (\mathrm{B}^{\mathrm{T}}\mathrm{B})^{-1}\mathrm{B}^{\mathrm{T}}\mathrm{Y}_{\mathrm{M}} \tag{5.33}$$

式中，Y_{M} 为列各量 $\mathrm{Y}_{\mathrm{M}} = [\mathrm{x}^{(0)}(2), \mathrm{x}^{(0)}(3), \cdots, \mathrm{x}^{(1)}(\mathrm{M})]^{\mathrm{T}}$；$\mathrm{B}$ 为构造数据矩阵，即：

$$\mathrm{B} = \begin{Bmatrix} -\frac{1}{2}[\mathrm{x}^{(1)}(1) + \mathrm{x}^{(1)}(2)] & 1 \\ -\frac{1}{2}[\mathrm{x}^{(1)}(2) + \mathrm{x}^{(1)}(3)] & 1 \\ \vdots & \\ -\frac{1}{2}[\mathrm{x}^{(1)}(\mathrm{M}-1) + \mathrm{x}^{(1)}(\mathrm{M})] & 1 \end{Bmatrix} \tag{5.34}$$

微分方程式（5.32）所对应的时间响应函数为：

$$\mathrm{x}^{(1)}(\mathrm{t}+1) = \left[\mathrm{x}^{(0)}(1) - \frac{\lambda}{\theta}\right]\mathrm{e}^{-\theta \mathrm{t}} + \frac{\lambda}{\theta} \tag{5.35}$$

式（5.35）是预测公式。由式（5.36）对一次累加生成数列的预测值 $\hat{\mathrm{x}}^{(1)}(\mathrm{t})$ 作累减还原处理，可求得原始数据的还原值。

$$\hat{\mathrm{x}}^{(0)}(\mathrm{t}) = \hat{\mathrm{x}}^{(1)}(\mathrm{t}) - \hat{\mathrm{x}}^{(1)}(\mathrm{t}-1) \tag{5.36}$$

式中，$\mathrm{t} = 1, 2, \cdots, \mathrm{m}$，并规定 $\hat{\mathrm{x}}^{(0)} = 0$。

原始数据的还原值与其实际观测值之间的残差值 $\varepsilon^{(0)}(\mathrm{t})$ 和相对误差值 $\mathrm{q}(\mathrm{t})$ 为：

$$\begin{cases} \varepsilon^{(0)}(\mathrm{t}) = \mathrm{x}^{(0)}(\mathrm{t}) - \hat{\mathrm{x}}^{(0)}(\mathrm{t}) \\ \mathrm{q}(\mathrm{t}) = \dfrac{\varepsilon^{(0)}(\mathrm{t})}{\mathrm{x}^{(0)}(\mathrm{t})} \times 100\% \end{cases} \tag{5.37}$$

对于预测公式（5.35）的精度是否达到要求，可由一下方法进行检验。首先计算：

$$\overline{\mathrm{x}}^{(0)} = \frac{1}{\mathrm{M}} \sum_{\mathrm{i}=1}^{\mathrm{M}} \mathrm{x}^{(0)}(\mathrm{t}) \tag{5.38}$$

$$s_1^2 = \frac{1}{M} \sum_{i=1}^{M} \left[x^{(0)}(t) - \overline{x}^{(0)} \right]^2 \tag{5.39}$$

$$\overline{\varepsilon}^{(0)} = \frac{1}{M-1} \sum_{i=2}^{M} \varepsilon^{(0)}(t) \tag{5.40}$$

$$s_2^2 = \frac{1}{M} \sum_{i=2}^{M} \left[\varepsilon^{(0)}(t) - \overline{\varepsilon}^{(0)} \right]^2 \tag{5.41}$$

其次计算：方差比 $c = s_2/s_1$；

最小误差概率：$P = \left| \varepsilon^{(0)}(t) - \overline{\varepsilon}^{(0)} \right| < 0.6745 s_1$。

一般，预测公式的精度检验可由表 5-6 给出，如果 p 和 c 都在允许的范围之内，则可以计算预测值。

表 5-6 灰色预测精度检验等级标准

精度等级	P	C
好	>0.95	<0.35
合格	>0.80	<0.50
勉强	>0.7	<0.65
不合格	≤0.7	≥0.65

（2）等维新息灰色 DGM（1，1）模型

通常灰色预警模型会因无法合理地确定原始数据的长短或者受外来的干扰使原有数据的信息量下降。等维新息动态递补建模是解决该问题的一种方法。等维新息灰色模型是指在灰色模型的基础上，首先通过常规 GM（1，1）模型，得出一个预测值，然后将这个预测值添加到原序列中，同时去掉最老的数据，在保持所得数据序列维度的条件下，通过新序列建立相应的 DGM（1，1）模型预测下一个数据，同样，再把新数据继续添加到序列中，去掉最老的数据。这样一次次替换，实现序列的新陈代谢，直到完成预测。等维新息灰色 DGM（1，1）模型常称为"新陈代谢模型"。其计算步骤如下。

某一时刻原始数据序列为：$X^{(0)} = (x^{(0)}(2), x^{(0)}(3), \cdots, x^{(0)}(k))$，根据 GM（1，1）建模的结果，数列还原为 $x^{(0)}(k) = \hat{x}^{(1)}(k) - \hat{x}^{(1)}(k-1)$，得到 $x^{(0)}(k+1)$，去掉最早时间的数据 $x^{(0)}(1)$，补充新数据 $x^{(0)}(k+1)$，下一时刻的 GM（1，1）模型数列为：

$$X^{(0)} = (x^{(0)}(2), x^{(0)}(3), \cdots, x^{(0)}(k+1)) \tag{5.42}$$

依次预测，可得到未来时刻的预测数据。预测 $h-1$ 和 h 步，得到：

$$x^{(1)}(k+h-1) = \left(x^{(0)}(1) - \frac{b}{a}\right)e^{-a(k+h-2)} + \frac{b}{a} \tag{5.43}$$

$$x^{(1)}(k+h) = \left(x^{(0)}(1) - \frac{b}{a}\right)e^{-a(k+h-1)} + \frac{b}{a} \tag{5.44}$$

还原得的预测第 h 步数据：

$$x^{(0)}(k+h) = x^{(1)}(k+h) - x^{(1)}(k+h-1)$$

$$= \left(x^{(0)}(1) - \frac{b}{a}\right)e^{-a(k+h-1)} - e^{-a(k+h-2)} \tag{5.45}$$

从以上计算步骤中可以看出，等维新息灰色模型其核心是把普通 GM（1，1）模型中的 a 和 b 看成是随时间 k 而变的变量，先对 a 和 b 进行计算，然后再用新的 a，b 建立新的 GM（1，1）模型。此模型把 GM（1，1）模型中 a 和 b 看成随时间动态变化的变量，从而更能反映系统的目前特征。尤其是系统由量变到质变时，新系统与老系统相比可能发生巨大的变化。故去掉已根本不可能反映系统的特征的老数据，不仅避免了随着信息量增大耗费更多的内存，且更重要的是能用做长期预测并使预测值精度更高。

5.2.2　RBF 神经网络预警模型

（1）RBF 神经网络与 BP 神经网络比较

RBF 神经网络（radical basis function，RBF）是一种以函数逼近理论为基础构造的前向型神经网络，它模拟了人脑中局部调整、相互覆盖接收域的神经网络结构。具有训练速度快、能收敛到全局最优点的特点。BP 神经网络与 RBF 神经网络都是非线性多层前向网络，但是两个网络之间仍存在有许多不同之处。通过比较，RBF 网络更具有优越性。

第一，RBF 网络训练过程和结构都相对简单，其训练学习只集中在隐含层至输出层的连接权矢量中；第二，RBF 网络处理数据上更高速，输出层的线性优化方式，大幅度提升了训练速度；第三，RBF 网络学习收敛速度更快捷，局部逼近的网络拓扑结构，使 RBF 网络能够逼近任意非线性函数。

（2）RBF 神经网络模型的基本原理

RBF 神经网络是在 1985 年鲍威尔（Powell）提出了多变量插值的径向基函数后，穆迪和达克恩（Moody & Darken）根据生物神经元具有局部响应这一特点，将 RBF 引入神经网络设计中，产生新型径向基神经网络。RBF 网络是一种单隐层的三层前向网络。由输入层、隐含层和输出层组成。RBF 神经网络能够逼近任意的非线性函数，具有良好的泛化能力，并有很快的学习收敛速度，已成功应用于非线性函数逼近、时间序列分析、数据分类、模式识别、信息处理、图像处理、系统建模、控制和故障诊断等。RBF 网络的基本思想：用 RBF 作为隐单元的"基"构成隐函数空间；将输入矢量直接映射到隐空间（不需要通过权连接）；当 RBF 的中心确定后，映射关系也就确定；隐含层空间到输出空间的映射是线性的。

（3）RBF 神经网络的结构

RBF 神经网络结构通常有三层网络结构，即输入层、隐含层和输出层。输入层由信号源节点组成，其作用是将网络与外界环境联系起来；隐含层的输入由输出层作用做出响应，其单元数根据具体采用的方法而定，隐含层的作用是从输入空间到隐藏空间之间进行非线性变换；输出层是线性的，其作用是为输入层的激活模式提供响应。其网络结构模型如图 5 - 2 所示。

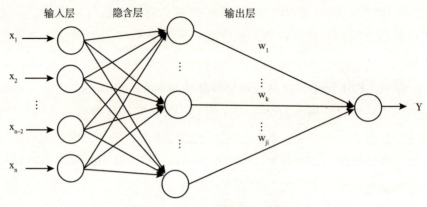

图 5 - 2   RBF 神经网络模型结构

（4）RBF 神经网络的学习算法

RBF 神经网络学习算法需要求解基函数的中心、方差以及隐含层到输出层的权值等参数。一般地，高斯函数是 RBF 神经网络中经网络中常用的径向基函数，因此径向基神经网络的激活函数可表示为：

$$R(x_p - c_i) = \exp\left(-\frac{1}{2\sigma^2} \| x_p - c_i \|^2 \right) \tag{5.46}$$

式中，$\| x_p - c_i \|$ 为欧氏范数，c 为高斯函数的中心，σ 为高斯函数的方差。

径向基神经网络的结构可得到网络的输出为：

$$y_j = \sum_{i=1}^{k} w_{ij}\left(\exp\left(-\frac{1}{2\sigma^2} \| x_p - c_i \|^2 \right) \right) \quad j = 1, 2, \cdots, n \tag{5.47}$$

那么基函数的方差可表示为：

$$\sigma = \frac{1}{p} \sum_{j}^{m} \| d_j - y_j c_i \| \tag{5.48}$$

RBF 神经网络有多种学习方法，有随机选取中心法、自组织选取中心法、监督选取中心法、正交最小二乘法等。其中自组织选取中心法比较常用，其中心和权值的选取可以分为两个相互独立的步骤进行，包括自组织学习阶段和有导师学习两个阶段，具体步骤是：首先基于 K—均值聚类方法求取基函数中心 c，然后求解方差 σ_i，公式为：

$$\sigma_i = \frac{c_{max}}{\sqrt{2h}} \quad i = 1, \ 2, \ \cdots, \ h \tag{5.49}$$

式中，c_{max} 为所选取中心之间的最大距离。

最后，计算隐含层和输出层之间的权值，公式如下：

$$w = \exp\left(\frac{h}{c_{max}^2}\|x_p - c_i\|^2\right) \quad p = 1, \ 2, \ \cdots, \ h \tag{5.50}$$

在给定训练样本的条件下，如果求解出网络的隐节点数、数据中心和宽度，那么 RBF 神经网络的输入到输出过程就可以用一个线性方程组表示，此时，权矢量的确定就变得相对容易，采用最小二乘法即可求解。因此，参数中宽度的确定和隐含层节点中心的取值在 RBF 神经网络学习过程是最为重要的部分。RBF 神经网络的学习主要解决网络的隐节点个数、隐含层各单元的数据中心、激活函数宽度以及输出权矢量的确定四个问题。

5.2.3 等维新息灰色神经网络（DGM—RBF）动态组合预警模型

在预警分析中，许多预警模型得到了普遍应用，如系统动力学预警模型、模糊预警模型、灰色系统 GM（1，1）预警模型、BP 神经网络预警模型、支持向量机（SVM）预警模型等。这些方法在不同的研究领域进行变量预测时，往往可以选择多种不同的预警模型，遗憾的是，选择不同的预警模型其预测结果表现出不一致性。由于任何一种模型都是对实际对象的简化和抽象，每种预警方法的提出都有其特殊的意义和背景，每一种预警模型有各自的优缺点及其适用范围，难免带有局限性和不完备性。因此，在现实应用中，面对同一预测问题，由于研究者选择的预测方法不同，就会带来并不完全相同的预测结果。因此，究竟哪种预测方法所得的结果最科学可信，很难判别。采用单一方法预测时，人们无法知道所选择的方法其结果可信性的高低。因此，可以把不同的预警模型进行科学合理的组合，使模型博采众长。

（1）灰色 GM（1，1）模型与 RBF 神经网络模型的相容性

灰色 GM（1，1）预警模型建立过程中所需信息量少且运算方便。但处理非线性问题时，灰色模型系统利用累加生成后的新数据进行建模，在一定程度上人为的弱化了原始数据的随机性，对历史数据出现异常的情况难以处理，其预测结果往往出现较大的误差，甚至失去预测的意义。而神经网络具有良好的适应和自学习能力，不需要知道输入输出间的确切关系和很多参数，仅需知道输入输出数据或能引起输出变化的非恒定性因素参数，就能够利用所提供数据的变量自身属性或内涵建立相应的函数关系式等优点，在处理人工智能问题上具有模仿多种函数的能力。由此可知，神经网络本身就包含有灰色系统理论的内容。同时，两者间也有其差异性和互补性。灰色系统理论重点以"部分信息已知，部分信息未知"的"小样本""贫信息"不确定性系统为研究对象，灰色模型建模所需样本数据少、无需考虑其分布规律及变化趋势、建模简单、运算方便等特点。而 RBF 神经网络的模型特点恰好能对灰色方法进行补充。因此，等维新息灰色神经网络组合模型的建模思想正是将灰色预警模型的优势与人工神经网络的优势相结合，形成具有两者优势的组合模型。

（2）等维新息灰色神经网络（DGM—RBF）动态组合预警模型建模原理

生态安全预测分析是伴随着生态安全研究的深入而展开的，生态系统的复杂性决定了生态安全预警是一个复杂的统计预测过程，本书采用等维新息灰色神经网络（DGM—RBF）动态组合预警模型对煤炭资源型城市生态安全指标进行预测分析。

所谓灰色系统神经网络（DGM—RBF）动态组合模型就是将灰色系统建模方法与神经网络建模方法有机地组合起来，对复杂的不确定性问题进行求解所建立的模型。等维新息灰色神经网络（GM—RBF）动态组合预警模型结构，如图 5-3 所示。该模型是一种残差修正型组合预警模型。由 DGM（1，1）模型通过原时间序列得到预测基本数据，并对原数据进行拟合得到残差序列。利用 RBF 神经网络模型对残差序列进行回归训练获取预测误差修正序列，最后将灰色模型预测值与 RPB 神经网络预修正误差相加得到新的预测值。

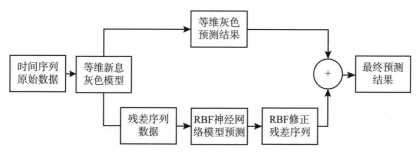

图 5 - 3　等维新息灰色神经网络（DGM—RBF）动态组合预警模型结构

等维新息灰色神经网络（DGM—RBF）组合模型建模原理如下：

首先，建立灰色模型进行预测：运用等维新息灰色模型对原始数据数列 $\{X^{(0)}(i)\}$，$i=1$，2，…，n 进行预测，得到预测基本数据 $\hat{X}^{(0)}(i)$。

其次，建立残差序列的 RBF 神经网络模型，计算残差序列：$e^{(0)}(i) = X^{(0)}(i) - \hat{X}^{(0)}(i)$，$i=1$，2，…，$n$，将 $X^{(0)}(i)$ 进行归一化处理作为网络的输入向量，$e^{(0)}(i)$ 作为网络的输出向量，对网络进行训练。

最后，预测结果数据组合：利用训练好的 RBF 神经网络对预警指标数据残差序列进行预测，得到修正后的残差序列，进行反归一化处理后得到 $\hat{e}^{(0)}(i)$，则模型的最终预测值为：$X^{(0)}(i) = \hat{X}^{(0)}(i) + \hat{e}^{(0)}(i)$。

5.2.4　预警模型的精度校验方法

由于预测是一种对未来的估算，所以它必然和客观实际存在一定的差距，这个差距就是预测误差。研究误差对于检验、改进和选用适当的预测方法是非常具有意义的。计算和分析预测误差的方法和指标有很多，为检验预测效果的好坏，通常评价标准根据实际值和预测值的输出差异来判断，通常两者之间有多种误差表达方式，单一的表达方式不足以决定一个模型的优劣。实践中常常采取多种误差形式来综合分析预测模型的预测效果，常用的误差表示式如下。

（1）绝对误差与相对误差

假设 x_t 和 $\hat{x}_t$ 分别代表在 t 时刻的实际值和预测值，则绝对误差为：

$$A = x_t - \hat{x}_t \tag{5.51}$$

则相对误差也用百分数表示：

$$B = \frac{x_t - \hat{x}_t}{x_t} \times 100\% \tag{5.52}$$

（2）平方和误差

$$SSE = \sum_{t=1}^{N} (x_t - \hat{x}_t)^2 \tag{5.53}$$

（3）平均绝对误差

$$MAE = \frac{1}{n} \sum_{t=1}^{n} |x_t - \hat{x}_t| \tag{5.54}$$

（4）均方误差

$$MSE = \frac{1}{N} \sqrt{\sum_{t=1}^{N} (x_t - \hat{x}_t)^2} \tag{5.55}$$

（5）平均绝对百分比误差

$$MAPE = \frac{1}{N} \sum_{t=1}^{N} |(x_t - \hat{x}_t)/x_t| \tag{5.56}$$

（6）均分绝对百分比误差

$$MSPE = \frac{1}{N} \sqrt{\sum_{t=1}^{N} [((x_t - \hat{x}_t)/x_t)]^2} \tag{5.57}$$

（7）标准误差

$$S_x = \sqrt{\frac{\sum (x_t - \hat{x}_t)^2}{T - m}} \tag{5.58}$$

式中，x_t 和 $\hat{x}_t$ 分别代表在 t 时刻的实际值和预测值；S_x 为预测标准误差，m 为自由度，即变量的个数，包括自变量和因变量个数的总和。

5.3 煤炭资源型城市生态安全预警及调控方法与流程

5.3.1 生态安全预警的基本方法

参考经济学预警的方法分类，城市生态安全预警的方法可分为五类：黑色预警法、绿色预警法、黄色预警法、红色预警法、白色预警法。每一种预警方法都有一套基本完整的预警程序。本书依据煤炭资源型城市实际，选取运用较多的黄色预警法对煤炭资源型城市生态安全进行预警研究。黄色预警就是根据警情预报警度，是一种由因到果，逐渐预警的方法。可分为如下 3 种：指数预警，即利用反映警情的一些指标建立预警指标体系，并对这些指标进行指数合成，在此基础上进行预警；统计预警，即通过一系列警情指标与警情关系的统计处理，根据计算得到的分数预测警情程度；模型预警，即在统计预警方式的基础上构造一定的模型对预警进行进一步分析，为目前常见的生态安全预警方法。

5.3.2 生态安全调控的基本方法

在生态安全调控方法上，直接对生态安全调控的方法较少，目前文献资料中大部分研究成果均只针对生态安全问题提出调控对策措施。但不少方法在生态安全研究领域均有运用，可为城市生态安全的调控提供借鉴。本书鉴于煤炭资源型城市生态安全的实际，综合运用情景模拟分析法，对其调控问题进行全面研究和分析。

5.3.3 综合警度值数的合成

根据层次分析法原理，当对应层的权值确定以后，计算各对应层的综合指数是生态安全预警研究结果的最后体现和量化评价的基础。目前常见的合成方法可以归为两类：线性合成方法和非线性合成方法。根据煤炭资源型城市生态安全预警指标体系结构原理，本书选择加法合成法（综合指数法）计算各对应层的综合警度值。

（1）因素层的警度值合成

因素层警度值（Y_i）是根据指标层中的指标标准化数值乘以各自的组合权重值的算术加和得到。计算公式为：

$$Y_i = \sum_{i=1}^{m} Z_i W_i \qquad (5.59)$$

式中，Z_i——指标层的指标标准化值数；W_i——指标层各指标对应的组合权重。

（2）系统层的综合警度值合成

系统层的综合警度值（S_i）是根据各因素层的综合警度值乘以各自对系统层的权重值的算术加和得到。计算公式为：

$$S_i = \sum_{i=1}^{m} Y_i W_i \qquad (5.60)$$

式中，Y_i——因素层的综合警度值；W_i——因素层对系统层的对应权重。

（3）目标层的综合警度值合成

目标层的综合警度值，即生态安全综合警度值（A_i）是根据各子系统层的综合警度值数乘以各自对应的权重值的算术加和得到。计算公式为：

$$A_i = \sum_{i=1}^{m} S_i W_i \qquad (5.61)$$

式中，S_i——系统层的综合警度值；W_i——系统层对目标层的权重。

5.3.4 煤炭资源型城市预警及调控研究流程

（1）预警及调控研究流程

由于煤炭资源型城市生态系统是一个复杂开放的人工复合生态系统，其内部子系统及要素之间相互关联性极为复杂，其生态系统的安全状况受到自然、经济、社会多种因素的影响，涉及一系列相关数据的收集整理、筛选统计等。因此，对煤炭资源型城市生态安全进行预警及调控研究是一项极其复杂的探索过程。预警及调控研究的主要内容分为五部分：明确警义、分析警情、探索警源、预报警情和警情调控。其中前四部分为预警，第五部分为调控。在实际操作过程中可采取如图5-4流程。

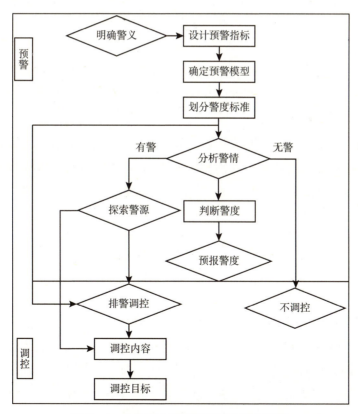

图 5 - 4　生态安全预警及调控的基本流程

预警研究的基本流程：首先，利用已获取的历史原始数据和所建立的城市生态安全预警指标体系，并应用数学预警模型完成各指标值的预测；其次，通过数据的标准化处理计算各指标的标准化指数，并选择一定的权重方法确定各预警指标的权重；再其次，采用综合指数的方法计算出城市生态安全度，根据预警指标的标准值和警情划分区间，确定城市生态系统所处的安全状态；最后，将预警结果绘制成预警曲线图，并对城市生态安全演变趋势进行预警分析。

（2）预警及调控结果的表达形式

生态安全预警结果的最终表达形式是通过对各指标数据的处理，将多个指标合并成为一个综合性的指标，再用一组类似于交通信号灯的标志，把每个指标和综合指标在每年的状态直观地表示出来，用以判定生态安全状况是否有警情以及警情程度。根据警情程度等级划分区间及警度阈值，按照 5 级预警方法，即无警、轻警、中警、重警、巨警，假若其对应的阈值为 a、b、c、d。则分别对各个变量指标给出信号显示。红灯表示巨警；橙灯表示重警；黄灯表示中警；蓝灯表示轻警；绿灯表示无警。如图 5 - 5 所示。

为使人们一目了然地了解生态安全的变动状况，预警的结果是用能表征生态安全警情变化过程的预警曲线图表示，即用 Excel2013 软件绘制曲线图对所得结果进行形象、直观地分析和展示。

5.4　本章小结

本章根据煤炭资源型城市生态安全预警及调控研究的基本思路，对研究中所涉及的相关问题进行了理论梳理和分析。重点阐述了预警研究中的原始数据的处理方法、预警指标考核标准的选择依据、预警模型的基本原理以及预警结果的合成方法及表达形式等。为下一步预警及调控实证研究提供框架模型和操作依据。

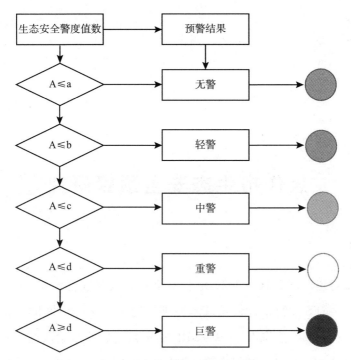

图 5 - 5　生态安全预警结果信号表达形式

焦作市生态安全预警研究

本章对焦作市 2016～2021 生态安全发展状况进行预警研究。首先，根据 PSR—NES 预警指标体系基本原理构建了焦作市预警指标体系。其次，根据已获取的焦作市 1999～2015 年预警指标的原始数据，应用等维新息灰色 DGM（1，1）预警模型、RBF 神经网络预警模型以及等维新息灰色神经网络（DGM—RBF）动态组合预警模型对焦作市 2016～2021 年预警指标数据进行预测。通过对比三种预测模型的预测精度，选择精度较高预测结果，根据综合指数法计算出各子系统和总系统的综合警度值数。最后，对比警限和警度阈值，对焦作市生态安全状况和未来发展趋势进行预警分析。

6.1　市区概况

焦作市位居我国南北交汇点、东西结合部，北依太行，南临黄河，该区域在气候上，属于温带大陆性季风气候，四季分明，冬冷夏热，年平均气温 12.8℃～14.8℃，年平均降水量 600～700 毫米；区内有焦枝、焦太、焦新、月侯四条铁路，高速公路与京港澳、连霍、二广等国家干线高速连通，交通十分便利。

截至 2015 年末，焦作市总人口 370.63 万人，土地总面积 4 071km²，现辖解放区、山阳区、马村区、中站区、城乡一体化示范区、孟州市、沁阳市、温县、博爱县、武陟县、修武县共五区两市四县，58 个乡镇、44 个办事处，1 814 个行政村。焦作市的煤炭开采历史长达百年，曾是我国五大煤炭基地之一，是典型的煤炭资源型城市。对煤炭产业的过度依赖和超常规利用给焦作市的生态安全造成较大的影响，曾为全国十大污染城市之一。焦作市的发展历程是我国众多煤炭资源型城市的缩影。焦作市的发展已经经历了开发期、增产期、稳定期和萎缩期一个完整的煤炭资源型城市发展周期，属于衰退型煤炭资源型城市。焦作市开始转型也比较早，目前已基本摆脱了对煤炭资源的依赖。焦作市由"黑色印象"到"绿色主题"的转型经验入编我国普通高中地理教材。因此，选择焦作市作为个案具有典型性，对于加强煤炭资源型城市生态安全建设，实现煤炭资源型城市可持续发展具有重要意义。同时，可以为焦作市未来的生态安全发展规划和管理提供理论依据。

6.1.1　自然环境状况

（1）水资源

焦作市属河流较多的地区。已探明地下水储量 35.4 亿 m³。地表水资源量为 4.179 亿 m³，浅层地下水资源量为 5.481 亿 m³，中深层地下水可开采总量为 0.385 亿 m³。境内分布的较大型河流有黄河、沁河、新漭河、老漭河、丹河、大沙河等，还有云阳河、神仙河、瓮涧河、普济河、山门河等季节性河流，分属黄河、海河两大水系。境内拥有群英、八一、马鞍石、顺涧湖、青天河等多座水库，基本上可以保证常年有水，广泛用于工业生产和农、林业灌溉。

（2）矿产资源

焦作市经过普查的矿产资源有 40 余种，占全省已发现矿种 25%，且品种多、储量较大、品质好。目前已探明储量的有煤炭、石灰石、铝矾土、耐火黏土、硫铁矿等 20 多种，其中：煤炭保有储量 32.4 亿吨，为单一的优质无烟煤；铁矿保有储量 3 726 万吨，工业储量 840.6 万吨；硫铁矿保有储量 4 475.5 万吨，占全省储量的 41%，洗选性能良好；石灰石工业储量 43 亿吨，远景储量 100 亿吨。此外，焦作还有铜、铁、石英、大理石、铝、锌、磷、锑等矿产资源。

（3）土地资源

焦作市区内地貌类型较全，自北向南，山地、丘岗、平原、滩涂皆备。全市已开发利用的土地资源分为耕地、林地、草地、工交建筑用地四大类。

（4）生物资源

焦作市动植物资源比较丰富。有猕猴、豹、虎、狍、香獐、狐、青羊等野生动物 190 多种，其中属国家保护珍稀动物有 20 多种。焦作属华北植物落叶植被区，有木本植物 143 科 875 种，草本植物 69 科 469 种，属国家保护的珍稀树种有红豆杉、连香树、山白树、银杏、杜仲、青檀等。

（5）气候特征

焦作属暖温带亚湿润季风气候。日照时间长，热量充足，无霜期长，水热同期，降水量年际变化大。春干多风、夏热多雨、秋高气爽、冬寒少雪。全市常年的年平均气温在 14℃ 左右，7 月最热，月均气温为 27℃～28℃；1 月最冷，月均气温在 -2℃ 上下。年日照时数有 2 200～2 400 小时，无霜期 216～240 天，全市多年平均降水量在 500～700 毫米之间，一般情况下，山区降水量高于平原地区，山的迎风面多于背风面。由于太行山的屏障作用和海拔高低悬殊，致使气候干燥，热量、光能等资源比较充足，自然灾害比较频繁。

6.1.2 社会经济状况

焦作市是中部地区著名的"煤城"，煤炭及其相关产业也一直是焦作的支柱型产业，重工业曾占到整个工业的 68%。1999 年，面临资源枯竭的客观现实，焦作市提出大力发展以旅游业为龙头的第三产业。经过三年的努力，2001 年完成了旅游新格局的构建。经过不懈的努力，不仅遏制了城市经济的衰退，而且使焦作市的经济发展处于河南省前列，城市成长能力在中原城市群所属的 9 个城市中排名第二。

自"十五"以来，焦作市强力实施工业强市、项目拉动、开放带动和科技推动等战略，经济社会发展迅速，转型稳步推进，商品经济蓬勃发展，经济建设取得了有目共睹的成绩。据统计 1999 年，GDP 总量为 211 亿元，2005 年跨过 500 亿大关，达到 584 亿元，2008 年突破千亿大关，是 1999 年的 4.89 倍，2014 年，达到 1 846.32 亿元。从 2001 年开始，GDP 增速连续 13 年保持两位数，2000 年到 2004 年 GDP 增长率的增长趋势明显，2004 年超过 20%，达到了 20.5%，如图 6-1 所示。

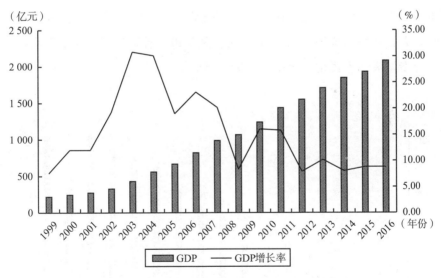

图 6-1 1999~2016 年焦作市 GDP 增长趋势

资料来源：1999~2016 年焦作市国民经济和社会发展统计公报。

从 20 世纪 90 年代起，焦作市积极开展经济结构调整，大力发展非煤产业、制造业和农副产品加工业等产业。"十五"以来，经济结构调整的步伐进一步加快。从图 6-2 和表 6-1 可知，从 2003 年起，焦作市第二、第三产业呈现逐年递增的趋势，并且增速较快。虽第一产业也有所增长，但变化不明显。在这几年，应该就是焦作市城市化发展的高速阶段。2000 年，第二产业占到了焦作市经济的半壁江山，之后逐年提高，一度达到69.7%（2011 年），远高于全国及河南省平均水平，之后开始回落，第一产业比例逐年降低，第三产业比例从 2012 年开始逐步提升，2015 年比 2012 年提高了了 2.6%，到 2011 年，旅游综合收入在GDP 所占比重提高达 48.37%，远远高于煤炭开采和洗选业所占 3%的比重。随着转型和经济结构调整的不断推进，焦作市的产业结构逐步合理和完善。从 2012 年开始，焦作市产业结构调整和转型开始初露新的端倪。2015 年焦作市地方财政收入 143.66 亿元，人均 GDP 达到 54 457元，高于全国人均 GDP，高出河南省平均 15 361 元，排在第四位。人民生活水平、消费水平逐渐提高，全市城镇居民人均可支配收入达 25 236元；农村居民人均纯收入 13 751 元。焦作市的转型过程实现了工业经济的稳步发展和人民生活水平的不断提高。

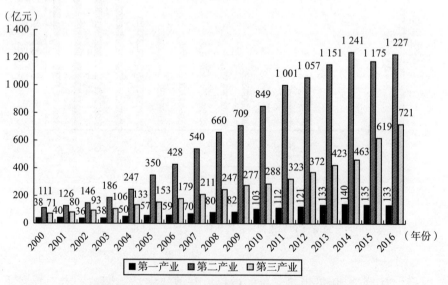

图 6-2　2000~2016 年焦作市三产业增长趋势

资料来源：2000~2016 年焦作市国民经济和社会发展统计公报。

表 6 – 1　　　　　　　　　　焦作市产业结构状况　　　　　单位：%

年份	2000	2001	2002	2003	2004	2005	2006	2007	2008	2009	2010	2011	2012	2013	2014	2015	2016
第一产业	17.2	16.3	13.1	11.4	11.7	10.1	8.9	8.5	8.1	7.7	8.3	7.8	7.8	7.8	7.6	7.0	6.4
第二产业	50.6	51.3	53	56.5	57.3	62.5	64.2	65.8	66.9	66.4	68.5	69.7	68.2	67.4	67.3	60.9	58.9
第三产业	32.2	32.4	33.9	32.1	31	27.4	26.9	25.7	25	25.9	23.2	22.5	24	24.8	25.1	32.1	34.6

资料来源：2000~2016 年焦作市国民经济和社会发展统计公报。

6.1.3　生态环境状况

焦作市的形成源于煤炭开采，1949~2012 年全市共产煤 7.9 亿吨，有力支持了地区经济和国家建设。同时，因采矿活动带来的生态环境问题也十分突出。据不完全统计，全市散落各处的已废弃矿山、矿井达 510 余处，大面积塌陷坑达 18 处，严重破坏耕地达 60 多万亩，全市生态环境破坏面积达 120 平方公里。因采矿引起的全市地下水大幅下降造成生态失衡，加之由采矿产生大量煤矸石堆积、山体崩塌、滑坡、泥石流、地裂缝等矿山地质问题，也加剧了生态环境的破坏。与此同时，煤炭开采活动锐减，煤炭产量大幅下降，但由于历史遗留和未来潜在的资源高消耗、环境污染等问题突出。自 2000 年以来，焦作市迎着经济转型的朝阳，大搞生态环境建设。已先后投入资金近 3 亿元，完成了 14 处废气矿山治理项目；投资近 1 亿元整治北部十余个废气采石场。虽然焦作市生态环境取得了积极进展，但从环境质量水平和变化趋势来看，自然环境问题与农业、工矿业的发展相互叠加，焦作市的生态环境依然非常复杂和脆弱，仍然属于典型的生态环境脆弱区。

（1）生态环境质量形势十分严峻

废气、废水和工业固体废弃物排放是影响焦作市环境质量的主要因素。2015 年焦作市空气质量优、良达标天数为 173 天，达标率47.4%，超标天数比例为 52.6%；全市地表水水质级别为重度污染，全市监测的 13 个断面中 8 个断面水质类别为劣 V 类（重度污染）；2014 年，焦作市工业废气排放量 1 897.73 亿标立方米；烟粉尘排放量为 16 334.90 吨；二氧化硫排放量 50 584.82 吨；焦作市工业用水总量为 111 122.01 万吨，废水排放总量为 12 304.93 万吨，化学需氧量排放量为 10 148.07 吨，氨氮排放量为 645.95 吨；焦作市各行业工业固体废弃物产生量为 884.03 万吨；危险废物年产生量 7 347.93 吨。大量的废气、废水和工业固体废弃物排放不仅污染环境，也严重危害城市居民的身体健康。

（2）产业布局带来的生态环境问题突出

"十五"以来，焦作市第二产业所占比重逐年攀升，2005 ~ 2016 年连续 12 年都保持在 60% 以上，远高于全国及河南省水平，且重工业比例偏高，2016 年重工业增加值占规模以上工业增加值的 65.6%，是轻工业的 1.9 倍，火电、煤炭、冶金等高耗能行业占主导地位。这样的产业和工业结构导致焦作市能源消耗居高不下，2016 年达到了 1 713 万吨标准煤。能源消耗以煤炭为主，2016 年焦作市工业用煤量超过 1 300 万吨，占全年能源消耗总量的 75% 以上，且主要集中在建成区，2016 年建成区工业用煤占全市工业用煤量的 70% 左右。华润电力焦作龙源电厂、焦作电厂、河南晋煤天庆煤化工有限责任公司已于 2015 年上半年陆续投产，预计新增工业用煤量 600 万吨以上。煤炭消费的结果会产生大量的 CO_2、SO_2 以及粉尘，CO_2 是温室气体，而 SO_2 和粉尘是大气污染的主要来源。虽然消耗煤炭的企业安装了脱硫设备，但煤炭燃烧引起的各种污染问题并没有得到有效缓解。因此，焦作市面临的节能减排任务十分严峻。

（3）煤炭资源开采中的生态环境问题突出

焦作市煤炭开采在 20 世纪 90 年代达到鼎盛时期，全市煤炭年产量达到 1 019 万吨，是目前年产量的一倍以上。但是从 20 世纪 70 年代，焦作煤炭资源已出现衰竭迹象，后备煤炭资源严重不足，矿区服务年限大大缩短。焦作煤田探明资源量 20.34 亿吨，已利用资源量 4.16 亿吨。

保有资源量 16.18 亿吨，其中城市发展占 11.45 亿吨，生产矿井保有资源量 4.7 亿吨，预计可开采量 1 亿吨。按目前年开采量计算，开采年限仅有 18 年左右。焦作市因煤炭开采引起的环境问题，主要集中在地表沉陷、煤矸石压占土地及淋雨后引起的污染问题、对地下水资源和水系的破坏等。据统计，焦作市 13 个矿井产生的沉陷总面积 70.16km^2，按照生产 1 吨煤塌陷耕地 0.5 ~ 0.8 亩计算，焦作矿区已生产煤 2 亿多吨，塌陷耕地近万亩，塌陷区耕地农作物产量锐减，地表沉陷还造成各类建筑物毁坏面积已达到 1 007 255m^2；焦作矿区每吨煤排水量约 60 吨，煤炭开采使大量地下水成为矿井水被抽出、排掉。目前焦煤集团矿井年排水量达 1.5 亿吨，由于回收利用能力不足，造成地下水大量流失。同时，矿区排水绝大部分未经过处理就直接外排，不但造成地下水资源的浪费，而且给下游河流造成严重的污染。

6.2 焦作市 PSR—NES 预警指标体系构建

6.2.1 预警指标选择

焦作市是典型的煤炭资源型城市，其生态安全预警指标体系的建立必须紧密结合焦作市生态环境现状及国民经济发展战略做出科学的选择。本书针对焦作市生态系统现状，依据科学性、准确灵敏性、动态性、可操作性与可靠充分性等原则，在充分考虑焦作市典型煤炭资源型城市生态系统特点和第 4 章煤炭资源型城市生态安全预警指标体系研究基础上，结合焦作市以往相关研究成果以及我国现阶段生态城市建设标准，最后构建了焦作市 PSR—NES 生态安全预警指标体系。该指标体系共包含 50 个指标，其中包含了"原煤产量""采煤沉陷面积""煤炭增加值占工业增加值的比重""煤炭可采储量""采煤沉陷区治理率"等与煤炭相关指标，突出强调了"煤炭资源型"城市特点和研究的主旨，能够更好地反映出焦作市的实际情况，其预警指标体系的具体构成，见表6-2～表6-4。

表6-2　　焦作市 PSR—NES 生态安全（压力子系统）预警指标

因素	指标	单位	指标性质
自然（N1）	万元 GDP 工业烟尘排放量（X1）	千克	-
	万元 GDP 工业二氧化硫排放量（X2）	吨	-
	万元 GDP 工业废气排放量（X3）	标立方米	-
	万元 GDP 工业废水排放量（X4）	吨	-
	万元 GDP 工业固体废弃物排放量（X5）	千克	-
	人均年生活用水量（X6）	吨	-
	采煤沉陷区面积（X7）	hm^2	-
	煤矸石排放量（X8）	万吨	-
	原煤年产量（X9）	万吨	-
经济（E1）	人均 GDP（X10）	元	+
	GDP 年增长率（X11）	%	+
	单位 GDP 能耗（X12）	吨标煤/万元	-
	单位 GDP 水耗（X13）	吨/万元	-
	第三产业占 GDP 比重（X14）	%	+
	煤炭工业增加值占工业增加值比重（X15）	%	-
社会（S1）	人口密度（X16）	人/km^2	-
	人口自然增长率（X17）	‰	-
	城镇登记失业率（X18）	%	-
	城镇化率（X19）	%	+

表6-3 焦作市 PSR—NES 生态安全（状态子系统）预警指标

因素	指标	单位	指标性质
自然（N2）	噪声达标区覆盖率（X20）	%	+
	城市空气质量2级达标天数（X21）	天/年	+
	城市集中式饮用水源水质达标率（X22）	%	+
	人均煤炭资源可采储量（X23）	吨	+
	人均可利用水资源量（X24）	m^3	+
经济（E2）	城镇居民恩格尔系数（X25）	%	−
	农村居民恩格尔系数（X26）	%	−
	农村居民人均纯收入（X27）	元	+
	城镇居民人均可支配收入（X28）	元	+
	年末城乡居民人均储蓄存款（X29）	元	+
社会（S2）	市区人均道路面积（X30）	m^2	+
	城镇人均居住面积（X31）	m^2	+
	建成区绿化覆盖率（X32）	%	+
	城市人均绿地面积（X33）	m^2	+

表6-4 焦作市 PSR—NES 生态安全（响应子系统）预警指标

因素	指标	单位	指标性质
自然（N3）	城市生活污水集中处理率（X34）	%	+
	城市生活垃圾无害化处理率（X35）	%	+
	采煤沉陷区治理率（X36）	%	+
	工业废气排放达标率（X37）	%	+
	工业废水排放达标率（X38）	%	+
	工业烟尘排放达标率（X39）	%	+
	煤矸石综合利用率（X40）	%	+
	工业固体废物综合利用率（X41）	%	+

因素	指标	单位	指标性质
经济（E3）	环保投资占 GDP 比重（X42）	%	+
	旅游收入占第三产业比重（X43）	%	+
	科教经费投入占 GDP 比重（X44）	%	+
	实际利用外资占 GDP 比重（X45）	%	+
	高新技术产业增加值占 GDP 比重（X46）	%	+
社会（S3）	第三产业人口占从业人口比例（X47）	%	+
	万人拥有医院床位数（X48）	张	+
	万人拥有卫生技术人员（X49）	人	+
	万人拥有专业科技人员（X50）	人	+

6.2.2 样本数据来源及依据

煤炭资源型城市生态安全预警研究离不开数据支持，数据是用一定的方法和标准来统计和衡量所研究对象的有关量化标志。研究焦作市生态安全预警问题必然会涉及众多的相关数据，焦作市生态安全预警研究样本基础数据是在焦作市国土资源局、焦作市统计局、焦作市环保局、焦作市农业局、焦作市林业局、焦作市旅游局等相关单位协助下，通过现场调查收集整理所得。其中一些数据可以直接查得，一些数据需要通过必要的计算整理所得。本书以焦作市 1995～2015 年为时间序列区间跨度，结合数据可得性，选择有代表性的 50 个预警指标（表 6-2～表 6-4）为研究对象进行实证分析。样本数据主要来源有：

（1）相关年份的《焦作统计年鉴》或《焦作市统计公报》。

（2）相关年份的《河南省统计年鉴》或《河南省统计公报》。

（3）相关年份的《中国区域经济统计年鉴》或《中国城市竞争力年鉴》。

（4）焦作市国土资源局等职能部门：焦作市林业局、焦作市农业局、焦作市环保局等收集的统计资料。

（5）河南省环境保护厅环境统计年报；焦作市环境统计年报。

（6）河南水利厅网站：www. hnsl. gov. cn/；焦作市环保局网站：www. jzshb. gov. cn/；焦作市科技网：www. jzkeji. gov. cn/；焦作市统计信息网：www. jztjj. gov. cn/等。

（7）部分重要经济指标信息通过 CNKI. net 网站提供的"中国经济发展与社会统计数据库"检索查询得到。

（8）整理计算所得：无法找到全市数据时，使用中心城市区数据，并在对应单项效率值的计算中做到分子、分母统计口径的一致，其他均使用全市数据；对于个别数据的缺失，根据相近年份的情况按照插值法予以补全。如："采煤沉陷面积""煤矸石排放量"根据焦作市历年平均万吨采煤换算而得；对于个别明显有误的数据，根据相近年份的情况予以矫正。

6.2.3 焦作市 PSR—NES 预警指标体系及原始数据

焦作市 PSR—NES 预警指标体系构建，参照第 4 章煤炭资源型城市生态安全预警指标体系模型，个别指标根据焦作市生态安全实际进行了调整，具体指标体系，见表 6 - 2 ~ 表 6 - 4。

焦作市 1999 ~ 2015 年预警指标原始数据，见表 6 - 5 ~ 表 6 - 7。

表 6 - 5　　焦作市 1999~2015 年预警指标（压力子系统）原始数值

因素	指标	单位	1999 年	2000 年	2001 年	2002 年	2003 年	2004 年	2005 年	2006 年
自然 (N1)	万元 GDP 工业烟尘排放量 (X1)	千克	40.095	24.307	21.663	18.965	16.597	13.452	10.588	7.547
	万元 GDP 工业二氧化碳排放量 (X2)	吨	29.080	25.900	21.826	21.612	20.883	22.816	21.818	17.314
	万元 GDP 工业废气排放量 (X3)	标立方米	30 755.27	29 531.95	34 058.99	3 958.10	37 688.65	31 515.09	23 792.68	22 948.53
	万元 GDP 工业废水排放量 (X4)	吨	55.91	58.98	55.9	48.27	43.59	30.74	24.04	20.84
	万元 GDP 工业固体废弃物排放量 (X5)	千克	22.67	1.00	21.66	1.81	1.52	0.93	1.07	0.15
	人均年生活用水量 (X6)	吨	128.78	123.89	146.13	146.76	148.44	164.48	160.01	168.11
	采煤沉陷区面积 (X7)	hm²	250.444	253.8022	292.204	286.694	335.066	324.626	342.2	319.058
	煤矸石排放量 (X8)	万吨	43.18	43.76	50.38	49.43	57.77	55.97	59	55.01
	原煤年产量 (X9)	万吨	431.8	437.59	503.8	494.3	577.7	559.7	590	550.1
经济 (E1)	人均 GDP (X10)	元	6 534	6 727	7 443	8 245	9 746	12 681	16 484	19 624
	GDP 年增长率 (X11)	%	−15.89	7.55	11.99	12.09	19.29	30.83	30.13	19.00
	单位 GDP 能耗 (X12)	吨标煤/万元	2.834	2.768	2.699	2.589	2.415	2.354	2.291	2.193
	单位 GDP 水耗 (X13)	吨/万元	331.43	283.12	265.40	234.61	197.28	173.79	136.59	147.93
	第三产业占 GDP 比重 (X14)	%	30	31.7	32.2	35.5	33.9	29.2	26.9	26.6
	资源型工业增加值占工业增加值比重 (X15)	%	66.4	59.4	75.2	80.5	79.1	55.0	70.2	54.9
社会 (S1)	人口密度 (X16)	人/km²	798	806	819	827	836	850	865	872
	人口自然增长率 (X17)	‰	6.63	6.01	6.3	4.2	4.28	5.05	4.7	5.5
	城镇登记失业率 (X18)	%	3.2	3.1	3.2	3.2	3.2	3.2	3.3	3.3
	城镇化率 (X19)	%	34.3	35.4	36	37.1	37.8	39.3	40.01	41.84

续表

因素	指标	单位	2007年	2008年	2009年	2010年	2011年	2012年	2013年	2014年	2015年
自然 (N1)	万元GDP工业烟尘排放量 (X1)	千克	5.081	3.407	3.669	2.653	2.082	2.459	1.945	0.884	2.312
	万元GDP工业二氧化硫排放量 (X2)	吨	13.379	9.378	6.364	6.306	3.955	4.769	3.508	2.744	2.810
	万元GDP工业废气排放量 (X3)	标立方米	18 788.93	19 310.82	17 913.06	14 646.93	11 934.07	9 833.25	12 757.95	10 292.82	12 480.04
	万元GDP工业废水排放量 (X4)	吨	18.39	17.26	17.9	17.59	8	7.47	5.91	6.67	15.82
	万元GDP工业固体废弃物排放量 (X5)	千克	0.10	0.76	0.01	0.21	0.19	0.18	0.13	0.09	0.17
	人均年生活用水量 (X6)	吨	152.20	159.09	164.08	171.01	171.80	162.27	169.13	147.25	152.1
	采煤沉陷区面积 (X7)	hm²	306.182	357.686	433.84	469.22	360.76	238.38	269.12	323.06	312.62
	煤矸石排放量 (X8)	万吨	52.79	61.67	74.8	80.9	62.2	41.1	46.4	55.7	53.9
	原煤年产量 (X9)	万吨	527.9	616.7	748	809	622	411	464	557	539
	人均GDP (X10)	元	24 190	29 025	31 281	35 597	40 627	43 980	48 544	52 421	54 457
经济 (E1)	GDP年增长率 (X11)	%	23.13	20.18	8.33	16.05	15.82	7.90	10.18	8.02	8.80
	单位GDP能耗 (X12)	吨标煤/万元	2.108	1.991	1.857	1.799	1.104	1.029	0.98	0.928	0.932
	单位GDP水耗 (X13)	吨/万元	102.59	84.25	79.55	61.29	48.18	46.72	44.81	36.60	33.15
	第三产业占GDP比重 (X14)	%	26.5	25.7	27.2	26.2	26.7	28.9	29.6	30.8	32.1
	资源型工业增加值占工业增加值比重 (X15)	%	43.5	41.8	47.8	43.9	36.2	22.9	18.0	9	6.6
社会 (S1)	人口密度 (X16)	人/km²	879	887	855	889	894	898	901	905	911
	人口自然增长率 (X17)	‰	5.2	5.19	4.88	4.82	4.8	4.77	5.2	5.15	5.77
	城镇登记失业率 (X18)	%	3.3	3.8	3.9	3.9	4	3.96	4.1	3.82	3.97
	城镇化率 (X19)	%	43.6	45.29	46.95	47.05	48.8	50.72	52.02	53.21	54.85

表 6 - 6　　焦作市 1999~2015 年预警指标（状态子系统）原始数值

因素	指标	单位	1999 年	2000 年	2001 年	2002 年	2003 年	2004 年	2005 年	2006 年
自然（N2）	噪声达标区覆盖率（X20）	%	53.22	51.17	33.26	39.67	46.08	52.49	58.9	61.5
	城市空气质量 2 级达标天数（X21）	天/年	180	183	190	124	197	236	286	291
	城市集中式饮用水源水质达标率（X22）	%	99.90	100.00	100.00	100.00	100.00	100.00	100.00	100.00
	人均煤炭资源可采储量（X23）	吨	174	171	167	163	160	158	155	152
	人均可利用水资源量（X24）	m³	231.17	235.03	207.18	217.65	306.73	221.94	214.16	289.33
经济（E2）	城镇居民恩格尔系数（X25）	%	39.51	34.61	32.62	33.32	34.50	35.60	34.40	33.21
	农村居民恩格尔系数（X26）	%	49.20	34.70	38.80	41.50	39.30	38.30	39.70	33.90
	农村居民人均纯收入（X27）	元	2 488.00	2 564.00	2 674.00	2 782.00	2 905.00	3 374.00	3 831.00	4 494.00
	城镇居民人均可支配收入（X28）	元	4 497.47	4 789.41	5 390.05	6 032.05	7 154.32	7 706.75	8 846.68	10 073.73
	年末城乡居民人均储蓄存款（X29）	元	4 756.92	5 045.91	5 499.74	6 025.74	6 898.71	7 466.75	8 237.92	9 006.77
社会（S2）	市区人均道路面积（X30）	m²	4.30	4.52	5.01	5.64	8.17	10.00	10.69	11.53
	城镇人均居住面积（X31）	m²	9.33	9.69	10.20	22.00	22.50	23.50	24.20	31.30
	建成区绿化覆盖率（X32）	%	36.80	33.40	31.91	33.74	33.67	35.63	34.24	34.08
	城市人均绿地面积（X33）	m²	0.00	2.34	2.34	2.45	2.91	3.14	3.17	3.21

续表

因素	指标	单位	2007年	2008年	2009年	2010年	2011年	2012年	2013年	2014年	2015年
自然(N2)	噪声达标覆盖率（X20）	%	56.8	54.6	72.7	78.1	78.9	78.6	73.2	82.3	80.7
	城市空气质量2级达标天数（X21）	天/年	302	317	319	314	314	315	290	248	173
	城市集中式饮用水源水质达标率（X22）	%	100.00	100.00	100.00	100.00	100.00	100.00	100.00	100.00	100.00
	人均煤炭资源可采储量（X23）	吨	149	146	144	136	132	130	127	126	123
	人均可利用水资源量（X24）	m³	206.87	270.03	327.50	274.14	337.47	141.42	148.23	219.51	313.61
经济(E2)	城镇居民恩格尔系数（X25）	%	32.94	33.70	33.61	32.53	31.55	32.10	32.76	33.16	31.43
	农村居民恩格尔系数（X26）	%	32.60	31.90	31.10	30.50	28.60	27.10	28.00	27.50	26.34
	农村居民人均纯收入（X27）	元	5 326.00	6 130.00	6 590.00	7 512.00	8 902.00	10 113.00	11 367.00	12 518.00	13 751.00
	城镇居民人均可支配收入（X28）	元	11 930.47	13 564.25	14 529.68	16 036.70	18 210.65	20 352.28	22 159.99	24 154.83	25 236.00
	年末城乡居民人均储蓄存款（X29）	元	9 312.14	11 525.26	13 365.07	13 915.94	15 464.17	17 481.6	19 697.87	21 589.78	25 207.82
社会(S2)	市区人均道路面积（X30）	m²	12.09	12.31	12.28	12.56	13.72	12.35	12.22	16.00	17.38
	城镇人均居住面积（X31）	m²	26.10	27.80	28.35	29.60	31.30	32.30	33.20	33.50	35.30
	建成区绿化覆盖率（X32）	%	37.08	37.56	35.16	39.55	39.60	38.51	37.11	37.06	40.00
	城市人均绿地面积（X33）	m²	3.60	3.60	3.78	4.60	4.63	4.18	4.26	4.46	11.80

表 6-7　焦作市 1999～2015 年预警指标（响应子系统）原始数值

因素	指标	单位	1999 年	2000 年	2001 年	2002 年	2003 年	2004 年	2005 年	2006 年
自然 (N3)	城市生活污水集中处理率 (X34)	%	49.60	51.30	50.80	52.10	53.40	56.40	55.10	61.40
	城市生活垃圾无害化处理率 (X35)	%	77.80	78.50	79.10	80.30	81.60	81.50	84.10	82.60
	采煤沉陷区治理率 (X36)	%	40.50	47.70	47.10	49.30	39.80	46.40	45.10	44.90
	工业废气排放标率 (X37)	%	22.70	27.30	23.30	20.50	21.60	23.26	39.51	25.87
	工业废水排放达标率 (X38)	%	66.70	74.10	74.10	86.30	93.05	95.50	97.80	98.10
	工业烟尘排放达标率 (X39)	%	82.40	85.80	87.30	89.10	91.70	92.40	95.80	95.10
	煤矸石综合利用率 (X40)	%	29.30	31.20	34.50	36.30	37.80	40.30	41.24	42.33
	工业固体废物综合利用率 (X41)	%	61.40	63.80	62.20	63.30	75.80	73.60	67.00	65.39
	环保投资占 GDP 比重 (X42)	%	0.13	0.19	0.11	0.48	0.65	0.70	0.33	0.84
经济 (E3)	旅游收入占第三产业比重 (X43)	%	2.42	3.81	11.42	18.37	27.78	36.58	31.69	41.80
	科教经费投入占 GDP 比重 (X44)	%	1.06	1.17	1.45	1.59	1.51	1.27	1.15	1.24
	实际利用外资占 GDP 比重 (X45)	%	2.27	0.4	1.47	1.18	1.35	1.22	1.37	1.45
	高新技术产业增加值占 GDP 比重 (X46)	%	0.26	6.12	10.71	14.23	13.03	10.81	6.47	8.07
	第三产业人口占从业人口比例 (X47)	%	27.30	28.10	27.60	28.95	31.91	33.00	31.90	33.78
社会 (S3)	万人拥有医院床位数 (X48)	张	28.74	28.48	28.56	27.73	33.74	35.17	36.39	30.61
	万人拥有卫生技术人员 (X49)	人	42.84	42.41	43.68	36.98	36.09	49.18	52.18	42.27
	万人拥有专业科技人员 (X50)	人	16.31	17.23	22.33	16.43	15.12	16.22	19.34	22.32

续表

因素	指标	单位	2007年	2008年	2009年	2010年	2011年	2012年	2013年	2014年	2015年
自然(N3)	城市生活污水集中处理率（X34）	%	63.40	61.40	77.10	89.74	85.60	86.10	87.30	87.50	89.60
	城市生活垃圾无害化处理率（X35）	%	85.04	83.59	78.00	85.75	85.81	87.01	97.30	97.40	98.30
	采煤沉陷区治理率（X36）	%	49.30	42.40	43.20	43.70	46.30	49.50	48.40	45.60	49.20
	工业废气排放达标率（X37）	%	25.48	21.52	24.94	26.19	26.55	28.27	32.70	49.63	51.20
	工业废水排放达标率（X38）	%	97.00	95.30	97.20	98.10	98.30	97.60	99.10	99.60	99.20
	工业烟尘排放达标率（X39）	%	96.10	94.30	98.20	97.20	98.80	99.10	99.30	99.10	99.50
	煤矸石综合利用率（X40）	%	45.30	46.10	44.32	47.30	48.99	48.80	49.60	49.77	49.80
	工业固体废物综合利用率（X41）	%	62.16	68.46	75.28	77.28	61.69	59.57	58.90	57.51	60.03
经济(E3)	环保投资占GDP比重（X42）	%	0.33	0.32	0.49	0.50	0.30	0.38	0.20	0.19	0.20
	旅游收入占第三产业比重（X43）	%	42.98	44.52	44.03	45.42	44.78	44.77	46.11	44.59	48.37
	科教经费投入占GDP比重（X44）	%	1.72	1.64	1.82	1.81	1.94	2.46	2.45	2.19	2.31
	实际利用外资占GDP比重（X45）	%	1.47	0.39	1.27	1.57	2.19	2.44	2.4	2.43	2.55
	高新技术产业增加值占GDP比重（X46）	%	10.75	13.09	12.58	13.01	13.52	2.02	2.08	2.51	4.63
社会(S3)	第三产业人口占从业人口比例（X47）	%	39.89	41.29	38.37	42.47	35.86	35.33	40.95	43.09	42.12
	万人拥有医院床位数（X48）	张	30.70	35.73	35.77	42.31	42.86	46.03	48.50	50.32	60.97
	万人拥有卫生技术人员（X49）	人	36.03	40.35	40.30	45.47	47.53	47.67	49.59	52.45	57.56
	万人拥有专业科技人员（X50）	人	25.23	29.12	27.14	24.32	26.23	31.06	34.12	39.21	43.50

143

6.3　焦作市生态安全演变趋势预测

6.3.1　预测研究的思路

由于城市生态安全预警研究关注的是未来的城市生态安全警情问题，预警研究的关键问题是考察煤炭资源型城市生态系统安全的未来的演变趋势并做出预警。单纯研究评价过去的历史警情毫无价值。所以，本书打破已有的预警研究中"先评价后预警"的研究模式，而是直接根据上述已获有的焦作市 1999～2015 年的原始数据样本，首先应用数学预测模型对焦作市每个年份的 50 个生态安全预警指标进行预测；其次，将预测指标数据与已获取的历史数据捆绑一起进行数据处理，采取综合值数法计算出每年的综合警度值数；最后，将所有对应年的综合警度值数与生态安全警度阈值及警度分级标准进行对比，对焦作市生态安全状态进行预警分析与评价。

由于本书收集到的焦作市预警指标的原始数据为 1999～2015 年的总共 17 年数据，数据量较多而翔实，可以进行中短期预警。因此拟定对焦作市 2016～2021 年的生态安全状况进行预警分析。具体的研究思路是：

（1）预测模型的选择

在大量查阅和研究国内外有关生态安全预警、可持续发展预警、经济预警、环境预警等前人研究成果的基础上，为了使预测结果更加精确、更加结合实际，本书选择了改进的等维新息灰色 DGM（1.1）预测模型、RBF 神经网络预警模型和等维新息灰色神经网络组合预测模型，通过对比三种预测模型的误差分析，选择预测精度较高模型预测结果，对焦作市生态安全进行预警分析。

（2） 预警指标数值预测

首先用焦作市 1999～2015 年生态安全预警指标的原始数据，通过数学预测模型对 2016～2021 年的 50 个生态安全预警指标数值进行预测。本书为了使预测结果更贴近实际，在充分研究了现有预测模型优缺点后，选择灰色预测模型、PB 神经网络预测模型和等维新息灰色神经网络组合预测模型三种预测模型，通过实证数据考察三种模型的预测精度。即假设 2011～2015 年的 5 年的实际数据为未知数，依据 1999～2015 年的原始数据，通过预测结果与实际数据对比，考察单一等维新息灰色 DGM（1.1） 预测模型、RBF 神经网络预测模型和等维新息灰色神经网络 （DGM—RBF） 动态组合预测模型三种预测模型的预测精度。

（3） 综合警度值数合成

选择预测精度较高的模型预测数据结果作为预警研究基本数据，将预测得到的焦作市未来 6 年的预警指标对应值数样本直接加入到原始数据的年度时间序列，通过综合指数法，计算出对应年度的综合警度值数；最后将各年度的综合警度值数与警度分级标准值数进行对比分析，以此来判断评价焦作市 1999～2021 年的生态安全警情状况变化趋势，最后对焦作市生态安全状况进行预警分析。

6.3.2 基于等维新息灰色 DGM（1.1） 模型预测

（1） 等维新息灰色 DGM（1.1） 模型预测 Matlab 程序的编制

等维新息灰色 DGM（1.1） 模型提出的"新陈代谢"数学方法，可用来解决城市生态安全预警系统的复杂问题。如果有一个程序能够使工程人员只需输入数据，而不需编写计算公式，就可以得到分析预测结果，将会使灰色系统理论更好地应用在煤炭资源型城市生态安全预警中。因此，有必要对其进行编程和算法实现，使其程序化、智能化。在Matlab 语言系统中，几乎所有的操作都是以矩阵操作为基础，而在灰色模型预测过程中，需要进行大量的矩阵运算，因此，MATLAB R2014b

在这方面显示了独到之处。将 MATLAB R2014b 和灰色模型结合，可以提高计算的效率。笔者在等维新息灰色 DGM（1.1）模型原理基础上，结合灰色模型的公式化特点和 MATLAB R2014b 独特的计算优点，使灰色预测建模和 MATLAB R2014b 算法得到了很好结合。

本书根据以上描述在 MATLAB R2014b 软件平台上编制了等维新息模型预测程序，该软件以交互方式输入原始序列数据，等维新息预测维数也由用户输入决定，操作简便、运行稳定，程序结构如图 6 - 3 所示。

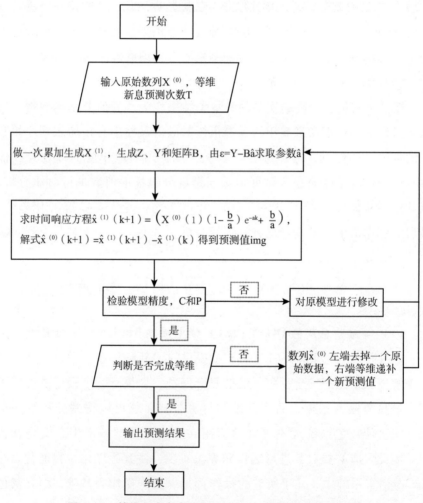

图 6 - 3 等维新息灰色 DGM（1.1）模型程序结构示意

（2）等维新息灰色 DGM （1.1） 模型预测过程

根据焦作市 1999 ~ 2015 年的原始数据，采用等维新息灰色 DGM （1.1） 模型对 50 个生态安全预警指标值数进行预测。即每一个采样时刻，去掉最初的旧信息，增加一个最近的新信息，保持建模数据个数不变，这样，使得预测模型总是反映系统的最新行为，而不增加运算量。本书首先选取焦作市 1999 ~ 2015 年的原始数据作为训练样本集进行预测建模；其次，假定已知的 2004 ~ 2015 年对应的单项指标值数作为未知数进行模型精度校验。根据等维新息灰色 DGM （1.1） 预测原理，构建指标数据预测模型，采用 "新陈代谢" 滚动预测方法，通过滚动预测，逐年预测出 2016 ~ 2021 年的预警指标值数。这里需要说明的是，取不同维数序列建立的模型不一样，参数 a 和 b 的值也不一样，因而模型的预测值不同。为了提高预测精度，需要建立不同维数的 DGM （1，1） 模型进行比较，从中筛选精度最高的模型进行预测。具体计算步骤为：

首先，试预测，确定最佳模型维数。为了得到最佳的预测效果，先要确定模型的最佳维数。选取焦作市 1999 ~ 2015 年预警指标值数分别建立 4 ~ 9 维等维新息灰色模型，并对计算结果进行对比分析。其次通过反复比较选择误差最小的 5 维等维新息灰色模型进行预测，按照 "新陈代谢" 滚动预测原理进行模型预测计算。最后得到焦作市 2016 ~ 2021 年的预警指标值数的预测值。滚动预测样本结构见表 6 – 8。具体样本选取见表 6 – 9。

表 6 – 8 　　　　　　　　灰色 DGM （1.1） 模型滚动预测样本结构

样本序号	样本输入值	样本期望输出值
1	x_1，x_2，x_3，…，x_n	x_{n+1}
2	x_2，x_3，…，x_{n+1}	x_{n+2}
3	x_3，…，x_{n+2}	x_{n+3}
……	……	……
m	x_m，…，x_{n+m-1}	x_{n+m}

按照表6-9设计的预测模型样本,根据等维新息动态灰色DGM(1.1)模型预测原理,采用滚动预测方法,依次类推,可以预测出焦作市2016~2021年生态安全预警指标值数。

表6-9　　　　　等维新息动态灰色DGM(1.1)预测模型样本

样本序号		输入变量	输出变量
训练样本	1	1999~2003年预警指标值数	2004年预警指标值数
	2	2000~2004年预警指标值数	2005年预警指标值数
	3	2001~2005年预警指标值数	2006年预警指标值数
	4	2002~2006年预警指标值数	2007年预警指标值数
	5	2003~2007年预警指标值数	2008年预警指标值数
	6	2004~2008年预警指标值数	2009年预警指标值数
检验样本	7	2005~2009年预警指标值数	2010年预警指标值数
	8	2006~2010年预警指标值数	2011年预警指标值数
	9	2007~2011年预警指标值数	2012年预警指标值数
	10	2008~2012年预警指标值数	2013年预警指标值数
	11	2009~2013年预警指标值数	2014年预警指标值数
	12	2010~2014年预警指标值数	2015年预警指标值数
预测样本	13	2011~2015年预警指标值数	2016年预警指标值数
	14	2012~2016年预警指标值数	2017年预警指标值数
	15	2013~2017年预警指标值数	2018年预警指标值数
	16	2014~2018年预警指标值数	2019年预警指标值数
	17	2015~2019年预警指标值数	2020年预警指标值数
	18	2016~2020年预警指标值数	2021年预警指标值数

(3)等维新息灰色DGM(1.1)模型单项指标预测结果

根据焦作市1999~2015年的原始数据,应用MATLAB R2014b编制的等维新息灰色DGM(1.1)模型预测程序,按照表6-9设计的预测模型样本,对焦作市2016~2021年生态安全单项预警指标进行预测。

需要说明的是，由于本书预测涉及 6 年，每年有 50 个生态安全预警指标数值，计算量较大，这里不再一一赘述。等维新息灰色 DGM（1.1）模型预测结果，见表 6 – 10。

表 6 – 10　　等维新息灰色 DGM（1，1）模型单项指标预测结果

指标	2016 年	2017 年	2018 年	2019 年	2020 年	2021 年
X1	1.25	1.06	0.90	0.76	0.64	0.55
X2	2.92	2.59	2.30	2.04	1.81	1.60
X3	11 348.71	11 570.38	11 796.39	12 026.81	12 261.73	12 501.24
X4	5.90	5.54	5.20	4.88	4.58	4.30
X5	0.08	0.07	0.05	0.05	0.04	0.03
X6	149.83	145.40	141.10	136.93	132.88	128.95
X7	215.69	188.81	165.29	144.69	126.66	110.88
X8	37.19	32.55	28.50	24.95	21.84	19.12
X9	393.26	352.02	315.10	282.05	252.47	225.99
X10	57 875.86	63 083.83	68 760.44	74 947.86	81 692.06	89 043.14
X11	9.38	8.83	8.31	7.82	7.36	6.93
X12	0.68	0.58	0.49	0.41	0.35	0.29
X13	34.51	30.83	27.54	24.60	21.97	19.63
X14	32.39	33.87	35.41	37.02	38.71	40.47
X15	8.5	5.7	3.8	2.6	1.7	1.2
X16	908.37	911.91	915.46	919.02	922.59	926.18
X17	5.36	5.52	5.69	5.86	6.04	6.22
X18	3.94	3.93	3.93	3.92	3.91	3.91
X19	55.17	56.89	58.67	60.50	62.39	64.34
X20	79.06	79.34	79.62	79.90	80.18	80.46
X21	267.38	259.47	251.80	244.35	237.13	230.11
X22	100	100	100	100	100	100
X23	122.97	120.63	118.32	116.07	113.85	111.68
X24	145.52	125.99	109.08	94.44	81.77	70.79
X25	32.23	32.10	31.96	31.83	31.70	31.57

指标	2016 年	2017 年	2018 年	2019 年	2020 年	2021 年
X26	26. 39	25. 77	25. 17	24. 58	24. 00	23. 44
X27	14 553. 42	16 451. 14	18 596. 31	21 021. 20	23 762. 29	26 860. 81
X28	27 211. 69	30 119. 78	33 338. 65	36 901. 52	40 845. 15	45 210. 23
X29	24 387. 57	27 253. 94	30 457. 20	34 036. 96	38 037. 47	42 508. 17
X30	15. 16	15. 81	16. 50	17. 21	17. 95	18. 72
X31	35. 01	36. 08	37. 18	38. 31	39. 48	40. 68
X32	39. 20	39. 62	40. 04	40. 47	40. 90	41. 34
X33	7. 76	8. 52	9. 36	10. 27	11. 28	12. 39
X34	90. 34	91. 69	93. 05	94. 44	95. 85	97. 28
X35	93. 37	94. 56	95. 77	96. 99	98. 22	99. 47
X36	49. 15	50. 13	51. 13	52. 16	53. 20	54. 27
X37	40. 55	44. 23	48. 24	52. 61	57. 38	62. 59
X38	99. 69	100. 00	100. 00	100. 00	100. 00	100. 00
X39	100. 00	100. 00	100. 00	100. 00	100. 00	100. 00
X40	50. 61	51. 18	51. 76	52. 35	52. 95	53. 55
X41	59. 61	58. 56	57. 54	56. 54	55. 55	54. 58
X42	0. 27	0. 26	0. 24	0. 23	0. 21	0. 20
X43	50. 54	52. 12	53. 74	55. 42	57. 14	58. 92
X44	2. 55	2. 70	2. 85	3. 01	3. 18	3. 36
X45	2. 84	3. 08	3. 34	3. 63	3. 94	4. 27
X46	6. 85	6. 61	6. 39	6. 17	5. 96	5. 75
X47	43. 99	45. 21	46. 47	47. 77	49. 10	50. 47
X48	54. 83	58. 22	61. 82	65. 64	69. 70	74. 01
X49	55. 10	57. 57	60. 16	62. 85	65. 67	68. 62
X50	43. 35	49. 01	55. 41	62. 65	70. 83	80. 07

6.3.3　基于 RBF 神经网络模型预警指标预测

（1）RBF 神经网络 Matlab 预测程序编制

人工神经网络工具箱是 Matlab 提供的一种演算式的编程语言，工具箱中提供了丰富的网络学习和训练函数，其中包括一些子对象：输入向量、网络层、输出向量、目标向量、权值向量和阈值向量等。通过运用这种语言，用户可以用类似数学公式的方式来编写算法，可直观、方便地进行人工神经网络的应用设计、分析和计算等，降低了编程的难度并节省了时间，为神经网络的仿真分析提供了极大方便。

本书在 MATLAB R2014b 软件平台上编制了 RBF 神经网络模型预测程序。由于 Matlab 的神经网络工具箱提供有 newrbe 和 newrb 两个径向基函数，且这两个函数在设计过程中已经包含径向基函数计算的过程和细节，所以可以直接调用这两个函数来快速设计一个径向基函数网络实现 RBF 的训练过程，调用方式为：

net = newrb(p, t, goal, spread) 或 net = newrbe(p, t, goal, spread)

其中，net 为径向基神经网络，p 为输入向量，t 为期望输出向量（预测值），goal 为训练精度，spread 为扩展常数，即径向基函数的分布密度。要注意的是，spread 决定 RBF 网络性能的好坏，其值越大，函数越平滑，但是过大的 spread 意味着需要非常多的神经元以适应函数的快速变化，如果 spread 过小，则意味着需要许多神经元来适应函数的缓慢变化，这样一来，设计的网络性能就不会很好。因此，在网络设计过程中，需要用不同的 spread 值进行尝试，以确定一个最优值。根据以上原理，本书应用 Matlab R2014b 软件的 newrb 函数和 sim 函数编制了 RBF 神经网络模型计算程序。其程序结构如图 6-4 所示。

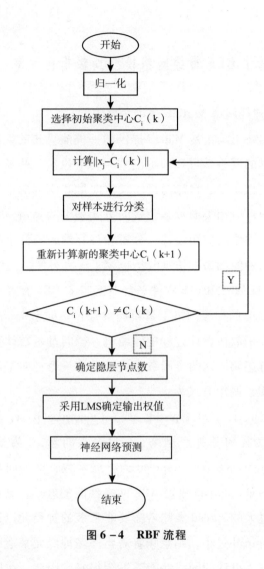

图 6 – 4　RBF 流程

（2）RBF 神经网络模型预测过程

①输入层和输出层数确定。

运用径向基函数神经网络模型预测需要确定输入层和输出层数据。本书采用 Newrb 函数创建 RBF 神经网络模型，基础数据为焦作市 1999 ~ 2015 年生态安全预警指标原始数据。通过 MATLAB R2014b 软件的神经网络工具箱训练，采取"新陈代谢"滚动预测方法，即每次预测时保持输入节点不变，下一步预测时将预测数据加入新的预测节点信息中，同时去掉最老的节点信息。依据迭代一步滚动预测方式的基本原理，对2016~2021年的发展趋势进行预测，预测步长取1步，即相当于1年。在输入层和输出层神经元数的确定上，运用该预测方式输入层的神经元数可以确定为多个值，一般是根据学习样本数量的多少，采用试验法确定。这种确定方法一方面要保证学习样本数量不能过少，一方面还要保证 RBF 神经网络模型的质量。本书分别选择3、4、5、7、9、10等值进行大量试验的基础上，综合确定最佳输入层神经元数为7；依据焦作市生态安全预测的实际需要，确定输出层神经元数为1，即预测目标年预警指标值。由此采用1999~2015年生态安全预警指标原始数据，用前7年数据作为样本输入，用下一年数据作为样本期望输出值，构造一个学习样本，17年数据共构成10个学习样本。在此基础上，运用 MATLAB R2014b 应用软件的 newrb 工具箱，按上述设计程序，构造 RBF 网络预测模型进行网络学习训练。

②模型训练与预测。

本书将采取迭代一步预测方式进行训练，将焦作市1999~2015年生态安全各子系统及总系统预警指标的历史数据作一个时间序列进行处理，首先，把1999~2015年数据分为9个长度为7+1个数据的有一定重叠度的数据段，每一个数据段为一个学习样本。将1999~2015年前7个时刻的值作为 RBF 网络的输入数据，后1个值作为目标输出结果进行网络训练，对比目标输出值与实际值的均方误差，直到误差训练精度达到要求，即完成了网络训练。具体滚动样本结构，见表6-11。

表6-11　　　　　　　　　RBF 神经网络滚动样本结构

样本序号	样本输入值	样本期望输出值
1	x_1，x_2，x_3，…，x_n	x_{n+1}
2	x_2，x_3，…，x_{n+1}	x_{n+2}

样本序号	样本输入值	样本期望输出值
3	x_3，$\cdots$，x_{n+2}	x_{n+3}
……	……	……
m	x_m，$\cdots$，x_{n+m-1}	x_{n+m}

其次，在完成样本网络训练基础上，依据焦作市 1999～2015 年生态安全预警指标作为预测样本数据集，按照输入层的神经元数为 7，目标输出为 1 的 RBF 网络结构，依据"新陈代谢"滚动预测原理，从 1999 年始做迭代一步预测，做第 10 次迭代预测，则得到 2016 年的预测值；依次类推，做第 15 次迭代预测，则得到 2021 年的预测值。具体样本数据的选取，见表 6－12。

表 6－12　　　　　　　RBF 神经网络滚动预测样本

样本序号		输入变量	输出变量
学习样本	1	1999～2005 年预警指标值数	2006 年预警指标值数
	2	2000～2006 年预警指标值数	2007 年预警指标值数
	3	2001～2007 年预警指标值数	2008 年预警指标值数
	4	2002～2008 年预警指标值数	2009 年预警指标值数
	5	2003～2009 年预警指标值数	2010 年预警指标值数
	6	2004～2010 年预警指标值数	2011 年预警指标值数
	7	2005～2011 年预警指标值数	2012 年预警指标值数
	8	2006～2012 年预警指标值数	2013 年预警指标值数
	9	2007～2013 年预警指标值数	2014 年预警指标值数
	10	2008～2014 年预警指标值数	2015 年预警指标值数

续表

样本序号		输入变量	输出变量
预测样本	11	2009~2015 年预警指标值数	2016 年预警指标值数
	12	2010~2016 年预警指标值数	2017 年预警指标值数
	13	2011~2017 年预警指标值数	2018 年预警指标值数
	14	2012~2018 年预警指标值数	2019 年预警指标值数
	15	2013~2019 年预警指标值数	2020 年预警指标值数
	16	2014~2020 年预警指标值数	2021 年预警指标值数

（3） RBF 神经网络模型预测结果

根据焦作市 1999~2015 年的原始数据，应用 MATLAB R2014b 编制的 RBF 神经网络模型预测程序，按照表 6－12 设计的预测模型样本，对焦作市 2016－2021 年生态安全单项预警指标进行预测。RBF 神经网络模型预测结果，见表 6－13。

表 6－13　　　　　　RBF 神经网络模型单项指标预测结果

指标	2016 年	2017 年	2018 年	2019 年	2020 年	2021 年
X1	1.90	2.18	2.06	2.13	2.09	2.11
X2	3.31	3.27	3.27	3.30	3.30	3.30
X3	15 779.55	18 963.45	20 006.45	20 226.70	20 268.63	20 276.45
X4	32.80	37.17	37.90	38.02	38.04	38.04
X5	0.12	0.12	0.12	0.12	0.12	0.12
X6	176.36	168.46	160.56	175.98	156.50	154.87
X7	323.99	336.01	336.11	329.75	342.70	318.16
X8	55.23	56.20	61.78	61.22	56.42	50.93
X9	601.99	446.95	475.76	404.98	456.18	382.20
X10	57 445.26	58 974.60	60 168.24	61 685.51	62 321.49	62 875.42
X11	7.83	8.12	7.84	8.00	7.93	8.01
X12	0.94	0.94	0.94	0.94	0.94	0.94

续表

指标	2016 年	2017 年	2018 年	2019 年	2020 年	2021 年
X13	23.96	34.68	15.62	29.42	12.48	26.66
X14	32.58	32.66	32.67	32.68	32.68	32.68
X15	6.90	6.90	6.90	6.90	6.90	6.90
X16	915.84	922.63	926.69	936.68	938.59	959.59
X17	6.34	6.37	6.37	6.37	6.37	6.37
X18	4.02	3.96	3.96	3.97	3.96	3.96
X19	58.18	60.53	67.21	74.93	77.08	77.71
X20	88.19	83.72	80.07	89.24	83.06	93.27
X21	136.03	128.35	153.42	211.61	324.45	393.65
X22	100.00	100.00	100.00	100.00	100.00	100.00
X23	125.45	125.74	124.87	125.14	125.32	125.15
X24	276.96	292.17	221.01	124.85	189.75	216.28
X25	29.86	30.30	32.52	32.26	31.12	29.09
X26	26.09	26.48	27.31	27.28	26.35	25.46
X27	14 883.94	15 514.98	16 076.45	16 311.56	16 358.70	16 386.69
X28	27 763.29	27 989.16	28 910.29	28 080.23	27 396.82	28 770.26
X29	30 635.85	38 107.45	41 738.37	42 039.81	42 379.87	42 401.31
X30	22.10	21.87	25.27	23.68	28.60	24.97
X31	34.83	35.23	37.02	35.73	36.77	38.69
X32	35.95	38.11	45.70	46.47	46.82	45.11
X33	11.38	17.04	3.09	30.60	7.16	24.31
X34	91.88	96.60	100.00	100.00	100.00	100.00
X35	100.00	100.00	100.00	100.00	100.00	100.00
X36	51.01	56.65	53.02	56.28	62.15	57.92
X37	79.44	60.95	80.67	81.86	80.51	81.72

指标	2016 年	2017 年	2018 年	2019 年	2020 年	2021 年
X38	100.00	100.00	100.00	100.00	100.00	100.00
X39	100.00	100.00	100.00	100.00	100.00	100.00
X40	51.15	51.47	51.56	52.30	52.55	52.38
X41	58.58	58.28	58.01	57.88	57.85	57.85
X42	0.25	0.23	0.25	0.20	0.24	0.20
X43	49.73	52.08	55.53	60.85	64.89	66.90
X44	2.39	2.48	2.54	2.57	2.58	2.59
X45	2.54	2.59	2.63	2.62	2.64	2.65
X46	5.98	5.70	5.99	6.49	6.91	7.28
X47	45.00	44.81	46.14	53.19	48.47	60.09
X48	59.93	61.87	53.51	58.57	63.84	64.24
X49	67.95	70.30	73.33	77.14	68.88	66.88
X50	54.75	72.07	99.85	72.78	91.10	99.85

6.3.4 基于等维新息灰色神经网络（DGM—RBF）动态组合模型预测

等维新息灰色神经网络（DGM—RBF）动态组合预测模型是等维新息灰色 DGM（1，1）预测模型与 RBF 神经网络的有机组合体，其预测程序的编制是在上述两种单一预测模型程序的基础上进行了部分程序语言的简单调整。

（1）等维新息灰色神经网络（DGM—RBF）动态组合模型预警程序编制

运用 MATLAB R2014b 应用软件和 newrb 工具箱，按照下述流程，编制等维新息灰色神经网络（DGM—RBF）预测程序。

第一步：应用等维新息灰色 DGM（1，1）预测模型进行预测，得到预测数据。用原始数据减去拟合数据，求出残差序列。并将预测的拟合数据暂时存放起来。

第二步：使用 premnmx（　）函数将输入输出数据归一化到 [0，1] 范围内。应用等维新息灰色 DGM（1，1）预测的残差序列数据作为 RBF 神经网络的输入和输出构成等学习样本。

第三步：利用 RBF 神经网络工具箱经多次调试最终确定 RBF 神经网络结构的输入层参数、隐患层参数（隐蔽层单元数经多次调试确定），输出层 1 个神经元，以输入数据和输出数据对 RBF 神经网络进行训练。选用 MATLAB R2014b 软件来实现研究区警情演变趋势预测分析，直接调用 Matlab 工具箱中 newrb（　）函数完成 RBF 研究过程，该函数在 MATLAB R2014b 软件设计过程中已融合了 RBF 全部运算过程，调用公式如下：

$$net = newrb(p，t，goal，spread)$$

式中，net 为径向基网络，p 为输入向量，t 为期望输出向量，goal 为训练精度（系统默认是 0），spread 为扩展常数。在实际训练时要多次尝试确定 spread 的取值，以便优化网络结构的性能。newrb（　）函数在运算时，为了保证预期精度会向隐含层增加一定数量神经元，使得学习结果更加客观合理。

第四步：使用仿真函数 sim（　）进行仿真得到的修正的残差序列数据。

第五步：使用 postmnmx（　）函数预测结果作归一化处理，得到修正的残差序列数据。

第六步：将等维新息灰色 DGM（1，1）预测模型预测拟合数据与 RBF 神经网络预测修正的残差序列数据加和，即可得到等维新息灰色神经网络（DGM—RBF）动态组合模型的预测结果。

等维新息灰色神经网络（DGM—RBF）动态组合模型预测流程，如图 6-5 所示。

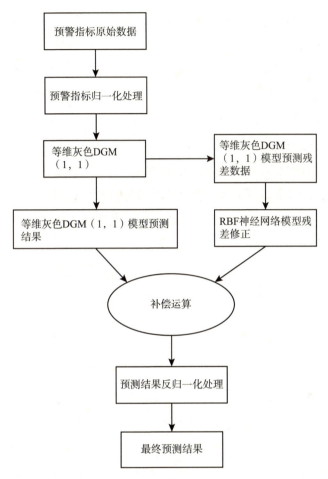

图 6 - 5　等维新息灰色神经网络（DGM—RBF）动态组合模型预测流程

（2）等维新息灰色神经网络（DGM—RBF）动态组合模型预警预测过程

本书以焦作市 1999 ~ 2015 年的原始数据来构建预测模型，在第 5 章中已经分别详细介绍了采用灰色预测模型和 RBF 神经网络构建预测模型的方法，本章所用的灰色 RBF 神经网络组合模型预测方法主要是通过确定预测值和残差序列进行预测的，分别采用等维新息灰色（DGM）预测法和 RBF 神经网络残差修正法进行预测。应用 Matlab 编制的等维新息灰色神经网络

（DGM—RBF）动态组合模型预测程序，按照上述预测步骤，对焦作市2016～2021年生态安全单项预警指标进行预测。具体预测算法步骤：

首先，采用焦作市1999～2015年的原始数据，按照等维新信息DGM（1，1）模型预测流程，采取"新陈代谢"滚动预测方法进行预测，得到焦作市2016～2021年初步预测值。

其次，将1999～2015年的原始数据与等维新息DGM（1，1）模型滚动预测得到的对应年份的预测值相减得到残差序列。

再其次，将所得残差序列作为RBF神经网络训练样本集。将残差序列，按照RBF神经网络的滚动预测流程，把残差序列作为RBF神经网络所对应的输入和输出样本，对RBF神经网络进行训练。

最后，用训练好的RBF神经网络对2016～2021年进行残差预测，将2016～2021年初步预测值与RBF神经网络预测的残差相加，即可得到2016～2021年生态安全预警指标对应年份的预测数据。参照上述预测方法即可得到焦作市2016～2021年各个子系统和总系统的生态安全对应年度的预警指标数据值。需要说明的是，由于本书预测涉及6年，每年有50个生态安全预警指标数值，计算量较大，这里不再一一赘述。

（3）等维新息灰色神经网络（DGM—RBF）动态组合模型预测结果

根据焦作市1999～2015年的原始数据，应用Matlab编制的等维新息灰色神经网络模型预测程序，对焦作市2016～2021年生态安全单项预警指标进行预测。等维新息灰色神经网络（DGM—RBF）动态组合模型预测结果，见表6-14。

表6-14　　等维新息灰色神经网络（DWG—RBF）组合
预测模型单项指标预测结果

指标	2016年	2017年	2018年	2019年	2020年	2021年
X1	2.67	1.73	0.49	0.10	0.01	0.08
X2	3.02	2.96	2.26	2.20	0.89	0.70

续表

指标	2016 年	2017 年	2018 年	2019 年	2020 年	2021 年
X3	13 779. 55	15 963. 45	19 900. 45	20 216. 70	20 268. 63	20 276. 45
X4	10. 27	6. 77	9. 48	10. 80	6. 27	15. 69
X5	0. 03	0. 04	0. 07	0. 04	0. 01	0. 02
X6	157. 68	163. 90	153. 88	136. 73	140. 87	118. 65
X7	251. 95	230. 33	351. 95	266. 78	334. 13	312. 56
X8	42. 97	81. 67	109. 19	128. 73	130. 97	145. 02
X9	440. 41	751. 04	552. 33	623. 12	527. 51	452. 99
X10	62 080. 28	62 745. 67	64 162. 43	72 706. 53	81 191. 16	82 243. 90
X11	8. 82	8. 46	8. 46	6. 94	6. 80	5. 90
X12	0. 81	0. 66	0. 78	0. 43	1. 39	0. 21
X13	32. 08	28. 70	9. 59	9. 13	4. 57	14. 50
X14	32. 33	33. 34	34. 99	36. 32	37. 36	40. 61
X15	1. 70	1. 80	8. 70	1. 50	7. 00	9. 80
X16	900. 40	882. 75	903. 25	947. 41	950. 57	969. 51
X17	5. 33	5. 85	7. 01	6. 17	7. 33	5. 73
X18	3. 66	3. 62	3. 72	3. 59	4. 30	4. 18
X19	54. 53	56. 02	57. 83	59. 52	61. 11	63. 72
X20	79. 54	81. 85	94. 35	70. 12	81. 40	97. 90
X21	219. 70	245. 93	262. 56	257. 37	252. 28	202. 98
X22	100. 00	100. 00	100. 00	100. 00	100. 00	100. 00
X23	124. 83	117. 47	111. 01	109. 85	109. 90	110. 59
X24	206. 56	94. 82	183. 42	197. 45	80. 49	230. 69
X25	33. 47	31. 16	31. 50	30. 86	30. 59	31. 59
X26	27. 17	25. 71	25. 12	24. 74	23. 52	23. 19
X27	14 126. 32	15 960. 16	18 770. 34	21 478. 63	24 360. 18	26 951. 86
X28	26 194. 69	29 302. 37	32 661. 56	35 078. 12	38 504. 81	41 967. 78
X29	24 511. 35	28 163. 11	30 485. 20	33 718. 59	37 924. 37	42 302. 56
X30	17. 18	17. 57	16. 52	16. 18	16. 58	15. 17
X31	35. 51	35. 77	37. 12	39. 94	40. 12	37. 50
X32	36. 31	40. 10	39. 89	36. 86	37. 13	35. 42
X33	4. 52	5. 14	4. 88	4. 65	6. 66	5. 75
X34	88. 17	94. 54	100. 00	100. 00	100. 00	100. 00
X35	100. 00	94. 50	100. 00	100. 00	100. 00	99. 52
X36	41. 21	43. 68	45. 45	46. 95	46. 13	46. 51

续表

指标	2016 年	2017 年	2018 年	2019 年	2020 年	2021 年
X37	67. 20	60. 76	64. 85	88. 94	88. 44	100. 00
X38	100. 00	99. 59	100. 00	100. 00	100. 00	100. 00
X39	98. 07	99. 77	98. 41	99. 14	97. 89	100. 00
X40	49. 27	50. 09	49. 35	49. 71	49. 51	48. 23
X41	53. 45	58. 58	62. 30	58. 81	57. 52	59. 41
X42	0. 32	0. 34	0. 18	0. 14	0. 45	0. 34
X43	50. 66	50. 22	50. 90	53. 90	51. 27	51. 95
X44	2. 35	2. 79	2. 78	3. 29	3. 55	3. 64
X45	3. 11	3. 44	4. 04	4. 57	4. 75	4. 27
X46	7. 08	7. 27	8. 33	10. 86	11. 47	9. 17
X47	47. 06	42. 83	44. 32	48. 75	39. 06	39. 61
X48	53. 11	61. 27	58. 89	65. 12	60. 23	72. 46
X49	52. 50	61. 52	70. 12	62. 13	63. 80	76. 36
X50	47. 29	50. 91	58. 00	62. 65	72. 81	84. 82

6.4　三种预测模型的预测结果误差对比分析

为了分析和比较这三种模型的预测精度，说明各种预测方法的有效性，按照预测效果评价原则和惯例。选取 2011～2015 年预测值与实际值数据，采用误差公式（5.53）、公式（5.54）、公式（5.55）、公式（5.56）分别计算三种模型的平方和误差（SSE）、平均绝对误差（MAE）、均方误差（MSE）以及平均绝对百分比误差（MAPE）。

6.4.1　等维新息灰色 DGM（1，1）模型单项指标预测误差

采用误差公式（5.53）、公式（5.54）、公式（5.55）、公式（5.56）分别计算 2011～2015 年预测值与实际值误差。等维新息灰色 DGM（1，1）模型单项指标预测误差计算结果，见表 6-15。

表6-15　等维新息灰色 DGM (1, 1) 模型单项指标预测误差

指标	名称	2011年	2012年	2013年	2014年	2015年	2011年残差	2012年残差	2013年残差	2014年残差	2015年残差	平均绝对误差(MAE)	平方和误差(SSE)	均方误差(MSE)	平均绝对百分比误差(MAPE)
X1	实际值	2.08	2.46	1.94	0.88	2.31						0.56	0.46	0.30	0.34
	预测值	1.81	1.76	1.94	1.57	1.19	0.27	0.70	0.01	-0.69	1.13				0.00
X2	实际值	3.95	4.77	3.51	2.74	2.81						0.40	0.45	0.30	0.10
	预测值	3.99	3.30	3.75	2.96	2.75	-0.04	1.47	-0.24	-0.22	0.06				0.00
X3	实际值	11 934.07	9 833.25	12 757.95	10 292.82	12 480.04						1 858.47	5 943 595.25	1 090.28	0.16
	预测值	13 181.04	9 741.77	8 021.08	12 421.98	11 392.20	-1 246.97	91.48	4 736.87	-2 129.16	1 087.85	0.00			0.00
X4	实际值	8.00	7.47	5.91	6.67	15.82						4.76	40.95	2.86	0.50
	预测值	17.91	7.64	3.51	5.31	5.88	-9.91	-0.17	2.40	1.36	9.94				0.00
X5	实际值	0.19	0.18	0.13	0.09	0.17						0.07	0.01	0.04	0.58
	预测值	0.25	0.18	0.03	0.20	0.09	-0.06	0.00	0.10	-0.11	0.08	0.00			0.00
X6	实际值	171.80	162.27	169.13	147.25	152.10						8.83	148.74	5.45	0.06
	预测值	168.41	179.42	169.83	168.06	150.01	3.39	-17.15	-0.70	-20.82	2.09				0.00
X7	实际值	360.76	238.38	269.12	323.06	312.62						121.28	18 623.96	61.03	0.42
	预测值	526.58	449.69	297.99	217.34	217.96	-165.82	-211.31	-28.87	105.72	94.66	0.00	0.00	0.00	0.00

续表

指标	名称	2011年	2012年	2013年	2014年	2015年	2011年残差	2012年残差	2013年残差	2014年残差	2015年残差	平均绝对误差(MAE)	平方和误差(SSE)	均方误差(MSE)	平均绝对百分比误差(MAPE)
X8	实际值	62.20	41.10	46.40	55.70	53.90	-28.59	-36.43	-4.98	18.23	16.32	20.91	553.63	10.52	0.42
	预测值	90.79	77.53	51.38	37.47	37.58						0.00	0.00	0.00	0.00
X9	实际值	622.00	411.00	464.00	557.00	539.00	-227.57	-370.17	-116.65	103.21	138.66	191.25	46 459.35	96.39	0.39
	预测值	849.57	781.17	580.65	453.79	400.34						0.00	0.00	0.00	0.00
X10	实际值	40 627.00	43 980.00	48 544.00	52 421.00	54 457.00	443.20	-1 199.45	-1 235.06	-1 312.38	-2 779.98	1 394.01	2 522 216.90	710.24	0.03
	预测值	40 183.80	45 179.45	49 779.06	53 733.38	57 236.98						0.00	0.00	0.00	0.00
X11	实际值	15.82	7.90	10.18	8.02	8.80	5.20	-4.65	1.81	-0.56	-0.10	2.46	10.46	1.45	0.24
	预测值	10.62	12.55	8.36	8.58	8.90						0.00	0.00	0.00	0.00
X12	实际值	1.10	1.03	0.98	0.93	0.93	-0.60	-0.28	-0.03	0.12	0.26	0.26	0.10	0.14	0.25
	预测值	1.71	1.30	1.01	0.80	0.68						0.00	0.00	0.00	0.00
X13	实际值	48.18	46.72	44.81	36.60	33.15	1.39	3.30	7.17	2.98	-0.26	3.02	14.63	1.71	0.07
	预测值	46.80	43.42	37.64	33.61	33.41						0.00	0.00	0.00	0.00
X14	实际值	26.70	28.90	29.60	30.80	32.10	0.15	1.95	0.89	-0.29	-0.27	0.71	0.95	0.44	0.02
	预测值	26.55	26.95	28.71	31.09	32.37						0.00	0.00	0.00	0.00

续表

指标	名称	2011年	2012年	2013年	2014年	2015年	2011年残差	2012年残差	2013年残差	2014年残差	2015年残差	平均绝对误差(MAE)	平方和误差(SSE)	均方误差(MSE)	平均绝对百分比误差(MAPE)
X15	实际值	36.2	22.9	18	9.0	6.6	-1.04	-0.95	-0.04	-0.26	-0.05	0.47	0.41	0.29	0.22
	预测值	46.6	32.4	18.4	11.6	7.1									
X16	实际值	894.00	898.00	901.00	905.00	911.00	14.97	-20.80	-1.70	0.31	2.64	8.09	133.37	5.16	0.01
	预测值	879.03	918.80	902.70	904.69	908.36									
X17	实际值	4.80	4.77	5.20	5.15	5.77	0.13	0.15	0.47	-0.04	0.41	0.24	0.09	0.13	0.05
	预测值	4.67	4.62	4.73	5.19	5.36									
X18	实际值	4.00	3.96	4.10	3.82	3.97	-0.20	-0.28	0.06	-0.29	0.03	0.17	0.04	0.09	0.04
	预测值	4.20	4.24	4.04	4.11	3.94									
X19	实际值	48.80	50.72	52.02	53.21	54.85	-0.39	0.64	0.31	-0.20	-0.32	0.37	0.16	0.18	0.01
	预测值	49.19	50.08	51.71	53.41	55.17									
X20	实际值	78.90	78.60	73.20	82.30	80.70	-2.87	-11.96	-16.05	5.56	1.65	7.62	88.46	4.21	0.10
	预测值	81.77	90.56	89.25	76.74	79.05									
X21	实际值	314.00	315.00	290.00	248.00	173.00	-28.62	-12.34	-33.57	-55.90	-94.74	45.04	2 839.95	23.83	0.20
	预测值	342.62	327.34	323.57	303.90	267.74									

续表

指标	名称	2011年	2012年	2013年	2014年	2015年	2011年残差	2012年残差	2013年残差	2014年残差	2015年残差	平均绝对误差(MAE)	平方和误差(SSE)	均方误差(MSE)	平均绝对百分比误差(MAPE)
X22	实际值	100	100	100	100	100	0.00	0.00	0.00	0.00	0.00	0.00	0.00	0.00	0.00
	预测值	100	100	100	100	100									
X23	实际值	132.00	130.00	127.00	126.00	123.00	-2.69	1.26	2.15	3.89	0.16	2.03	5.73	1.07	0.02
	预测值	134.69	128.74	124.85	122.11	122.84									
X24	实际值	337.47	141.42	148.23	219.51	313.61	35.33	-226.55	-63.49	83.20	171.57	116.03	18 592.71	60.98	0.61
	预测值	302.14	367.97	211.72	136.31	142.04									
X25	实际值	31.55	32.10	32.76	33.16	31.43	-0.70	0.26	0.97	1.24	-0.80	0.80	0.74	0.38	0.02
	预测值	32.25	31.84	31.79	31.92	32.23									
X26	实际值	28.60	27.10	28.00	27.50	26.34	-0.97	-1.14	1.59	1.24	-0.04	1.00	1.26	0.50	0.04
	预测值	29.57	28.24	26.41	26.26	26.38									
X27	实际值	8 902.00	10 113.00	11 367.00	12 518.00	13 751.00	406.45	231.44	-108.92	-609.85	-580.53	387.44	187 912.52	193.86	0.03
	预测值	8 495.55	9 881.56	11 475.92	13 127.85	14 331.53									
X28	实际值	18 210.65	20 352.28	22 159.99	24 154.83	25 236.00	-109.82	111.40	-257.91	-511.08	-1 785.95	555.23	708 364.15	376.39	0.02
	预测值	18 320.47	20 240.88	22 417.90	24 665.91	27 021.95									

续表

指标	名称	2011年	2012年	2013年	2014年	2015年	2011年残差	2012年残差	2013年残差	2014年残差	2015年残差	平均绝对误差(MAE)	平方和误差(SSE)	均方误差(MSE)	平均绝对百分比误差(MAPE)
X29	实际值	15 464.17	17 481.60	19 697.87	21 589.78	25 207.82	-691.74	-121.44	632.37	45.52	933.11	484.84	353 182.88	265.78	0.02
	预测值	16 155.91	17 603.04	19 065.50	21 544.26	24 274.71									
X30	实际值	13.72	12.35	12.22	16.00	17.38	0.88	-1.35	-0.88	3.47	2.24	1.76	4.08	0.90	0.12
	预测值	12.84	13.70	13.10	12.53	15.14									
X31	实际值	31.30	32.30	33.20	33.50	35.30	3.03	-0.18	-0.44	-1.32	0.34	1.06	2.25	0.67	0.03
	预测值	28.27	32.48	33.64	34.82	34.96									
X32	实际值	39.60	38.51	37.11	37.06	40.00	0.73	-1.03	-2.97	-2.50	0.80	1.60	3.45	0.83	0.04
	预测值	38.87	39.54	40.08	39.56	39.20									
X33	实际值	4.63	4.18	4.26	4.46	11.80	-0.23	-1.16	-1.61	-1.97	4.73	1.94	6.05	1.10	0.31
	预测值	4.86	5.34	5.86	6.44	7.07									
X34	实际值	85.60	86.10	87.30	87.50	89.60	-8.07	-11.23	-10.96	-9.11	-0.48	7.97	78.92	3.97	0.09
	预测值	93.67	97.33	98.26	96.61	90.08									
X35	实际值	85.81	87.01	97.30	97.40	98.30	-2.95	-2.88	6.27	5.21	4.94	4.45	21.55	2.08	0.05
	预测值	88.76	89.89	91.03	92.19	93.36									

续表

指标	名称	2011年	2012年	2013年	2014年	2015年	2011年残差	2012年残差	2013年残差	2014年残差	2015年残差	平均绝对误差(MAE)	平方和误差(SSE)	均方误差(MSE)	平均绝对百分比误差(MAPE)
X36	实际值	46.30	49.50	48.40	45.60	49.20	3.31	5.22	1.43	-2.71	-0.11	2.55	9.51	1.38	0.05
	预测值	42.99	44.28	46.97	48.31	49.31									
X37	实际值	26.55	28.27	32.70	49.63	51.20	-0.08	2.56	7.45	22.98	7.95	8.20	130.70	5.11	0.19
	预测值	26.63	25.71	25.25	26.65	43.25									
X38	实际值	98.30	97.60	99.10	99.60	99.20	1.10	-1.21	0.09	0.55	-0.49	0.69	0.65	0.36	0.01
	预测值	97.20	98.81	99.01	99.05	99.69									
X39	实际值	98.80	99.10	99.30	99.10	99.50	0.71	-0.34	-0.70	-0.90	-0.50	0.63	0.43	0.29	0.01
	预测值	98.09	99.44	100.00	100.00	100.00									
X40	实际值	48.99	48.80	49.60	49.77	49.80	1.19	-0.27	-0.61	-1.71	-0.77	0.91	1.07	0.46	0.02
	预测值	47.80	49.07	50.21	51.48	50.57									
X41	实际值	61.69	59.57	58.90	57.51	60.03	-11.54	-7.89	-6.09	-5.41	0.45	6.28	52.41	3.24	0.10
	预测值	73.23	67.46	64.99	62.92	59.58									
X42	实际值	0.30	0.38	0.20	0.19	0.20	-0.08	0.05	-0.15	-0.04	-0.05	0.07	0.01	0.04	0.32
	预测值	0.39	0.33	0.36	0.22	0.25									

续表

指标	名称	2011年	2012年	2013年	2014年	2015年	2011年残差	2012年残差	2013年残差	2014年残差	2015年残差	平均绝对误差(MAE)	平方和误差(SSE)	均方误差(MSE)	平均绝对百分比误差(MAPE)
X43	实际值	44.78	44.77	46.11	44.59	48.37	-9.70	-15.16	-9.51	-8.41	-1.75	8.91	97.65	4.42	0.20
	预测值	54.48	59.93	55.62	52.99	50.12									
X44	实际值	1.94	2.46	2.45	2.19	2.31	-0.09	0.48	-0.09	-0.55	-0.24	0.29	0.12	0.16	0.13
	预测值	2.03	1.98	2.54	2.74	2.55									
X45	实际值	2.19	2.44	2.40	2.43	2.55	0.95	-0.06	-1.19	-0.59	-0.25	0.61	0.54	0.33	0.26
	预测值	1.24	2.50	3.59	3.02	2.80									
X46	实际值	13.52	2.02	2.08	2.51	4.63	5.52	-5.71	-5.39	-4.70	-2.34	4.73	23.93	2.19	1.64
	预测值	8.01	7.73	7.47	7.21	6.96									
X47	实际值	35.86	35.33	40.95	43.09	42.12	-3.51	-5.14	-0.65	0.33	-1.83	2.29	8.52	1.31	0.06
	预测值	39.37	40.47	41.60	42.76	43.95									
X48	实际值	42.86	46.03	48.50	50.32	60.97	3.61	1.99	-1.47	-2.65	6.61	3.27	13.98	1.67	0.06
	预测值	39.25	44.04	49.97	52.97	54.36									
X49	实际值	47.53	47.67	49.59	52.45	57.56	9.21	4.73	-0.06	-0.87	2.72	3.52	23.06	2.15	0.07
	预测值	38.32	42.94	49.65	53.32	54.84									

续表

指标	名称	2011年	2012年	2013年	2014年	2015年	2011年残差	2012年残差	2013年残差	2014年残差	2015年残差	平均绝对误差(MAE)	平方和误差(SSE)	均方误差(MSE)	平均绝对百分比误差(MAPE)
X50	实际值	26.23	31.06	34.12	39.21	43.50	-1.10	5.47	5.58	3.56	-0.53	3.25	15.04	1.73	0.10
	预测值	27.33	25.59	28.54	35.65	44.03	—	—	—	—	—				
—	平均值	—	—	—	—	—	—	—	—	—	—	105.63	196 065.64	58.97	17.62

6.4.2 RBF 神经网络模型单项指标预测误差

采用公式（5.53）、公式（5.54）、公式（5.55）、公式（5.56）分别计算 2011～2015 年预测值与实际值误差。RBF 神经网络模型单项指标预测误差计算结果，见表 6－16。

表 6－16   RBF 神经网络模型单项指标的预测误差

指标	名称	2011年	2012年	2013年	2014年	2015年	2011年残差	2012年残差	2013年残差	2014年残差	2015年残差	平均绝对误差(MAE)	平方和误差(SSE)	均方误差(MSE)	平均绝对百分比误差(MAPE)
X1	实际值	2.08	2.46	1.94	0.88	2.31	0.00	0.63	0.15	-0.96	0.27	0.40	0.28	0.24	0.31
	预测值	2.09	1.83	1.79	1.84	2.04									0.00

续表

指标	名称	2011年	2012年	2013年	2014年	2015年	2011年残差	2012年残差	2013年残差	2014年残差	2015年残差	平均绝对误差（MAE）	平方和误差（SSE）	均方误差（MSE）	平均绝对百分比误差（MAPE）
X2	实际值	3.95	4.77	3.51	2.74	2.81	-1.07	0.14	0.02	-0.06	0.06	0.27	0.23	0.22	0.07
	预测值	5.03	4.63	3.49	2.80	2.75									0.00
X3	实际值	11 934.07	9 833.25	12 757.95	10 292.82	12 480.04	11.85	-1 279.69	1 809.95	-863.98	119.31	816.96	1 134 870.96	476.42	0.07
	预测值	11 922.21	11 112.94	10 948.00	11 156.80	12 360.73									0.00
X4	实际值	8.00	7.47	5.91	6.67	15.82	-0.87	1.30	-0.16	0.08	-0.01	0.48	0.50	0.32	0.06
	预测值	8.87	6.17	6.07	6.59	15.83									0.00
X5	实际值	0.19	0.18	0.13	0.09	0.17	0.07	0.06	0.01	-0.03	0.05	0.04	0.00	0.02	0.29
	预测值	0.12	0.12	0.12	0.12	0.12									0.00
X6	实际值	171.80	162.27	169.13	147.25	152.10	3.14	-6.32	3.75	-4.23	3.28	4.14	18.50	1.92	0.03
	预测值	168.67	168.58	165.37	151.48	148.82									0.00
X7	实际值	360.76	238.38	269.12	323.06	312.62	-0.03	-1.72	-1.40	7.91	-6.93	3.60	23.09	2.15	0.01
	预测值	360.79	240.10	270.52	315.15	319.55									0.00
X8	实际值	62.20	41.10	46.40	55.70	53.90	-0.01	-0.31	-0.24	1.37	-1.20	0.63	0.69	0.37	0.01
	预测值	62.21	41.41	46.64	54.33	55.10									0.00

续表

指标	名称	2011年	2012年	2013年	2014年	2015年	2011年残差	2012年残差	2013年残差	2014年残差	2015年残差	平均绝对误差(MAE)	平方和误差(SSE)	均方误差(MSE)	平均绝对百分比误差(MAPE)
X9	实际值	622.00	411.00	464.00	557.00	539.00	-0.10	-2.96	-2.37	13.41	-11.76	6.12	66.51	3.65	0.01
	预测值	622.10	413.96	466.37	543.59	550.76									0.00
X10	实际值	40 627.00	43 980.00	48 544.00	52 421.00	54 457.00	-157.13	21.20	185.22	-499.31	533.40	279.25	118 655.66	154.05	0.01
	预测值	40 784.13	43 958.80	48 358.78	52 920.31	53 923.60									0.00
X11	实际值	15.82	7.90	10.18	8.02	8.80	1.50	-1.56	1.78	-0.40	0.04	1.06	1.60	0.57	0.10
	预测值	14.32	9.46	8.40	8.43	8.76									0.00
X12	实际值	1.10	1.03	0.98	0.93	0.93	-0.03	0.04	0.01	-0.02	0.00	0.00	0.00	0.01	0.02
	预测值	1.14	0.99	0.97	0.95	0.93									0.00
X13	实际值	48.18	46.72	44.81	36.60	33.15	-1.46	0.63	1.37	-0.65	-0.48	0.92	1.01	0.45	0.02
	预测值	49.64	46.10	43.44	37.25	33.63									0.00
X14	实际值	26.70	28.90	29.60	30.80	32.10	-0.20	0.16	-0.13	0.03	-0.01	0.11	0.02	0.06	0.00
	预测值	26.90	28.74	29.73	30.77	32.11									0.00
X15	实际值	3.62	2.29	1.80	0.90	0.66	0.01	-0.07	0.08	-0.05	-0.02	0.05	0.00	0.02	0.03
	预测值	3.60	2.36	1.72	0.95	0.68									0.00
X16	实际值	894.00	898.00	901.00	905.00	911.00	-1.88	0.05	1.15	-0.66	0.72	0.89	1.17	0.48	0.00
	预测值	895.88	897.95	899.85	905.66	910.28									0.00

续表

指标	名称	2011年	2012年	2013年	2014年	2015年	2011年残差	2012年残差	2013年残差	2014年残差	2015年残差	平均绝对误差（MAE）	平方和误差（SSE）	均方误差（MSE）	平均绝对百分比误差（MAPE）
X17	实际值	4.80	4.77	5.20	5.15	5.77	-0.03	-0.09	0.24	-0.10	0.02	0.10	0.02	0.06	0.02
	预测值	4.83	4.86	4.96	5.25	5.75									
X18	实际值	4.00	3.96	4.10	3.82	3.97	0.05	-0.05	0.04	0.00	0.00	0.03	0.00	0.02	0.01
	预测值	3.95	4.01	4.06	3.82	3.97									
X19	实际值	48.80	50.72	52.02	53.21	54.85	0.07	-0.05	0.07	-0.10	0.21	0.10	0.01	0.05	0.00
	预测值	48.73	50.77	51.95	53.31	54.64									
X20	实际值	78.90	78.60	73.20	82.30	80.70	1.51	1.07	-4.88	2.10	-1.24	2.16	6.64	1.15	0.03
	预测值	77.39	77.53	78.08	80.20	81.94									
X21	实际值	314.00	315.00	290.00	248.00	173.00	-1.33	3.16	-0.91	0.30	-0.10	1.16	2.53	0.71	0.00
	预测值	315.33	311.84	290.91	247.70	173.10									
X22	实际值	100	100	100	100	100	0.00	0.00	0.00	0.00	0.00	0.00	0.00	0.00	0.00
	预测值	100	100	100	100	100									
X23	实际值	132.00	130.00	127.00	126.00	123.00	0.43	0.06	-0.74	1.18	-0.83	0.65	0.56	0.34	0.01
	预测值	131.57	129.94	127.74	124.82	123.83									
X24	实际值	337.47	141.42	148.23	219.51	313.61	16.46	-4.51	6.57	-0.49	0.84	5.77	67.09	3.66	0.03
	预测值	321.01	145.93	141.66	220.00	312.77									

续表

指标	名称	2011年	2012年	2013年	2014年	2015年	2011年残差	2012年残差	2013年残差	2014年残差	2015年残差	平均绝对误差(MAE)	平方和误差(SSE)	均方误差(MSE)	平均绝对百分比误差(MAPE)
X25	实际值	31.55	32.10	32.76	33.16	31.43	-0.83	-0.26	0.42	0.92	-0.32	0.55	0.38	0.27	0.02
	预测值	32.38	32.36	32.34	32.24	31.75									
X26	实际值	28.60	27.10	28.00	27.50	26.34	0.07	-0.65	0.46	0.26	-0.29	0.35	0.16	0.18	0.00
	预测值	28.53	27.75	27.54	27.24	26.63									
X27	实际值	8 902.00	10 113.00	11 367.00	12 518.00	13 751.00	16.57	-147.25	155.61	-81.92	117.66	103.80	13 345.68	51.66	0.01
	预测值	8 885.43	10 260.25	11 211.39	12 599.92	13 633.34									
X28	实际值	18 210.65	20 352.28	22 159.99	24 154.83	25 236.00	-96.12	-34.70	112.00	-119.42	158.89	104.23	12 498.92	50.00	0.00
	预测值	18 306.77	20 386.98	22 047.99	24 274.25	25 077.11									
X29	实际值	15 464.17	17 481.60	19 697.87	21 589.78	25 207.82	165.99	-160.66	199.03	-194.46	354.05	214.84	51 229.13	101.22	0.01
	预测值	15 298.18	17 642.26	19 498.84	21 784.24	24 853.77									
X30	实际值	13.72	12.35	12.22	16.00	17.38	0.98	-0.13	-0.02	0.01	0.04	0.23	0.19	0.20	0.02
	预测值	12.74	12.48	12.24	15.99	17.34									
X31	实际值	31.30	32.30	33.20	33.50	35.30	-0.03	-0.16	0.30	-0.25	0.29	0.20	0.05	0.10	0.01
	预测值	31.33	32.46	32.90	33.75	35.01									
X32	实际值	39.60	38.51	37.11	37.06	40.00	0.50	-0.41	0.13	-0.07	0.17	0.25	0.09	0.14	0.01
	预测值	39.10	38.92	36.98	37.13	39.83									

续表

指标	名称	2011年	2012年	2013年	2014年	2015年	2011年残差	2012年残差	2013年残差	2014年残差	2015年残差	平均绝对误差(MAE)	平方和误差(SSE)	均方误差(MSE)	平均绝对百分比误差(MAPE)
X33	实际值	4.63	4.18	4.26	4.46	11.80	0.08	-0.28	0.15	-0.03	0.10	0.13	0.02	0.07	0.03
	预测值	4.55	4.46	4.11	4.49	11.70									
X34	实际值	85.60	86.10	87.30	87.50	89.60	-0.99	0.58	0.11	-1.03	0.77	0.70	0.60	0.35	0.01
	预测值	86.59	85.52	87.19	88.53	88.83									
X35	实际值	85.81	87.01	97.30	97.40	98.30	-0.16	-0.98	0.42	-0.90	0.00	0.49	0.39	0.28	0.01
	预测值	85.97	87.99	96.88	98.30	98.30									
X36	实际值	46.30	49.50	48.40	45.60	49.20	0.01	0.05	0.00	0.00	0.00	0.01	0.00	0.01	0.00
	预测值	46.29	49.45	48.40	45.60	49.20									
X37	实际值	26.55	28.27	32.70	49.63	51.20	-0.52	0.38	-0.02	0.00	-2.63	0.71	1.46	0.54	0.02
	预测值	27.07	27.89	32.72	49.63	53.83									
X38	实际值	98.30	97.60	99.10	99.60	99.20	0.72	-0.94	0.71	0.64	-0.80	0.76	0.59	0.34	0.01
	预测值	97.58	98.54	98.39	98.96	100.00									
X39	实际值	98.80	99.10	99.30	99.10	99.50	0.53	1.01	-0.11	-0.77	-0.12	0.51	0.38	0.28	0.01
	预测值	98.27	98.09	99.41	99.87	99.62									
X40	实际值	48.99	48.80	49.60	49.77	49.80	0.30	0.99	0.01	-0.59	-0.86	0.55	0.43	0.29	0.01
	预测值	48.69	47.81	49.59	50.36	50.66									

续表

指标	名称	2011年	2012年	2013年	2014年	2015年	2011年残差	2012年残差	2013年残差	2014年残差	2015年残差	平均绝对误差(MAE)	平方和误差(SSE)	均方误差(MSE)	平均绝对百分比误差(MAPE)
X41	实际值	61.69	59.57	58.90	57.51	60.03	-0.49	-1.01	1.07	-1.09	2.23	1.18	1.71	0.59	0.02
	预测值	62.18	60.58	57.83	58.60	57.80									
X42	实际值	0.30	0.38	0.20	0.19	0.20	-0.02	0.04	-0.04	-0.05	0.03	0.04	0.00	0.02	0.15
	预测值	0.32	0.34	0.24	0.24	0.17									
X43	实际值	44.78	44.77	46.11	44.59	48.37	-0.46	0.32	1.87	-1.48	4.31	1.69	4.91	0.99	0.04
	预测值	45.24	44.45	44.24	46.07	44.06									
X44	实际值	1.94	2.46	2.45	2.19	2.31	0.00	-0.01	0.00	0.00	-0.23	0.05	0.01	0.05	0.02
	预测值	1.94	2.46	2.45	2.19	2.54									
X45	实际值	2.19	2.44	2.40	2.43	2.55	0.00	0.00	0.00	0.00	-0.04	0.01	0.00	0.01	0.00
	预测值	2.19	2.44	2.40	2.43	2.59									
X46	实际值	13.52	2.02	2.08	2.51	4.63	1.12	-0.32	0.45	0.05	0.79	0.55	0.44	0.30	0.13
	预测值	12.40	2.34	1.62	2.46	3.84									
X47	实际值	35.86	35.33	40.95	43.09	42.12	-0.72	0.38	-0.14	0.61	1.97	0.76	0.99	0.44	0.02
	预测值	36.58	34.95	41.09	42.48	40.15									
X48	实际值	42.86	46.03	48.50	50.32	60.97	2.33	-0.19	-0.82	0.05	1.66	1.01	1.78	0.60	0.02
	预测值	40.53	46.22	49.32	50.27	59.31									

续表

指标	名称	2011年	2012年	2013年	2014年	2015年	2011年残差	2012年残差	2013年残差	2014年残差	2015年残差	平均绝对误差(MAE)	平方和误差(SSE)	均方误差(MSE)	平均绝对百分比误差(MAPE)
X49	实际值	47.53	47.67	49.59	52.45	57.56									
	预测值	48.85	47.95	49.72	51.81	57.81	−1.32	−0.28	−0.13	0.64	−0.25	0.52	0.46	0.30	0.01
X50	实际值	26.23	31.06	34.12	39.21	43.50									
	预测值	26.20	31.18	33.47	39.43	64.74	0.03	−0.12	0.65	−0.22	−21.24	4.45	90.32	4.25	0.10
	平均值		—	—	—		—	—	—	—	—	31.27	26 617.92	17.21	0.04

6.4.3 灰色神经网 (DGM—RBF) 组合预测模型单项指标预测误差

采用公式 (5.53)、公式 (5.54)、公式 (5.55)、公式 (5.56) 分别计算 2011~2015 年预测值与实际值误差。灰色神经网 (DGM—RBF) 组合预测模型单项指标预测误差计算结果,见表 6-17。

表 6-17　灰色神经网 (DGM—RBF) 组合预测模型单项指标预测误差

指标	名称	2011年	2012年	2013年	2014年	2015年	2011年残差	2012年残差	2013年残差	2014年残差	2015年残差	平均绝对误差(MAE)	平方和误差(SSE)	均方误差(MSE)	平均绝对百分比误差(MAPE)
X1	实际值	2.08	2.46	1.94	0.88	2.31									
	预测值	2.07	2.48	1.94	0.88	2.31	0.01	−0.02	0.00	0.00	0.00	0.01	0.00	0.01	0.00

续表

指标	名称	2011年	2012年	2013年	2014年	2015年	2011年残差	2012年残差	2013年残差	2014年残差	2015年残差	平均绝对误差(MAE)	平方和误差(SSE)	均方误差(MSE)	平均绝对百分比误差(MAPE)
X2	实际值	3.95	4.77	3.51	2.74	2.81	0.01	0.04	0.03	0.02	-0.09	0.04	0.00	0.02	0.01
	预测值	3.94	4.73	3.48	2.72	2.90									
X3	实际值	11 934.07	9 833.25	12 757.95	10 292.82	12 480.04	1.85	-99.69	809.95	136.02	19.31	213.37	136 966.63	165.51	0.02
	预测值	11 932.21	9 932.94	11 948.00	10 156.80	12 460.73									
X4	实际值	8.00	7.47	5.91	6.67	15.82	-0.02	0.03	0.00	0.00	4.32	0.87	3.73	0.86	0.06
	预测值	8.02	7.44	5.91	6.67	11.50									
X5	实际值	0.19	0.18	0.13	0.09	0.17	0.00	0.01	0.03	-0.04	0.05	0.03	0.00	0.01	0.21
	预测值	0.19	0.17	0.10	0.12	0.12									
X6	实际值	171.80	162.27	169.13	147.25	152.10	-0.01	0.00	0.00	0.09	1.32	0.29	0.35	0.27	0.00
	预测值	171.82	162.27	169.13	147.16	150.78									
X7	实际值	360.76	238.38	269.12	323.06	312.62	-0.08	0.00	0.00	0.00	3.73	0.76	2.79	0.75	0.00
	预测值	360.84	238.38	269.12	323.06	308.89									
X8	实际值	62.20	41.10	46.40	55.70	53.90	-0.11	0.00	0.00	0.00	-7.63	1.55	11.63	1.53	0.03
	预测值	62.31	41.10	46.40	55.70	61.53									
X9	实际值	622.00	411.00	464.00	557.00	539.00	-11.67	0.00	0.07	-0.02	5.23	3.40	32.70	2.56	0.01
	预测值	633.67	411.00	463.93	557.02	533.77									

续表

指标	名称	2011年	2012年	2013年	2014年	2015年	2011年残差	2012年残差	2013年残差	2014年残差	2015年残差	平均绝对误差(MAE)	平方和误差(SSE)	均方误差(MSE)	平均绝对百分比误差(MAPE)
X10	实际值	40 627.00	43 980.00	48 544.00	52 421.00	54 457.00	424.57	1.89	25.36	-874.85	-532.15	371.76	245 890.38	221.76	0.01
	预测值	40 202.43	43 978.11	48 518.64	53 295.85	54 989.15									
X11	实际值	15.82	7.90	10.18	8.02	8.80	-0.03	0.00	-0.01	0.00	0.27	0.06	0.01	0.05	0.01
	预测值	15.85	7.90	10.18	8.02	8.53						0.00			
X12	实际值	1.10	1.03	0.98	0.93	0.93	-0.01	0.00	0.00	0.00	0.17	0.04	0.01	0.03	0.04
	预测值	1.12	1.03	0.98	0.93	0.76									
X13	实际值	48.18	46.72	44.81	36.60	33.15	0.00	0.00	0.00	0.00	0.45	0.09	0.04	0.09	0.00
	预测值	48.18	46.72	44.81	36.60	32.70									
X14	实际值	26.70	28.90	29.60	30.80	32.10	0.03	0.01	0.01	-0.04	-0.18	0.05	0.01	0.04	0.00
	预测值	26.67	28.89	29.59	30.84	32.28									
X15	实际值	3.62	2.29	1.80	0.90	0.66	0.01	0.02	-0.03	0.00	0.25	0.06	0.01	0.05	0.08
	预测值	3.60	2.27	1.83	0.90	0.41									
X16	实际值	894.00	898.00	901.00	905.00	911.00	0.00	0.00	0.00	0.00	-1.23	0.25	0.30	0.25	0.00
	预测值	894.00	898.00	901.00	905.00	912.23									
X17	实际值	4.80	4.77	5.20	5.15	5.77	-0.04	0.00	-0.03	-0.01	0.08	0.03	0.00	0.02	0.01
	预测值	4.84	4.77	5.23	5.16	5.69									

续表

指标	名称	2011年	2012年	2013年	2014年	2015年	2011年残差	2012年残差	2013年残差	2014年残差	2015年残差	平均绝对误差(MAE)	平方和误差(SSE)	均方误差(MSE)	平均绝对百分比误差(MAPE)
X18	实际值	4.00	3.96	4.10	3.82	3.97									
	预测值	4.00	3.96	4.10	3.82	3.62	0.00	0.00	0.00	0.00	0.35	0.07	0.03	0.07	0.02
X19	实际值	48.80	50.72	52.02	53.21	54.85									
	预测值	48.80	50.71	52.02	53.25	54.40	0.00	0.01	0.00	-0.04	0.45	0.10	0.04	0.09	0.00
X20	实际值	78.90	78.60	73.20	82.30	80.70									
	预测值	78.90	78.60	73.28	82.30	80.62	0.00	0.00	-0.08	0.00	0.08	0.03	0.00	0.02	0.00
X21	实际值	314.00	315.00	290.00	248.00	173.00									
	预测值	300.43	315.06	323.46	247.99	219.89	13.57	-0.06	-33.46	0.01	-46.89	18.80	700.45	11.84	0.09
X22	实际值	100	100	100	100	100									
	预测值	100	100	100	100	100	0.00	0.00	0.00	0.00	0.00	0.00	0.00	0.00	0.00
X23	实际值	132.00	130.00	127.00	126.00	123.00									
	预测值	132.00	130.00	127.00	126.00	123.24	0.00	0.00	0.00	0.00	-0.24	0.05	0.01	0.05	0.00
X24	实际值	337.47	141.42	148.23	219.51	313.61									
	预测值	298.10	141.46	148.22	219.51	313.00	39.37	-0.04	0.01	0.00	0.61	8.01	310.15	7.88	0.02
X25	实际值	31.55	32.10	32.76	33.16	31.43									
	预测值	31.55	32.11	32.84	33.15	31.26	0.00	-0.01	-0.08	0.01	0.17	0.06	0.01	0.04	0.00

续表

指标	名称	2011年	2012年	2013年	2014年	2015年	2011年残差	2012年残差	2013年残差	2014年残差	2015年残差	平均绝对误差(MAE)	平方和误差(SSE)	均方误差(MSE)	平均绝对百分比误差(MAPE)
X26	实际值	28.60	27.10	28.00	27.50	26.34	0.03	-0.09	0.01	-0.01	-0.08	0.04	0.00	0.02	0.00
	预测值	28.57	27.19	27.99	27.51	26.42									
X27	实际值	8 902.00	10 113.00	11 367.00	12 518.00	13 751.00	0.37	-35.08	-244.88	-6.29	-105.98	78.52	14 493.54	53.84	0.01
	预测值	8 901.63	10 148.08	11 611.88	12 524.29	13 856.98									
X28	实际值	18 210.65	20 352.28	22 159.99	24 154.83	25 236.00	225.73	-108.97	-259.31	0.00	-1 165.27	351.85	297 583.82	243.96	0.02
	预测值	17 984.92	20 461.25	22 419.30	24 154.83	26 401.27									
X29	实际值	15 464.17	17 481.60	19 697.87	21 589.78	25 207.82	0.00	186.53	0.00	-509.55	-46.88	148.59	59 326.12	108.93	0.01
	预测值	15 464.17	17 295.07	19 697.87	22 099.33	25 254.70									
X30	实际值	13.72	12.35	12.22	16.00	17.38	0.00	-0.07	0.00	0.05	0.26	0.08	0.01	0.05	0.00
	预测值	13.72	12.42	12.22	15.95	17.12									
X31	实际值	31.30	32.30	33.20	33.50	35.30	0.01	0.00	0.00	0.00	0.57	0.12	0.06	0.11	0.00
	预测值	31.29	32.30	33.20	33.50	34.73									
X32	实际值	39.60	38.51	37.11	37.06	40.00	-0.05	-0.01	0.01	-0.01	-0.07	0.03	0.00	0.02	0.00
	预测值	39.65	38.52	37.10	37.07	40.07									
X33	实际值	4.63	4.18	4.26	4.46	11.80	0.02	0.00	0.01	0.00	6.86	1.38	9.40	1.37	0.12
	预测值	4.61	4.18	4.26	4.46	4.94									

续表

指标	名称	2011年	2012年	2013年	2014年	2015年	2011年残差	2012年残差	2013年残差	2014年残差	2015年残差	平均绝对误差(MAE)	平方和误差(SSE)	均方误差(MSE)	平均绝对百分比误差(MAPE)
X34	实际值	85.60	86.10	87.30	87.50	89.60	0.00	0.02	-0.09	0.00	0.23	0.07	0.01	0.05	0.00
	预测值	85.60	86.08	87.39	87.50	89.37									
X35	实际值	85.81	87.01	97.30	97.40	98.30	0.00	0.00	0.00	0.00	5.57	1.12	6.20	1.11	0.01
	预测值	85.81	87.01	97.30	97.40	92.73									
X36	实际值	46.30	49.50	48.40	45.60	49.20	0.00	0.00	0.00	-0.06	-0.25	0.06	0.01	0.05	0.00
	预测值	46.30	49.50	48.40	45.66	49.45									
X37	实际值	26.55	28.27	32.70	49.63	51.20	0.01	0.00	0.00	0.00	-0.08	0.02	0.00	0.02	0.00
	预测值	26.54	28.27	32.70	49.63	51.28									
X38	实际值	98.30	97.60	99.10	99.60	99.20	0.01	-0.07	0.00	0.05	0.16	0.06	0.01	0.04	0.00
	预测值	98.29	97.67	99.10	99.55	99.04									
X39	实际值	98.80	99.10	99.30	99.10	99.50	0.00	0.00	0.02	0.01	0.07	0.02	0.00	0.01	0.00
	预测值	98.80	99.10	99.28	99.09	99.43									
X40	实际值	48.99	48.80	49.60	49.77	49.80	-0.01	0.00	0.01	0.03	-0.12	0.03	0.00	0.02	0.00
	预测值	49.00	48.80	49.59	49.74	49.92									
X41	实际值	61.69	59.57	58.90	57.51	60.03	-0.02	0.00	-0.08	-0.05	0.08	0.05	0.00	0.03	0.00
	预测值	61.71	59.57	58.98	57.56	59.95									

续表

指标	名称	2011年	2012年	2013年	2014年	2015年	2011年残差	2012年残差	2013年残差	2014年残差	2015年残差	平均绝对误差（MAE）	平方和误差（SSE）	均方误差（MSE）	平均绝对百分比误差（MAPE）
X42	实际值	0.30	0.38	0.20	0.19	0.20	0.01	-0.01	0.00	0.00	-0.07	0.02	0.00	0.01	0.08
	预测值	0.30	0.39	0.21	0.19	0.27									
X43	实际值	44.78	44.77	46.11	44.59	48.37	0.00	0.00	-0.01	0.00	2.95	0.59	1.74	0.59	0.01
	预测值	44.78	44.77	46.11	44.59	45.42									
X44	实际值	1.94	2.46	2.45	2.19	2.31	-0.02	0.08	0.00	0.00	0.01	0.02	0.00	0.02	0.01
	预测值	1.96	2.38	2.45	2.19	2.30									
X45	实际值	2.19	2.44	2.40	2.43	2.55	0.00	-0.01	0.00	0.00	0.02	0.01	0.00	0.00	0.00
	预测值	2.19	2.45	2.40	2.43	2.53									
X46	实际值	13.52	2.02	2.08	2.51	4.63	0.09	-0.05	0.00	0.00	0.40	0.11	0.03	0.08	0.02
	预测值	13.43	2.07	2.08	2.51	4.23									
X47	实际值	35.86	35.33	40.95	43.09	42.12	-0.01	0.00	0.00	0.00	-0.17	0.04	0.01	0.03	0.00
	预测值	35.87	35.33	40.95	43.09	42.29									
X48	实际值	42.86	46.03	48.50	50.32	60.97	0.00	0.03	0.03	0.00	2.63	0.54	1.38	0.53	0.01
	预测值	42.86	46.00	48.47	50.32	58.34									
X49	实际值	47.53	47.67	49.59	52.45	57.56	0.66	0.64	1.10	1.14	-0.60	0.83	0.74	0.38	0.02
	预测值	46.87	47.03	48.49	51.31	58.16									

指标	名称	2011年	2012年	2013年	2014年	2015年	2011年残差	2012年残差	2013年残差	2014年残差	2015年残差	平均绝对误差(MAE)	平方和误差(SSE)	均方误差(MSE)	平均绝对百分比误差(MAPE)
X50	实际值	26.23	31.06	34.12	39.21	43.50	0.00	0.00	0.00	0.03	-0.03	0.01	0.00	0.01	0.00
	预测值	26.23	31.06	34.12	39.18	43.53	—	—	—	—	—	1 203.97	755 342.39	825.08	0.94
	平均值	—	—	—	—	—	—	—	—	—	—	24.08	15 106.85	16.50	0.02

6.4.4 三种预测模型预测误差对比分析

（1）单项指标预测误差对比分析

为了考察三种预测模型的精度，本书选择数值较小和数值较大的典型单项指标万元 GDP 工业烟尘排放量和人口密度作为单项指标预测误差的范例。将三种模型预测结果，通过 excel2013 软件作图，考察三种模型的预测误差。其他指标不再一一列举。如图 6-6、图 6-7 所示。

由图 6-7、图 6-8 可见，从万元 GDP 工业烟尘排放量和人口密度两项指标三种模型的预测结果拟合曲线图来看，本书构建的等维新息灰色神经网络（DGM—RBF）组合预测模型要比其他两种单一预测模型的预测精度都高。等维新息灰色神经网络（DGM—RBF）组合模型预测结果与实践值拟合曲线几乎完全重合，其他两种模型预测结果均与实践值存在较大差距。因此，说明等维灰色神经网络（DGM—RBF）组合预测模型是一种预测精度较高的优势互补组合模型。

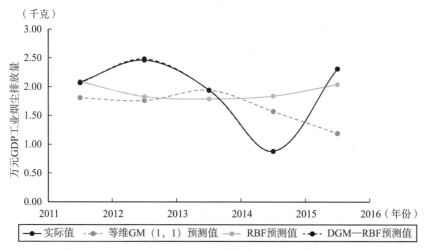

图 6-6 万元 GDP 工业烟尘排放量三种模型预测误差曲线

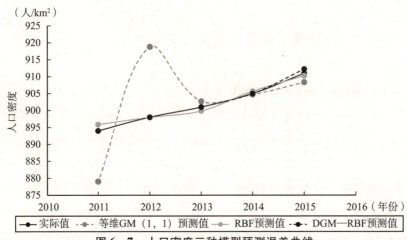

图 6 - 7　人口密度三种模型预测误差曲线

（2）综合误差对比分析

为了减少预警分析过程的烦琐工作，本书将三种预测模型的预测结果与实际值误差计算结果取其平均值进行对比分析，考察三种模型的预测精度。最后选择一种精度较高模型预测结果，对焦作市生态安全进行预警分析。三种模型预测平均误差结果，见表 6 - 18。

表 6 - 18　　　　　　　　　三种模型预测结果平均误差对比

误差分类	平均绝对误差 （MAE）	平方和误差 （SSE）	均方误差 （MSE）	平均绝对百分比误差 （MAPE）（%）
等维新息灰色动态模型 （DGM）	105.63	196 065.64	58.97	17.62
神经网络模型 （RBF）	31.27	26 617.92	17.21	4
等维灰色神经网络模型 （DGM—RBF）	24.08	15 106.85	16.50	2

由表 6 - 18 可见，本书构建的等维新息灰色神经网络（DGM—RBF）组合预测模型要比其他两种单一预测模型的预测精度都高，能够实现对预警指标的实时、动态、准确预测。说明等维新息灰色神经网络（DGM—RBF）组合预测模型对焦作市 2016~2021 生态安全指标的预测结果是最切合实际的预测结果。因此，在对焦作市生态安全预警分析时，应当采用

等维新息灰色神经网络（DGM—RBF）组合预测模型的预测结果。

6.5 焦作市生态安全预警分析

6.5.1 综合警度值数计算与合成

在多指标综合评估与预警中，采用综合指数法时常常把综合指数作为评价的度量标准。为了更加清晰的表达生态安全预警研究的内涵，本书将综合指数定义为警度指数。警度指数就是一个衡量生态安全警情状态的度量值。

（1）指标数据的归一化处理

一般在若干个指标量纲、数量级及指标的正负取向均有差异时，直接加权处理它们是不合适的，也无实际意义。因此，需要对原始指标值转化为无量纲的相对数，同时数值的大小规范在［0，1］之间。这种去掉指标量纲的过程称为数据的标准化（或数据归一化），它是年度综合警度值数计算的前提。本书采用极差变换法进行归一化处理，其计算公式为：

对于正向指标，即越大越好指标采用：

$$x_i = \frac{x_{ij} - x_{min}}{x_{max} - x_{min}} \tag{6.1}$$

对于负向指标，采用减法一致化法将上述公式转化为：

$$x_i = \frac{x_{max} - x_{ij}}{x_{max} - x_{min}} \tag{6.2}$$

式中，x_i 为标准化指标值；x_{ij} 为指标实际值；x_{max} 为所选相关指标的最大值；x_{min} 为所选相关指标的最小值。

本书以焦作市 1999~2021 年时间序列的总共 23 年生态安全预警指标数据为样本，对于每年的同一项指标数值采用极差变换法归一化处理。根据公式（6.1）和公式（6.2）分别对焦作市生态安全预警指标进行标准化处理，标准化结果见表 6-19~表 6-21 所示。

表 6 – 19　焦作市 1999～2021 年（压力系统）预警指标数据标准化

指标	1999 年	2000 年	2001 年	2002 年	2003 年	2004 年	2005 年	2006 年	2007 年	2008 年	2009 年
X1	0.0000	0.3939	0.4598	0.5271	0.5862	0.6646	0.7361	0.8120	0.8735	0.9153	0.9087
X2	0.0000	0.1121	0.2556	0.2632	0.2889	0.2207	0.2559	0.4146	0.5533	0.6943	0.8005
X3	0.2056	0.2418	0.1076	1.0000	0.0000	0.1830	0.4120	0.4370	0.5603	0.5448	0.5863
X4	0.0578	0.0000	0.0580	0.2018	0.2900	0.5321	0.6584	0.7187	0.7648	0.7861	0.7741
X5	0.0000	0.9562	0.0443	0.9204	0.9333	0.9594	0.9531	0.9938	0.9961	0.9669	1.0000
X6	0.3562	0.3967	0.2125	0.2073	0.1934	0.0607	0.0976	0.0306	0.1623	0.1052	0.0639
X7	0.9158	0.9017	0.7410	0.7641	0.5616	0.6053	0.5317	0.6286	0.6825	0.4669	0.1481
X8	0.9800	0.9744	0.9107	0.9198	0.8396	0.8569	0.8277	0.8661	0.8875	0.8021	0.6757
X9	0.9477	0.9332	0.7668	0.7907	0.5812	0.6264	0.5503	0.6505	0.7063	0.4832	0.1533
X10	0.0000	0.0025	0.0120	0.0226	0.0424	0.0812	0.1314	0.1729	0.2332	0.2971	0.3269
X11	0.0000	0.5018	0.5968	0.5988	0.7530	1.0000	0.9850	0.7469	0.8353	0.7721	0.5183
X12	0.0000	0.0252	0.0514	0.0934	0.1597	0.1829	0.2069	0.2443	0.2767	0.3213	0.3723
X13	0.0000	0.1478	0.2020	0.2962	0.4104	0.4823	0.5961	0.5614	0.7001	0.7562	0.7706
X14	0.2884	0.4025	0.4360	0.6574	0.5500	0.2348	0.0805	0.0604	0.0537	0.0000	0.1006
X15	0.1785	0.2671	0.0671	0.0000	0.0177	0.3228	0.1304	0.3241	0.4684	0.4899	0.4139
X16	0.2055	0.1959	0.1804	0.1708	0.1600	0.1432	0.1252	0.1169	0.1085	0.0989	0.1372
X17	0.2225	0.4208	0.3281	1.0000	0.9744	0.7280	0.8400	0.5840	0.6800	0.6832	0.7824
X18	0.9169	1.0000	0.9169	0.9169	0.9169	0.9169	0.8338	0.8338	0.8338	0.4184	0.3353
X19	0.0000	0.0374	0.0578	0.0952	0.1190	0.1700	0.1941	0.2563	0.3161	0.3736	0.4300

续表

指标	2010 年	2011 年	2012 年	2013 年	2014 年	2015 年	2016 年	2017 年	2018 年	2019 年	2020 年	2021 年
X1	0.9341	0.9483	0.9389	0.9517	0.9782	0.9426	0.9337	0.9571	0.9881	0.9978	1.0000	0.9981
X2	0.8025	0.8854	0.8567	0.9011	0.9281	0.9258	0.9183	0.9205	0.9450	0.9472	0.9935	1.0000
X3	0.6831	0.7635	0.8258	0.7391	0.8122	0.7474	0.7088	0.6441	0.5274	0.5180	0.5164	0.5162
X4	0.7799	0.9606	0.9706	1.0000	0.9857	0.8133	0.9178	0.9838	0.9327	0.9078	0.9933	0.8158
X5	0.9912	0.9921	0.9924	0.9945	0.9966	0.9929	0.9992	0.9988	0.9972	0.9985	1.0000	0.9994
X6	0.0066	0.0000	0.0789	0.0222	0.2033	0.1631	0.1169	0.0655	0.1484	0.2904	0.2561	0.4400
X7	0.0000	0.4540	0.9663	0.8376	0.6118	0.6555	0.9095	1.0000	0.4909	0.8474	0.5655	0.6558
X8	0.6170	0.7970	1.0000	0.9490	0.8595	0.8768	0.9820	0.6096	0.3448	0.1567	0.1351	0.0000
X9	0.0000	0.4698	1.0000	0.8668	0.6332	0.6784	0.9261	0.1456	0.6449	0.4670	0.7073	0.8945
X10	0.3839	0.4503	0.4946	0.5549	0.6061	0.6330	0.7337	0.7425	0.7612	0.8740	0.9861	1.0000
X11	0.6837	0.6787	0.5092	0.5579	0.5119	0.5285	0.5290	0.5213	0.5212	0.4886	0.4857	0.4664
X12	0.3944	0.6593	0.6879	0.7066	0.7264	0.7248	0.7717	0.8286	0.7828	0.9145	0.5522	1.0000
X13	0.8265	0.8666	0.8710	0.8769	0.9020	0.9126	0.9159	0.9262	0.9846	0.9860	1.0000	0.9696
X14	0.0335	0.0671	0.2146	0.2616	0.3421	0.4293	0.4447	0.5125	0.6229	0.7125	0.7822	1.0000
X15	0.4633	0.5608	0.7291	0.7911	0.9051	0.9354	0.9975	0.9962	0.9089	1.0000	0.9304	0.8949
X16	0.0965	0.0905	0.0857	0.0821	0.0773	0.0701	0.0828	0.1040	0.0794	0.0265	0.0227	0.0000
X17	0.8016	0.8080	0.8176	0.6800	0.6960	0.4976	0.6368	0.4727	0.1019	0.3698	0.0000	0.5093
X18	0.3353	0.2522	0.2855	0.1691	0.4018	0.2771	0.5349	0.5675	0.4889	0.5897	0.0000	0.0986
X19	0.4334	0.4929	0.5581	0.6023	0.6428	0.6985	0.6877	0.7383	0.7998	0.8573	0.9114	1.0000

表 6-20　焦作市 1999～2021 年（状态系统）预警指标数据标准化

指标	1999 年	2000 年	2001 年	2002 年	2003 年	2004 年	2005 年	2006 年	2007 年	2008 年	2009 年
X20	0.3087	0.2771	0.0000	0.0992	0.1983	0.2975	0.3966	0.4368	0.3641	0.3301	0.6101
X21	0.2872	0.3026	0.3385	0.0000	0.3744	0.5744	0.8308	0.8564	0.9128	0.9897	1.0000
X22	0.0000	1.0000	1.0000	1.0000	1.0000	1.0000	1.0000	1.0000	1.0000	1.0000	1.0000
X23	0.3158	0.3010	0.2813	0.2616	0.2468	0.2370	0.2222	0.2075	0.1927	0.1779	0.1681
X24	0.0785	0.0805	0.0660	0.0715	0.1179	0.0737	0.0696	0.1088	0.0658	0.0987	0.1287
X25	0.0521	0.5727	0.7841	0.7098	0.5844	0.4675	0.5950	0.7214	0.7501	0.6694	0.6789
X26	0.0000	0.5575	0.3998	0.2960	0.3806	0.4191	0.3652	0.5882	0.6382	0.6651	0.6959
X27	0.0000	0.0031	0.0076	0.0120	0.0170	0.0362	0.0549	0.0820	0.1160	0.1489	0.1677
X28	0.0000	0.0078	0.0238	0.0410	0.0709	0.0856	0.1161	0.1488	0.1984	0.2420	0.2677
X29	0.0000	0.0077	0.0198	0.0338	0.0570	0.0722	0.0927	0.1132	0.1213	0.1803	0.2293
X30	0.0000	0.0166	0.0535	0.1010	0.2916	0.4295	0.4815	0.5448	0.5869	0.6035	0.6013
X31	0.0000	0.0117	0.0283	0.4115	0.4277	0.4602	0.4829	0.7135	0.5446	0.5999	0.6177
X32	0.5972	0.1820	0.0000	0.2235	0.2149	0.4543	0.2845	0.2650	0.6313	0.6900	0.3969
X33	0.0000	0.0344	0.0342	0.0454	0.0910	0.1136	0.1166	0.1214	0.1597	0.1603	0.1776

续表

指标	2010年	2011年	2012年	2013年	2014年	2015年	2016年	2017年	2018年	2019年	2020年	2021年
X20	0.6936	0.7060	0.7014	0.6178	0.7586	0.7339	0.7159	0.7516	0.9450	0.5702	0.7447	1.0000
X21	0.9744	0.9744	0.9795	0.8513	0.6359	0.2513	0.4908	0.6253	0.7106	0.6840	0.6579	0.4050
X22	1.0000	1.0000	1.0000	1.0000	1.0000	1.0000	1.0000	1.0000	1.0000	1.0000	1.0000	1.0000
X23	0.1287	0.1090	0.0992	0.0844	0.0795	0.0647	0.0737	0.0375	0.0057	0.0000	0.0002	0.0036
X24	0.1009	0.1339	0.0317	0.0353	0.0724	0.1214	0.0657	0.0075	0.0536	0.0609	0.0000	0.0782
X25	0.7937	0.8978	0.8394	0.7693	0.7268	0.9106	0.6942	0.9391	0.9031	0.9706	1.0000	0.8940
X26	0.7189	0.7920	0.8496	0.8150	0.8343	0.8789	0.8469	0.9032	0.9258	0.9402	0.9873	1.0000
X27	0.2054	0.2622	0.3117	0.3629	0.4100	0.4604	0.4757	0.5507	0.6656	0.7763	0.8941	1.0000
X28	0.3080	0.3660	0.4231	0.4714	0.5246	0.5535	0.5791	0.6620	0.7516	0.8161	0.9076	1.0000
X29	0.2439	0.2852	0.3389	0.3979	0.4483	0.5447	0.5261	0.6234	0.6853	0.7714	0.8834	1.0000
X30	0.6224	0.7098	0.6065	0.5967	0.8815	0.9855	0.9706	1.0000	0.9207	0.8953	0.9251	0.8189
X31	0.6583	0.7135	0.7460	0.7752	0.7850	0.8434	0.8501	0.8588	0.9027	0.9941	1.0000	0.9149
X32	0.9330	0.9391	0.8060	0.6350	0.6289	0.9879	0.5376	1.0000	0.9748	0.6049	0.6377	0.4285
X33	0.2599	0.2633	0.2180	0.2255	0.2463	0.9800	0.2519	0.3135	0.2879	0.2649	0.4655	0.3745

表6-21　焦作市1999~2021年（响应系统）预警指标数据标准化

指标	1999年	2000年	2001年	2002年	2003年	2004年	2005年	2006年	2007年	2008年	2009年
X34	0.0000	0.0337	0.0238	0.0496	0.0754	0.1349	0.1091	0.2341	0.2738	0.2341	0.5456
X35	0.0000	0.0315	0.0586	0.1126	0.1712	0.1667	0.2838	0.2162	0.3261	0.2608	0.0090
X36	0.0139	0.1574	0.1454	0.1892	0.0000	0.1315	0.1056	0.1016	0.1892	0.0518	0.0677
X37	0.0277	0.0855	0.0352	0.0000	0.0138	0.0347	0.2391	0.0675	0.0626	0.0128	0.0558
X38	0.0000	0.2222	0.2222	0.5886	0.7913	0.8649	0.9339	0.9429	0.9099	0.8589	0.9159
X39	0.0000	0.1932	0.2784	0.3807	0.5284	0.5682	0.7614	0.7216	0.7784	0.6761	0.8977
X40	0.0000	0.0914	0.2501	0.3367	0.4088	0.5291	0.5743	0.6267	0.7696	0.8080	0.7224
X41	0.2176	0.2833	0.2395	0.2696	0.6115	0.5513	0.3708	0.3267	0.2384	0.4107	0.5973
X42	0.0071	0.0247	0.0000	0.1090	0.1597	0.1756	0.0660	0.2160	0.0660	0.0625	0.1123
X43	0.0000	0.0272	0.1749	0.3100	0.4927	0.6635	0.5687	0.7650	0.7879	0.8177	0.8084
X44	0.0000	0.0185	0.0663	0.0894	0.0759	0.0354	0.0159	0.0303	0.1123	0.0989	0.1291
X45	0.0000	0.0022	0.2343	0.1714	0.2082	0.1800	0.2126	0.2299	0.2343	0.0000	0.1909
X46	0.4078	0.4191	0.7477	1.0000	0.9143	0.7548	0.4443	0.5587	0.7504	0.9181	0.8816
X47	0.0000	0.0373	0.0140	0.0769	0.2149	0.2657	0.2144	0.3021	0.5869	0.6522	0.5160
X48	0.0162	0.0120	0.0133	0.0000	0.0965	0.1195	0.1391	0.0463	0.0477	0.1285	0.1291
X49	0.3473	0.3390	0.3637	0.2332	0.2159	0.4708	0.5292	0.3362	0.2148	0.2989	0.2979
X50	0.0171	0.0303	0.1034	0.0188	0.0000	0.0158	0.0605	0.1033	0.1450	0.2009	0.1724

续表

指标	2010 年	2011 年	2012 年	2013 年	2014 年	2015 年	2016 年	2017 年	2018 年	2019 年	2020 年	2021 年
X34	0.7964	0.7143	0.7242	0.7480	0.7520	0.7937	0.7653	0.8916	1.0000	1.0000	1.0000	1.0000
X35	0.3581	0.3608	0.4149	0.8784	0.8829	0.9234	1.0000	0.7524	1.0000	1.0000	1.0000	0.9784
X36	0.0777	0.1295	0.1932	0.1713	0.1155	0.1873	0.0281	0.0773	0.1126	0.1424	0.1262	0.1337
X37	0.0716	0.0761	0.0977	0.1535	0.3664	0.3862	0.5875	0.5064	0.5579	0.8609	0.8546	1.0000
X38	0.9429	0.9489	0.9279	0.9730	0.9880	0.9760	1.0000	0.9877	1.0000	1.0000	1.0000	1.0000
X39	0.8409	0.9318	0.9489	0.9602	0.9489	0.9716	0.8904	0.9868	0.9098	0.9514	0.8802	1.0000
X40	0.8658	0.9470	0.9379	0.9764	0.9846	0.9860	0.9606	1.0000	0.9645	0.9819	0.9720	0.9103
X41	0.6520	0.2255	0.1675	0.1492	0.1112	0.1801	0.0000	0.1405	0.2423	0.1468	0.1115	0.1631
X42	0.1155	0.0580	0.0807	0.0289	0.0245	0.0286	0.0626	0.0699	0.0217	0.0102	0.1011	0.0698
X43	0.8353	0.8228	0.8227	0.8487	0.8191	0.8926	0.9371	0.9285	0.9418	1.0000	0.9489	0.9621
X44	0.1268	0.1489	0.2357	0.2353	0.1909	0.2110	0.2179	0.2914	0.2904	0.3763	0.4199	0.4354
X45	0.2560	0.3905	0.4447	0.4360	0.4425	0.4685	0.5890	0.6619	0.7911	0.9067	0.9449	0.8407
X46	0.9122	0.9491	0.1257	0.1298	0.1610	0.3125	0.4882	0.5016	0.5778	0.7582	0.8019	0.6377
X47	0.7072	0.3990	0.3743	0.6363	0.7361	0.6909	0.9209	0.7238	0.7933	1.0000	0.5482	0.5740
X48	0.2341	0.2430	0.2939	0.5335	0.3628	0.5338	0.4076	0.5386	0.5004	0.6005	0.5219	0.7183
X49	0.3985	0.4387	0.4414	0.4788	0.5344	0.6339	0.5354	0.7111	0.8784	0.7228	0.7555	1.0000
X50	0.1320	0.1594	0.2287	0.2726	0.3456	0.4072	0.4616	0.5135	0.6152	0.6818	0.8277	1.0000

（2）预警指标的组合权重

这里根据 5.1.3 节建立的指标权重的方法，首先，通过专家调查的方法，得到各层次的判断矩阵，通过 AHP 层次单排序和总排序，并通过一致性检验，算出各指标的主观权重；其次，采用熵法计算得到各指标的客观权重；最后，将 AHP 法求得权重和熵权法求得的权重通过差异系数法进行组合赋权合成，得到各指标的组合权重。

①层次分析法（AHP）主观权重。

本书通过层次分析法对 PSR—NES 模型的煤炭资源型城市生态安全预警指标体系分层次构造判断矩阵。层次分析法的核心部分就是构造判断矩阵，一旦确定判断矩阵，就可以选择不同的方法来计算出判断矩阵的权重。本书中判断矩阵的获得是通过向一线专家学者和工作人员进行咨询得到的。每个人依据个人的不同偏好、知识背景等，给出不同的判断矩阵，然后再通过不同判断矩阵得到不同的权重。最后计算出权重的算术或几何平均值，作为预警指标的最后权重值。

本书向专家发放《煤炭资源型城市生态安全预警指标体系——层次分析法判断矩阵的调查问卷》，通过专家咨询法，参考问卷设计调查的流程，共发放 18 份问卷，收回 15 份。根据专家的打分结果结合 AHP 的计算步骤，可以求得层次分析法的主观权重值 W_i。采用 AHP 法的调查问卷表中 A 代表目标层，系统层压力、状态、响应，分别由字母 P、S、R 代表，每个系统层下的因素层则由 N_i、E_i、S_i 代表，指标层则由 X_i 来表示。根据专家调查问卷的打分情况，可以得到判断矩阵，计算权重向量值。

具体问卷填写范例：首先，根据目标层、系统层、因素层和指标层的结构，构造两两比较判别矩阵，进行层次单排序及一致性检验。层次单排序及一致性检验结果，见表 6-22~表 6-38 所示。

表 6 – 22　　　　　　　　　　　　目标层主观判断矩阵

A	P	S	R	权值 W_i
P	1	1	1	0.333
S	1	1	1	0.333
R	1	1	1	0.333

$\lambda_{max} = 3$，$CI = 0$，$RI = 0.58$，$CR = 0 < 0.1$

表 6 – 23　　　　　　　　　　　　压力层主观判断矩阵

P	N1	E1	S1	权值 W_i
N1	1	4/3	1	0.3658
E1	3/4	1	4/3	0.3323
S1	1	3/4	1	0.3019

$\lambda_{max} = 3.0369$，$CI = 0.0184$，$RI = 0.58$，$CR = 0 < 0.0318$

表 6 – 24　　　　　　　　　　　　状态层主观判断矩阵

S	N2	E2	S2	权值 W_i
N2	1	4/3	1	0.3658
E2	3/4	1	4/3	0.3323
S2	1	3/4	1	0.3019

$\lambda_{max} = 3.0369$，$CI = 0.0184$，$RI = 0.58$，$CR = 0 < 0.0318$

表 6 – 25　　　　　　　　　　　　响应层主观判断矩阵

R	N3	E3	S3	权值 W_i
N3	1	4/3	1	0.3658
E3	3/4	1	4/3	0.3323
S3	1	3/4	1	0.3019

$\lambda_{max} = 3.0369$，$CI = 0.0184$，$RI = 0.58$，$CR = 0 < 0.0318$

表 6 – 26 　　　　　　　　　　　N1—X 主观判断矩阵

N1	X1	X2	X3	X4	X5	X6	X7	X8	X9	权值 W_i
X1	1	3	1/3	1	1	2	2	1/2	1/2	0.0668
X2	1/3	1	1/5	1/3	1/3	1/2	1/2	1/4	1/4	0.0872
X3	3	5	1	3	3	4	4	2	2	0.1554
X4	1	3	1/3	1	1	2	2	1/2	1/2	0.1472
X5	1	3	1/3	1	1	2	2	1/2	1/2	0.0702
X6	1/2	2	1/4	1/2	1/2	1	1	1/3	1/3	0.1016
X7	1/2	2	1/4	1/2	1/2	1	1	1/3	1/3	0.0807
X8	2	4	1/2	2	2	3	3	1	1	0.0710
X9	2	4	1/2	2	2	3	3	1	1	0.1163

$\lambda_{max} = 9.0894$，CI $= 0.0112$，RI $= 1.45$，CR $= 0.0077 < 0.1$

表 6 – 27 　　　　　　　　　　　E1—X 主观判断矩阵

E1	X10	X11	X12	X13	X14	X15	权值 W_i
X10	1	1	1/3	1/2	1/4	1/4	0.2228
X11	1	1	1/3	1/2	1/4	1/4	0.3396
X12	3	3	1	2	1/2	1/2	0.1703
X13	2	2	1/2	1	1/3	1/3	0.1244
X14	4	4	2	3	1	1	0.4093
X15	4	4	2	3	1	1	0.1956

$\lambda_{max} = 6.0458$，CI $= 0.0092$，RI $= 1.24$，CR $= 0.0074 < 0.1$

表 6 – 28 　　　　　　　　　　　S1—X 主观判断矩阵

S1	X16	X17	X18	X19	权值 W_i
X16	1	1/2	1	1/3	0.1383
X17	2	1	2	1/2	0.1569
X18	1	1/2	1	1/3	0.0693
X19	3	2	3	1	0.2534

$\lambda_{max} = 4.011$，CI $= 0.003$，RI $= 1$，CR $= 0.003 < 0.1$

表 6 – 29   **N2—X 主观判断矩阵**

N2	X20	X21	X22	X23	X24	权值 W_i
X20	1	1	1	1/2	1/2	0.0785
X21	1	1	1	1/2	1/4	0.2362
X22	1	1	1	1/2	1/2	0.2309
X23	1/2	1/2	1/2	1	1	0.1151
X24	1/2	1/2	1/2	1	1	0.2040

$\lambda_{max} = 5.011$，$CI = 0.00$，$RI = 0$，$CR = 0.00 < 0.1$

表 6 – 30   **E2—X 主观判断矩阵**

E2	X25	X26	X27	X28	X29	权值 W_i
X25	1	2	3	4	7	0.1185
X26	1/3	1	3	2	5	0.2186
X27	1/5	1/3	1	1/2	1	0.2490
X28	1/4	1/2	2	1	3	0.2625
X29	1/7	1/5	1/2	1/3	1	0.2890

$\lambda_{max} = 7.1955$；$CI = 0.03326$；$RI = 1.32$；$CR = 0.0247 < 0.1$

表 6 – 31   **S2—X 主观判断矩阵**

S2	X30	X31	X32	X33	权值 W_i
X30	1	1/2	1	1/3	0.1383
X31	2	1	2	1/2	0.1569
X32	1	1/2	1	1/3	0.0693
X33	3	2	3	1	0.2534

$\lambda_{max} = 7.1955$；$CI = 0.03326$；$RI = 1.32$；$CR = 0.021 < 0.1$

表6-32   N3—X 主观判断矩阵

N3	X34	X35	X35	X37	X38	X39	X40	X41	权值 W_i
X34	1	5	7	6	4	3	2	8	0.2496
X35	1/2	1	3	2	1/2	1/3	1/4	1/2	0.2055
X36	1/8	1/4	8	7	1/4	1/4	3	1/5	0.1383
X37	1/5	1/3	1	1/2	1/3	1/5	1/6	1/4	0.2324
X38	1/6	1/2	2	1	1	1/4	1/5	1/3	0.0927
X39	1/4	2	4	3	2	1/2	1/3	1	0.1308
X40	1/3	3	5	4	3	1	1/2	3	0.0262
X41	1/2	4	6	5	4	2	1	2	0.1696

$\lambda_{max} = 7.1955$；$CI = 0.03326$；$RI = 1.32$；$CR = 0.0537 < 0.1$

表6-33   E3—X 主观判断矩阵

E3	X42	X43	X44	X45	X46	权值 W_i
X42	1	2	3	4	7	0.1185
X43	1/3	1	3	2	5	0.2186
X44	1/5	1/3	1	1/2	1	0.2490
X45	1/4	1/2	2	1	3	0.2625
X46	1/7	1/5	1/2	1/3	1	0.2890

$\lambda_{max} = 7.1955$；$CI = 0.03326$；$RI = 1.32$；$CR = 0.0341 < 0.1$

表6-34   S3—X 主观判断矩阵

S3	X47	X48	X49	X50	权值 W_i
X47	1	1/2	1	1/3	0.1383
X48	2	1	2	1/2	0.1569
X49	1	1/2	1	1/3	0.0693
X50	3	2	3	1	0.2534

$\lambda_{max} = 7.1955$；$CI = 0.03326$；$RI = 1.32$；$CR = 0.0121 < 0.1$

从上述各权重计算结果可以看出，CR 均小于 1，证明层次单排序具有非常满意的一致性，权重计算结果可信。

其次，对生态安全预警指标层对三个子系统进行层次单排序，计算结果如表 6 – 35 ~ 表 6 – 37 所示。同理，对目标层进行层次总排序，得到指标层对目标层的总权重，见表 6 – 38。

表 6 – 35　　　　　　　指标层对压力子系统的权重（X→P）

因素层 指标层	N1 0. 3658	E1 0. 3323	S1 0. 3019	权值 W_i
X1	0. 0668	—	—	0. 0244
X2	0. 0872	—	—	0. 0319
X3	0. 1554	—	—	0. 0569
X4	0. 1472	—	—	0. 0539
X5	0. 0702	—	—	0. 0257
X6	0. 1016	—	—	0. 0372
X7	0. 0807	—	—	0. 0295
X8	0. 0710	—	—	0. 0260
X9	0. 1163	—	—	0. 0426
X10	—	0. 2228	—	0. 0740
X11	—	0. 3396	—	0. 1128
X12	—	0. 1703	—	0. 0566
X13	—	0. 1244	—	0. 0413
X14	—	0. 4093	—	0. 1360
X15	—	0. 1956	—	0. 0650
X16	—	—	0. 1383	0. 0417
X17	—	—	0. 1569	0. 0474
X18	—	—	0. 0693	0. 0209
X19	—	—	0. 2534	0. 0765

表 6 - 36 指标层对状态子系统的单排序（X→S）

因素层 指标层	N2 0.3658	E2 0.3323	S2 0.3019	权值 W_i
X20	0.0785	—	—	0.0287
X21	0.2362	—	—	0.0864
X22	0.2309	—	—	0.0845
X23	0.1151	—	—	0.0421
X24	0.2040	—	—	0.0746
X25	—	0.2825	—	0.0939
X26	—	0.2825	—	0.0939
X27	—	0.1585	—	0.0527
X28	—	0.1186	—	0.0394
X29	—	0.2490	—	0.0828
X30	—	—	0.0823	0.0248
X31	—	—	0.1339	0.0404
X32	—	—	0.3972	0.1199
X33	—	—	0.4520	0.1365

表 6 - 37 指标层对响应子系统的单排序（X→R）

因素层 指标层	N3 0.3658	E3 0.3323	S3 0.3019	权值 W_i
X34	0.2496	—	—	0.0913
X35	0.2055	—	—	0.0752
X36	0.1383	—	—	0.0506
X37	0.2324	—	—	0.0850
X38	0.0927	—	—	0.0339
X39	0.1308	—	—	0.0478
X40	0.0262	—	—	0.0096
X41	0.1696	—	—	0.0621

续表

因素层 指标层	N3 0.3658	E3 0.3323	S3 0.3019	权值 W_i
X42	—	0.3994	—	0.1327
X43	—	0.2327	—	0.0773
X44	—	0.2228	—	0.0740
X45	—	0.1123	—	0.0373
X46	—	0.1675	—	0.0557
X47	—	—	0.0713	0.0215
X48	—	—	0.0581	0.0176
X49	—	—	0.1130	0.0341
X50	—	—	0.2118	0.0639

表 6 – 38　　层次总排序得到指标层对总系统层的权重（X→A）

系统层 指标层	P 0.3333	S 0.3333	R 0.3333	权值 W_i
X1	0.0244	—	—	0.0089
X2	0.0319	—	—	0.0113
X3	0.0569	—	—	0.0208
X4	0.0539	—	—	0.0197
X5	0.0257	—	—	0.0094
X6	0.0372	—	—	0.0136
X7	0.0295	—	—	0.0108
X8	0.0260	—	—	0.0095
X9	0.0426	—	—	0.0152
X10	0.0740	—	—	0.0246
X11	0.1128	—	—	0.0375
X12	0.0566	—	—	0.0188
X13	0.0413	—	—	0.0134

续表

系统层 指标层	P	S	R	权值 W_i
	0.3333	0.3333	0.3333	
X14	0.1360	—	—	0.0452
X15	0.0650	—	—	0.0216
X16	0.0417	—	—	0.0123
X17	0.0474	—	—	0.0143
X18	0.0209	—	—	0.0033
X19	0.0765	—	—	0.0231
X20	—	0.0287	—	0.0105
X21	—	0.0864	—	0.0316
X22	—	0.0845	—	0.0309
X23	—	0.0421	—	0.0154
X24	—	0.0746	—	0.0273
X25	—	0.0939	—	0.0312
X26	—	0.0939	—	0.0312
X27	—	0.0527	—	0.0175
X28	—	0.0394	—	0.0131
X29	—	0.0828	—	0.0275
X30	—	0.0248	—	0.0075
X31	—	0.0404	—	0.0122
X32	—	0.1199	—	0.0362
X33	—	0.1365	—	0.0412
X34	—	—	0.0913	0.0334
X35	—	—	0.0752	0.0275
X36	—	—	0.0506	0.0185
X37	—	—	0.0850	0.0311
X38	—	—	0.0339	0.0124
X39	—	—	0.0478	0.0175
X40	—	—	0.0096	0.0035
X41	—	—	0.0621	0.0227
X42	—	—	0.1327	0.0441
X43	—	—	0.0773	0.0257

系统层 指标层	P	S	R	权值 W_i
	0.3333	0.3333	0.3333	
X44	—	—	0.0740	0.0246
X45	—	—	0.0373	0.0124
X46	—	—	0.0557	0.0185
X47	—	—	0.0215	0.0065
X48	—	—	0.0176	0.0053
X49	—	—	0.0341	0.0103
X50	—	—	0.0639	0.0193

参考上述问卷调查表的结果转化为语言判断矩阵，根据 5.1.3 的 AHP 权重计算步骤，运用层次分析软件 yaahp7.5 计算，同理，可求得因素层对目标层的指标权重。由于层次单排序、总排序的 CR 值均小于 0.1。层次单排序、总排序均通过一致性检验。因此，得出指标层对目标层各指标的权重结果，见表 6-39~表 6-41。

表 6-39　　　　生态安全（压力子系统）指标主观 AHP 权重

因素层	指标层	单位	AHP 权重
自然 （N1）	万元 GDP 工业烟尘排放量（X1）	千克	0.0089
	万元 GDP 工业二氧化硫排放量（X2）	吨	0.0113
	万元 GDP 工业废气排放量（X3）	标立方米	0.0208
	万元 GDP 工业废水排放量（X4）	吨	0.0197
	万元 GDP 工业固体废弃物排放量（X5）	千克	0.0094
	人均年生活用水量（X6）	吨	0.0136
	采煤沉陷区面积（X7）	hm^2	0.0108
	煤矸石排放量（X8）	万吨	0.0095
	原煤年产量（X9）	万吨	0.0152

续表

因素层	指标层	单位	AHP 权重
经济 （E1）	人均 GDP（X10）	元	0.0246
	GDP 年增长率（X11）	%	0.0375
	单位 GDP 能耗（X12）	吨标煤/万元	0.0188
	单位 GDP 水耗（X13）	吨/万元	0.0134
	第三产业占 GDP 比重（X14）	%	0.0452
	资源型工业增加值占工业增加值比重（X15）	%	0.0216
社会 （S1）	人口密度（X16）	人/km²	0.0123
	人口自然增长率（X17）	‰	0.0143
	城镇登记失业率（X18）	%	0.0033
	城镇化率（X19）	%	0.0231

表 6 - 40　　　　生态安全（状态子系统）指标主观 AHP 权重

因素	指标	单位	AHP 权重
自然 （N2）	噪声达标区覆盖率（X20）	%	0.0105
	城市空气质量 2 级达标天数（X21）	天/年	0.0316
	城市集中式饮用水源水质达标率（X22）	%	0.0309
	人均煤炭资源可采储量（X23）	吨	0.0154
	人均可利用水资源量（X24）	m³	0.0273
经济 （E2）	城镇居民恩格尔系数（X25）	%	0.0312
	农村居民恩格尔系数（X26）	%	0.0312
	农村居民人均纯收入（X27）	元	0.0175
	城镇居民人均可支配收入（X28）	元	0.0131
	年末城乡居民人均储蓄存款（X29）	元	0.0275
社会 （S2）	市区人均道路面积（X30）	m²	0.0075
	城镇人均居住面积（X31）	m²	0.0122
	建成区绿化覆盖率（X32）	%	0.0362
	城市人均绿地面积（X33）	m²	0.0412

表6-41　　　生态安全（响应子系）指标主观 AHP 权重

因素	指标	单位	AHP 权重
自然 （N3）	城市生活污水集中处理率（X34）	%	0.0334
	城市生活垃圾无害化处理率（X35）	%	0.0275
	采煤沉陷区治理率（X36）	%	0.0185
	工业废气排放达标率（X37）	%	0.0311
	工业废水排放达标率（X38）	%	0.0124
	工业烟尘排放达标率（X39）	%	0.0175
	煤矸石综合利用率（X40）	%	0.0035
	工业固体废物综合利用率（X41）	%	0.0227
经济 （E3）	环保投资占 GDP 比重（X42）	%	0.0441
	旅游收入占第三产业比重（X43）	%	0.0257
	科教经费投入占 GDP 比重（X44）	%	0.0246
	实际利用外资占 GDP 比重（X45）	%	0.0124
	高新技术产业增加值占 GDP 比重（X46）	%	0.0185
社会 （S3）	第三产业人口占从业人口比例（X47）	%	0.0065
	万人拥有医院床位数（X48）	张	0.0053
	万人拥有卫生技术人员（X49）	人	0.0103
	万人拥有专业科技人员（X50）	人	0.0193

②熵值法——计算客观权重。

熵权法对指标的实际测量值进行客观的权重计算，需要对数据先进行去量纲化处理，本章第 1 节已经得到去量纲化的数据表，通过公式（5.19）~公式（5.21）来计算出各指标的熵权值。得出指标层对目标层各指标的客观权重结果，熵权值 Q_i，如表 6-42 ~ 表 6-44。

表 6 – 42 生态安全压力子系统指标客观熵法权重

因素层	指标层	单位	熵法权重
自然 （N1）	万元 GDP 工业烟尘排放量（X1）	千克	0.0078
	万元 GDP 工业二氧化硫排放量（X2）	吨	0.0174
	万元 GDP 工业废气排放量（X3）	标立方米	0.0154
	万元 GDP 工业废水排放量（X4）	吨	0.0181
	万元 GDP 工业固体废弃物排放量（X5）	千克	0.0095
	人均年生活用水量（X6）	吨	0.0286
	采煤沉陷区面积（X7）	hm^2	0.0096
	煤矸石排放量（X8）	万吨	0.0096
	原煤年产量（X9）	万吨	0.0096
经济 （E1）	人均 GDP（X10）	元	0.0347
	GDP 年增长率（X11）	%	0.0073
	单位 GDP 能耗（X12）	吨标煤/万元	0.0259
	单位 GDP 水耗（X13）	吨/万元	0.0128
	第三产业占 GDP 比重（X14）	%	0.0275
	煤炭工业增加值占工业增加值比重（X15）	%	0.0235
社会 （S1）	人口密度（X16）	人/km^2	0.0257
	人口自然增长率（X17）	‰	0.0115
	城镇登记失业率（X18）	%	0.0226
	城镇化率（X19）	%	0.0230

表 6 – 43 生态安全状态子系统指标客观熵法权重

因素	指标	单位	熵法权重
自然 （N2）	噪声达标区覆盖率（X20）	%	0.0140
	城市空气质量 2 级达标天数（X21）	天/年	0.0129
	城市集中式饮用水源水质达标率（X22）	%	0.0051
	人均煤炭资源可采储量（X23）	吨	0.0215
	人均可利用水资源量（X24）	m^3	0.0154

续表

因素	指标	单位	熵法权重
经济 （E2）	城镇居民恩格尔系数（X25）	%	0.0064
	农村居民恩格尔系数（X26）	%	0.0092
	农村居民人均纯收入（X27）	元	0.0413
	城镇居民人均可支配收入（X28）	元	0.0304
	年末城乡居民人均储蓄存款（X29）	元	0.0331
社会 （S2）	市区人均道路面积（X30）	m^2	0.0201
	城镇人均居住面积（X31）	m^2	0.0167
	建成区绿化覆盖率（X32）	%	0.0153
	城市人均绿地面积（X33）	m^2	0.0139

表 6 - 44　　　　生态安全响应子系指标客观熵法权重

因素	指标	单位	熵法权重
自然 （N3）	城市生活污水集中处理率（X34）	%	0.0344
	城市生活垃圾无害化处理率（X35）	%	0.0344
	采煤沉陷区治理率（X36）	%	0.0138
	工业废气排放达标率（X37）	%	0.0410
	工业废水排放达标率（X38）	%	0.0099
	工业烟尘排放达标率（X39）	%	0.0110
	煤矸石综合利用率（X40）	%	0.0136
	工业固体废物综合利用率（X41）	%	0.0257
经济 （E3）	环保投资占 GDP 比重（X42）	%	0.0257
	旅游收入占第三产业比重（X43）	%	0.0142
	科教经费投入占 GDP 比重（X44）	%	0.0232
	实际利用外资占 GDP 比重（X45）	%	0.0158
	高新技术产业增加值占 GDP 比重（X46）	%	0.0171

因素	指标	单位	熵法权重
	第三产业人口占从业人口比例（X47）	%	0.0237
社会 （S3）	万人拥有医院床位数（X48）	张/万人	0.0351
	万人拥有卫生技术人员（X49）	人/万人	0.0231
	万人拥有专业科技人员（X50）	人/万人	0.0428

③基于差异系数法的组合权重结果。

为了求得主、客观两种权重的组合赋权结果，保证指标权重的主客观信息的科学性和实际数据的客观性，本书将主观 AHP 和客观熵权法确定的指标权重结果，通过差异系数法进行合成运算。因此，通过公式（5.22）~公式（5.24）来计算组合权重值。

首先，将熵权法确定的权重值，按照从小到大的顺序进行排序，来计算修正系数的值，根据公式（5.23）和公式（5.24）首先计算差异系数。因单一预警指标个数为 50，取 n = 50，则差异系数 V 的值：

$$V = \frac{2}{50} \times (1 \times 0.0051 + 2 \times 0.0064 + \cdots + 50 \times 0.0428) - \frac{50+1}{50} = 0.2752$$

根据 V 的值来计算修正系数 λ 的值为：

$$\gamma = \frac{50 \times 0.2752}{50 - 1} = 0.2808$$

通过修正系数的值带入组合权重公式（5.22）求得组合权重值。见表 6-45~表 6-47。

$$M_i = (1 - 0.2808)W_i + 0.2808Q_i$$

表 6 - 45　　　　　　生态安全（压力子系统）指标组合权重

因素层	指标层	单位	熵权重	AHP权重	组合权重
自然（N1）	万元GDP工业烟尘排放量（X1）	千克	0.0078	0.0089	0.0081
	万元GDP工业二氧化硫排放量（X2）	吨	0.0174	0.0113	0.0157
	万元GDP工业废气排放量（X3）	标 m^3	0.0154	0.0208	0.0169
	万元GDP工业废水排放量（X4）	吨	0.0181	0.0197	0.0186
	万元GDP工业固体废弃物排放量（X5）	千克	0.0095	0.0094	0.0095
	人均年生活用水量（X6）	吨	0.0286	0.0136	0.0244
	采煤沉陷区面积（X7）	hm^2	0.0096	0.0108	0.0099
	煤矸石排放量（X8）	万吨	0.0096	0.0095	0.0096
	原煤年产量（X9）	万吨	0.0096	0.0152	0.0112
经济（E1）	人均GDP（X10）	元	0.0347	0.0246	0.0319
	GDP年增长率（X11）	%	0.0073	0.0375	0.0158
	单位GDP能耗（X12）	吨标煤/万元	0.0259	0.0188	0.0239
	单位GDP水耗（X13）	吨/万元	0.0128	0.0134	0.0130
	第三产业占GDP比重（X14）	%	0.0275	0.0452	0.0325
	资源型工业增加值占工业增加值比重（X15）	%	0.0235	0.0216	0.0230
社会（S1）	人口密度（X16）	人/km^2	0.0257	0.0123	0.0220
	人口自然增长率（X17）	‰	0.0115	0.0143	0.0123
	城镇登记失业率（X18）	%	0.0226	0.0033	0.0172
	城镇化率（X19）	%	0.0230	0.0231	0.0230

表 6 – 46　　　　　生态安全（状态子系统）指标组合权重

因素层	指标层	单位	熵权重	AHP 权重	组合权重
自然 （N2）	噪声达标区覆盖率（X20）	%	0.0140	0.0105	0.0130
	城市空气质量 2 级达标天数（X21）	天/年	0.0129	0.0316	0.0182
	城市集中式饮用水源水质达标率（X22）	%	0.0051	0.0309	0.0123
	人均煤炭资源可采储量（X23）	吨	0.0215	0.0154	0.0198
	人均可利用水资源量（X24）	m³	0.0154	0.0273	0.0188
经济 （E2）	城镇居民恩格尔系数（X25）	%	0.0064	0.0312	0.0134
	农村居民恩格尔系数（X26）	%	0.0092	0.0312	0.0154
	农村居民人均纯收入（X27）	元	0.0413	0.0175	0.0346
	城镇居民人均可支配收入（X28）	元	0.0304	0.0131	0.0256
	年末城乡居民人均储蓄存款（X29）	元	0.0331	0.0275	0.0315
社会 （S2）	市区人均道路面积（X30）	m²	0.0201	0.0075	0.0166
	城镇人均居住面积（X31）	m²	0.0167	0.0122	0.0154
	建成区绿化覆盖率（X32）	%	0.0153	0.0362	0.0212
	城市人均绿地面积（X33）	m²	0.0139	0.0412	0.0215

表 6 – 47　　　　　生态安全（响应子系）指标组合权重

因素层	指标层	单位	熵法权重	AHP 权重	组合权重
自然 （N3）	城市生活污水集中处理率（X34）	%	0.0344	0.0334	0.0341
	城市生活垃圾无害化处理率（X35）	%	0.0344	0.0275	0.0324
	采煤沉陷区治理率（X36）	%	0.0138	0.0185	0.0151
	工业废气排放达标率（X37）	%	0.0410	0.0311	0.0382

因素层	指标层	单位	熵法权重	AHP 权重	组合权重
自然 （N3）	工业废水排放达标率（X38）	%	0.0099	0.0124	0.0106
	工业烟尘排放达标率（X39）	%	0.0110	0.0175	0.0128
	煤矸石综合利用率（X40）	%	0.0136	0.0035	0.0107
	工业固体废物综合利用率（X41）	%	0.0257	0.0227	0.0249
经济 （E3）	环保投资占 GDP 比重（X42）	%	0.0257	0.0441	0.0309
	旅游收入占第三产业比重（X43）	%	0.0142	0.0257	0.0174
	科教经费投入占 GDP 比重（X44）	%	0.0232	0.0246	0.0236
	实际利用外资占 GDP 比重（X45）	%	0.0158	0.0124	0.0149
	高新技术产业增加值占 GDP 比重（X46）	%	0.0171	0.0185	0.0175
社会 （S3）	第三产业人口占从业人口比例（X47）	%	0.0237	0.0065	0.0189
	万人拥有医院床位数（X48）	张	0.0351	0.0053	0.0267
	万人拥有卫生技术人员（X49）	人	0.0231	0.0103	0.0195
	万人拥有专业科技人员（X50）	人	0.0428	0.0193	0.0362

（3）焦作市 1999～2021 年生态安全警度值数合成结果

根据焦作市生态安全预警指标标准化后各指标值（表 6 - 19～表 6 - 21）和组合权重（表 6 - 45～表 6 - 47），依据 5.3.3 节中综合警度值数分级合成公式（5.59）～公式（5.61），分别计算焦作市 1999～2021 年生态安全预警指标体系各层次中的子系统和总系统的生态安全警度值数，计算结果见表 6 - 48～表 6 - 52。

表 6 – 48   焦作市 1999 ~ 2021 年（压力子系统）警度值合成结果

年份	1999	2000	2001	2002	2003	2004	2005	2006	2007	2008	2009
自然因素	0.0423	0.0565	0.0409	0.0681	0.0484	0.0537	0.0600	0.0658	0.0761	0.0716	0.0650
经济因素	0.0135	0.0298	0.0294	0.0376	0.0407	0.0441	0.0381	0.0399	0.0489	0.0505	0.0503
社会因素	0.0230	0.0275	0.0251	0.0340	0.0340	0.0318	0.0319	0.0300	0.0324	0.0264	0.0283
压力综合	0.0788	0.1138	0.0954	0.1398	0.1231	0.1295	0.1300	0.1357	0.1573	0.1484	0.1436

年份	2010	2011	2012	2013	2014	2015	2016	2017	2018	2019	2020	2021
自然因素	0.0617	0.0792	0.0948	0.0900	0.0904	0.0858	0.0922	0.0799	0.0776	0.0803	0.0815	0.0844
经济因素	0.0550	0.0672	0.0753	0.0815	0.0884	0.0932	0.0995	0.1033	0.1052	0.1164	0.1121	0.1289
社会因素	0.0277	0.0276	0.0297	0.0269	0.0320	0.0285	0.0347	0.0348	0.0298	0.0350	0.0215	0.0310
压力综合	0.1444	0.1740	0.1998	0.1985	0.2108	0.2075	0.2264	0.2180	0.2126	0.2317	0.2151	0.2442

表 6 – 49   焦作市 1999 ~ 2021 年（状态子系统）警度值合成结果

年份	1999	2000	2001	2002	2003	2004	2005	2006	2007	2008	2009
自然因素	0.0170	0.0289	0.0253	0.0201	0.0288	0.0327	0.0383	0.0397	0.0387	0.0400	0.0442
经济因素	0.0007	0.0168	0.0182	0.0166	0.0179	0.0184	0.0214	0.0289	0.0328	0.0362	0.0397
社会因素	0.0127	0.0051	0.0021	0.0137	0.0179	0.0263	0.0240	0.0283	0.0349	0.0373	0.0317
状态综合	0.0303	0.0507	0.0455	0.0504	0.0646	0.0774	0.0836	0.0969	0.1064	0.1135	0.1156

年份	2010	2011	2012	2013	2014	2015	2016	2017	2018	2019	2020	2021
自然因素	0.0435	0.0439	0.0418	0.0382	0.0367	0.0300	0.0332	0.0343	0.0386	0.0333	0.0340	0.0342
经济因素	0.0444	0.0517	0.0566	0.0600	0.0643	0.0730	0.0702	0.0821	0.0902	0.0995	0.1106	0.1191
社会因素	0.0458	0.0483	0.0433	0.0402	0.0454	0.0714	0.0460	0.0578	0.0560	0.0487	0.0543	0.0448
状态综合	0.1337	0.1439	0.1418	0.1383	0.1463	0.1743	0.1495	0.1742	0.1849	0.1815	0.1988	0.1981

表 6 – 50 　焦作市 1999～2021 年（响应子系统）警度值合成结果

年份	1999	2000	2001	2002	2003	2004	2005	2006	2007	2008	2009
自然因素	0.0067	0.0207	0.0208	0.0296	0.0434	0.0491	0.0587	0.0532	0.0589	0.0543	0.0659
经济因素	0.0063	0.0090	0.0212	0.0309	0.0344	0.0337	0.0233	0.0339	0.0350	0.0346	0.0389
社会因素	0.0078	0.0087	0.0115	0.0067	0.0108	0.0180	0.0203	0.0172	0.0218	0.0289	0.0253
响应综合	0.0208	0.0384	0.0534	0.0672	0.0886	0.1008	0.1022	0.1043	0.1158	0.1178	0.1300

年份	2010	2011	2012	2013	2014	2015	2016	2017	2018	2019	2020	2021
自然因素	0.0889	0.0786	0.0810	0.0992	0.1059	0.1124	0.1136	0.1126	0.1281	0.1385	0.1361	0.1432
经济因素	0.0409	0.0421	0.0312	0.0300	0.0289	0.0338	0.0407	0.0438	0.0458	0.0534	0.0577	0.0529
社会因素	0.0322	0.0284	0.0318	0.0401	0.0465	0.0544	0.0554	0.0605	0.0678	0.0737	0.0690	0.0857
响应综合	0.1620	0.1490	0.1440	0.1693	0.1814	0.2006	0.2098	0.2169	0.2417	0.2656	0.2627	0.2818

表 6 – 51 　焦作市 1999～2021 年（总系统）警度值合成结果

年份	1999	2000	2001	2002	2003	2004	2005	2006	2007	2008	2009
自然因素	0.066	0.1061	0.087	0.1178	0.1206	0.1355	0.157	0.1587	0.1737	0.166	0.175
经济因素	0.0205	0.0556	0.0687	0.0852	0.093	0.0962	0.0827	0.1027	0.1167	0.1212	0.1289
社会因素	0.0435	0.0413	0.0386	0.0544	0.0628	0.076	0.0761	0.0755	0.0891	0.0926	0.0853
总系统	0.13	0.203	0.1943	0.2574	0.2764	0.3078	0.3158	0.3369	0.3795	0.3798	0.3891

年份	2010	2011	2012	2013	2014	2015	2016	2017	2018	2019	2020	2021
自然因素	0.1941	0.2017	0.2176	0.2274	0.233	0.2282	0.2391	0.2268	0.2443	0.2521	0.2515	0.2619
经济因素	0.1402	0.1609	0.1632	0.1715	0.1817	0.2	0.2104	0.2293	0.2412	0.2693	0.2804	0.3008
社会因素	0.1057	0.1043	0.1048	0.1072	0.1238	0.1543	0.1361	0.1531	0.1536	0.1574	0.1447	0.1615
总系统	0.4401	0.4669	0.4855	0.5061	0.5385	0.5825	0.5856	0.6092	0.6391	0.6788	0.6767	0.7242

表6-52　　焦作市1999~2021年生态安全各子系统及总系统的警度值数汇总

年度	压力子系统				状态子系统				响应子系统				总系统			
	自然	经济	社会	综合值	自然	经济	社会	综合值	自然	经济	社会	综合值	自然	经济	社会	综合值
1999	0.0423	0.0135	0.0230	0.0788	0.0170	0.0007	0.0127	0.0303	0.0067	0.0063	0.0078	0.0208	0.0660	0.0205	0.0435	0.1300
2000	0.0565	0.0298	0.0275	0.1138	0.0289	0.0168	0.0051	0.0507	0.0207	0.0090	0.0087	0.0384	0.1061	0.0556	0.0413	0.2030
2001	0.0409	0.0294	0.0251	0.0954	0.0253	0.0182	0.0021	0.0455	0.0208	0.0212	0.0115	0.0534	0.0870	0.0687	0.0386	0.1943
2002	0.0681	0.0376	0.0340	0.1398	0.0201	0.0166	0.0137	0.0504	0.0296	0.0309	0.0067	0.0672	0.1178	0.0852	0.0544	0.2574
2003	0.0484	0.0407	0.0340	0.1231	0.0288	0.0179	0.0179	0.0646	0.0434	0.0344	0.0108	0.0886	0.1206	0.0930	0.0628	0.2764
2004	0.0537	0.0441	0.0318	0.1295	0.0327	0.0184	0.0263	0.0774	0.0491	0.0337	0.0180	0.1008	0.1355	0.0962	0.0760	0.3078
2005	0.0600	0.0381	0.0319	0.1300	0.0383	0.0214	0.0240	0.0836	0.0587	0.0233	0.0203	0.1022	0.1570	0.0827	0.0761	0.3158
2006	0.0658	0.0399	0.0300	0.1357	0.0397	0.0289	0.0283	0.0969	0.0532	0.0339	0.0172	0.1043	0.1587	0.1027	0.0755	0.3369
2007	0.0761	0.0489	0.0324	0.1573	0.0387	0.0328	0.0349	0.1064	0.0589	0.0350	0.0218	0.1158	0.1737	0.1167	0.0891	0.3795
2008	0.0716	0.0505	0.0264	0.1484	0.0400	0.0362	0.0373	0.1135	0.0543	0.0346	0.0289	0.1178	0.1660	0.1212	0.0926	0.3798
2009	0.0650	0.0503	0.0283	0.1436	0.0442	0.0397	0.0317	0.1156	0.0659	0.0389	0.0253	0.1300	0.1750	0.1289	0.0853	0.3891
2010	0.0617	0.0550	0.0277	0.1444	0.0435	0.0444	0.0458	0.1337	0.0889	0.0409	0.0322	0.1620	0.1941	0.1402	0.1057	0.4401
2011	0.0792	0.0672	0.0276	0.1740	0.0439	0.0517	0.0483	0.1439	0.0786	0.0421	0.0284	0.1490	0.2017	0.1609	0.1043	0.4669
2012	0.0948	0.0753	0.0297	0.1998	0.0418	0.0566	0.0433	0.1418	0.0810	0.0312	0.0318	0.1440	0.2176	0.1632	0.1048	0.4855
2013	0.0900	0.0815	0.0269	0.1985	0.0382	0.0600	0.0402	0.1383	0.0992	0.0300	0.0401	0.1693	0.2274	0.1715	0.1072	0.5061
2014	0.0904	0.0884	0.0320	0.2108	0.0367	0.0643	0.0454	0.1463	0.1059	0.0289	0.0465	0.1814	0.2330	0.1817	0.1238	0.5385

续表

年度	压力子系统				状态子系统				响应子系统				总系统			
	自然	经济	社会	综合值	自然	经济	社会	综合值	自然	经济	社会	综合值	自然	经济	社会	综合值
2015	0.0858	0.0932	0.0285	0.2075	0.0300	0.0730	0.0714	0.1743	0.1124	0.0338	0.0544	0.2006	0.2282	0.2000	0.1543	0.5825
2016	0.0922	0.0995	0.0347	0.2264	0.0332	0.0702	0.0460	0.1495	0.1136	0.0407	0.0554	0.2098	0.2391	0.2104	0.1361	0.5856
2017	0.0799	0.1033	0.0348	0.2180	0.0343	0.0821	0.0578	0.1742	0.1126	0.0438	0.0605	0.2169	0.2268	0.2293	0.1531	0.6092
2018	0.0776	0.1052	0.0298	0.2126	0.0386	0.0902	0.0560	0.1849	0.1281	0.0458	0.0678	0.2417	0.2443	0.2412	0.1536	0.6391
2019	0.0803	0.1164	0.0350	0.2317	0.0333	0.0995	0.0487	0.1815	0.1385	0.0534	0.0737	0.2656	0.2521	0.2693	0.1574	0.6788
2020	0.0815	0.1121	0.0215	0.2151	0.0340	0.1106	0.0543	0.1988	0.1361	0.0577	0.0690	0.2627	0.2515	0.2804	0.1447	0.6767
2021	0.0844	0.1289	0.0310	0.2442	0.0342	0.1191	0.0448	0.1981	0.1432	0.0529	0.0857	0.2818	0.2619	0.3008	0.1615	0.7242

6.5.2 警情评判标准选择及警度分级

（1）预警指标考核标准的选择

由于本书研究的生态安全的预警对象主要为煤炭资源型城市（地级市），因此，在选取预警等级指标的最低值时主要依据国家环保总局在2007年发布的有关《生态县、生态市、生态省建设指标（修订稿）》的通知中的数据、《国家生态园林城市分级考核标准》《全国资源型城市可持续发展规划（2013—2020年)》；并结合以国家已经发布了的环境质量标准，其中有：《国家生态园林城市分级考核标准》（GB/T50563 - 2010）、地面水环境质量标准（GB3838 - 88）、环境空气质量标准（GB3095 - 96）、城市区域环境噪声标准（GB3096 - 93）、《城市居民生活用水量标准》（GB/T50331 - 2002）等，以及参考其他针对煤炭资源型城市的生态安全评价及预警进行考核的标准值。下面以几项反映煤炭资源型城市的典型指标为例，说明所选指标标准充分体现了煤炭资源型城市生态安全预警指标的特殊性。

采煤沉陷面积、煤矸石排放量两个指标是对煤炭资源型城市环境质量和土地破坏的典型生态压力指标，不同的煤炭资源型城市由于煤层赋存条件和煤质的不同，煤炭开采后地面的沉陷程度和矸石中所含的有害物质差别很大，目前国内外根本没有标准可查，应当参考焦作市历史记录的平均值。

人均煤炭资源可采储量、采煤沉陷区治理率这两个煤炭资源型城市关键指标，具有动态性，人均煤炭资源可采储量随着勘探水平和人口变化具有阶段性和时间效应；采煤沉陷区治理率，随着政府的重视程度和补偿制度的不断完善，具有长期效应，很难通过每年治理情况来确定每年具体指标，目前国内外根本没有标准可查，也应当参考焦作市历史记录的平均值。

最终定出焦作市生态安全预警指标的标准值，见表6 - 53 ~ 表6 - 55。

表 6 – 53　　　　　　焦作市预警指标的标准值选择（压力系统）

因素	指标	单位	标准值	依据
自然 （N1）	万元 GDP 工业烟尘排放量 （X1）	千克	2.6	研究时段内河南省平均值
	万元 GDP 工业二氧化硫排放量（X2）	千克	5	国家生态市建设标准（修订）
	万元 GDP 工业废气排放量 （X3）	标立方米	11 166	研究时段内河南省平均值
	万元 GDP 工业废水排放量 （X4）	吨	9.9	研究时段内河南省平均值
	万元 GDP 工业废固物排放量 （X5）	千克	15	研究时段内河南省平均值
	人均年生活用水量（X6）	吨	51	《居民生活用水标准 2 类区》
	采煤沉陷面积（X7）	hm²	322	研究时段内焦作市历年均值
	煤矸石排放量（X8）	万吨	56	研究时段内焦作市历年均值
	原煤年产量（X9）	万吨	555	研究时段内焦作市历年均值
经济 （E1）	人均 GDP（X10）	元	20 000	国家生态市建设标准
	GDP 年增长率（X11）	%	8	研究时段内焦作市控指标
	单位 GDP 能耗（X12）	吨标煤/ 万元	1.4	国家生态市建设标准
	单位 GDP 水耗（X13）	吨/万元	56	研究时段内国内均值
	第三产业占 GDP 比重（X14）	%	40	国家生态市建设标准（修订）
	煤炭工业增加值占工业增加值比重（X15）	%	47.7	研究时段内焦作市历年均值
社会 （S1）	人口密度（X16）	人/km²	135	第五次全国人口普查平均数据
	人口自然增长率（X17）	‰	6	十三五规划全国平均
	城镇登记失业率（X18）	%	4	市控指标
	城镇化率（X19）	%	55	国家生态市建设标准（修订）

表 6 – 54　　　　　焦作市预警指标的标准值选择（状态系统）

因素	指标	单位	标准值	依据
自然 （N2）	噪声达标区覆盖率（X20）	%	95	国家生态市建设标准
	城市空气质量 2 级达标天数（X21）	天/年	280	国家生态市建设标准
	城市集中饮用水源水质达标率（X22）	%	100	国家生态市建设标准（修订）
	人均煤炭资源可采储量（X23）	吨	313	研究时段内国内均值
	人均可利用水资源（X24）	吨	2 000	研究时段内国内均值
经济 （E2）	城镇居民恩格尔系数（X25）	%	40	国家生态市建设标准
	农村居民恩格尔系数（X26）	%	37.1	国家生态市建设标准
	农村居民人均纯收入（X27）	元	6 000	国家生态市建设标准（修订）
	城镇居民人均可支配收入（X28）	元	13 000	国家生态市建设标准
	年末城乡居民人均储蓄存款（X29）	元	21 563	河南省 2014 年人均存款
社会 （S2）	市区人均道路面积（X30）	m²	8	国家生态市建设标准
	城镇人均居住面积（X31）	m²	35	河南 2014 年城镇人均居住面积
	建成区绿化覆盖率（X32）	%	40	国家生态园林城市标准
	城市人均绿地面积（X33）	m²	12	国家生态园林城市标准

表 6 – 55　　　　　焦作市预警指标的标准值选择（响应系统）

因素	指标	单位	标准值	依据
自然 （N3）	城市生活污水集中处理率（X34）	%	85	国家生态市建设标准（修订稿）
	城市生活垃圾无害化处理率（X35）	%	90	国家生态市建设标准（修订稿）
	采煤沉陷区治理率（X36）	%	90	国家生态园林城市标准
	工业废气排放达标率（X37）	%	90	国家生态园林城市标准
	工业废水排放达标率（X38）	%	95	国家环境保护模范城考核标准
	工业烟尘排放达标率（X39）	%	100	国家生态园林城市标准
	煤矸石综合利用率（X40）	%	50	研究时段内国内均值
	工业固体废物综合利用率（X41）	%	90	国家环境保护模范城考核标准

续表

因素	指标	单位	标准值	依据
经济（E3）	环保投资占 GDP 比重（X42）	%	3.5	国家生态城市建设指标
	旅游收入占第三产业比重（X43）	%	20	研究时段内国内均值
	科教经费投入占 GDP 比重（X44）	%	7	国家生态市建设标准
	实际利用外资占 GDP 比重（X45）	%	5	研究时段内焦作市历史平均
	高新技术产业增加值占 GDP 比重（X46）	%	1.5	研究时段内国内均值
社会（S3）	第三产业人口占从业人口比例（X47）	%	30	研究时段内国内均值
	万人拥有医院床位数（X48）	张	90	国家生态市建设标准
	万人拥有卫生技术人员（X49）	人	25	研究时段内国内均值
	万人拥有专业科技人员（X50）	人	35	国家生态市建设标准

当然，以上制定出来的指标标准也不是终极标准，因为随着社会经济的发展，这些标准本身不是一成不变的，标准也会不断变化，内涵更丰富，所以，这些目标的标准是个历史范畴，在不同的社会经济条件和不同的城市应有不同的内容、数值，这也正是标准是个相对的、动态的概念的体现，标准只是相对的参考值，具有阶段性，需要不断进行动态调整与完善。

（2）警度划分及警限的确定

警度值数是一个衡量生态安全警情状态的指数。警度分级是判断警情严重程度的标尺和参照系。在生态安全预警过程中，预警指标标准的选择及警度区间的划分非常关键，其划分结果将直接影响生态安全预警的结论。客观上讲，没有预警指标标准依据和科学警度区间划分的一系列计算数据，预警研究只是一场数值游戏。只有科学选择单一指标的标准并计算出所对应的阈值，才能根据所获取的各年度警度指数确定其所处的警度区间范围，从而准确判断煤炭资源型城市生态安全警情状况，并做出科学预警。笔者查阅大量的有关城市生态安全评价及预警、城市可持续发展评价以及相关研究成果后，发现对于指标标准的选择，绝大部分研究者参考了国际、国内通用性指标以及国家和行业规范和验收标准，然而具体的警度划分时绝大部分采用了［0，1］等距离划分方法。在警度分级时常常存在有随意性。本书认为，既然指标体系中的每一个单一指标的选择都具有参照的标准，那么通过以上警度指数计算方法将这个标准指标值加入年度时间序列进行计算，所对应的警度指数应当是警度划分的标尺，警度的区间划分应当依据这个标尺进行科学分级。因此，本书结合第 5 章生态安全警限的确定要求和原则，依据焦作市生态安全发展现状，首先参照表 6 - 56 ~ 表 6 - 58 中有关指标标准值，确定无警区上限，然后在无警区上限值的基础上向下划分警度区间。对于正向指标，以减少 5% 确定，依次向下划分轻警、中警、重警和巨警区间；对于负向指标，以增加 5% 确定，依次划分轻警、中警、重警和巨警区间。最后，按照上述原则，在选择好 5 级警限指标数值的前提下，采用上述综合指数法，根据归一化公式和综合值数计算方法逐级合成公式计算出相应的综合警度值数，作为对应的预警阈值。焦作市生态安全预警警度指标划分结果，见表 6 - 56 ~ 表 6 - 58。警情划分结果，见表 6 - 59 ~ 表 6 - 60，警度等级的含义见表 6 - 61。将其应阈值分别给出信号灯显示，红灯表示巨警；橙灯表示重警；黄灯表示中警；蓝灯表示轻警；绿灯表示无警。

表 6 - 56   **焦作市预警指标警限划分（压力系统）**

指标	单位	无警	轻警	中警	重警	巨警
万元 GDP 工业烟尘排放量（X1）	千克	2.6	≥2.6	≥3.1	≥3.7	≥4.5
万元 GDP 工业二氧化硫排放量（X2）	千克	5	≥5	≥6.0	≥7.2	≥8.6
万元 GDP 工业废气排放量（X3）	标立方米	11 166	≥11 166	≥13 399	≥16 079	≥19 295
万元 GDP 工业废水排放量（X4）	吨	9.9	≥9.9	≥11.9	≥14.3	≥17.1
万元 GDP 工业废固物排放量（X5）	千克	15	≥15	≥18	≥22	≥26
人均年生活用水量（X6）	吨	51	≥51	≥61	≥73	≥88
采煤沉陷面积（X7）	hm²	322	≥322	≥386	≥464	≥556
煤矸石排放量（X8）	万吨	56	≥56	≥67	≥81	≥97
原煤年产量（X9）	万吨	555	≥555	≥666	≥799	≥959
人均 GDP（X10）	元	25 000	≤25 000	≤20 000	≤16 000	≤12 800
GDP 年增长率（X11）	%	8	≤8	≤6.40	≤5.12	≤4.10
单位 GDP 能耗（X12）	吨标煤/万元	1.4	≥1.4	≥1.68	≥2.02	≥2.42
单位 GDP 水耗（X13）	吨/万元	56	≥56	≥67	≥81	≥97
第三产业占 GDP 比重（X14）	%	40	≤40	≤32	≤26	≤21
煤炭工业增加值占工业增加值比重（X15）	%	47.7	≥47.7	≥57	≥69	≥82
人口密度（X16）	人/km²	135	≥135	≥162	≥194	≥233
人口自然增长率（X17）	‰	6	≥6	≥7	≥9	≥10
城镇登记失业率（X18）	%	4	≥4	≥5	≥6	≥7
城镇化率（X19）	%	55	≤55	≤44	≤35	≤28

表 6 – 57 焦作市预警指标警限划分（状态系统）

指标	单位	无警	轻警	中警	重警	巨警
噪声达标区覆盖率（X20）	%	95	≤95	≤76	≤61	≤49
城市空气质量 2 级达标天数（X21）	天/年	280	≤280	≤224	≤179	≤143
城市集中饮用水源水质达标率（X22）	%	100	≤100	≤80	≤64	≤51
人均煤炭资源可采储量（X23）	吨	313	≤313	≤250	≤200	≤160
人均可利用水资源（X24）	吨	2 000	≤2 000	≤1 600	≤1 280	≤1 024
城镇居民恩格尔系数（X25）	%	40	≥40	≥48	≥58	≥69
农村居民恩格尔系数（X26）	%	37.1	≥37.1	≥45	≥53	≥64
农村居民人均纯收入（X27）	元	6 000	≤6 000	≤4 800	≤3 840	≤3 072
城镇居民人均可支配收入（X28）	元	13 000	≤13 000	≤10 400	≤8 320	≤6 656
年末城乡居民人均储蓄存款（X29）	元	21 563	≤21 563	≤17 250	≤13 800	≤11 040
市区人均道路面积（X30）	m²	8	≤8	≤6.40	≤5.12	≤4.10
城镇人均居住面积（X31）	m²	35	≤35	≤28.00	≤22.40	≤17.92
建成区绿化覆盖率（X32）	%	40	≤40	≤32.00	≤25.60	≤20.5
城市人均绿地面积（X33）	m²	12	≤12	≤9.60	≤7.68	≤6.14

表 6 – 58 焦作市预警指标警限划分（响应系统）

指标	单位	无警	轻警	中警	重警	巨警
城市生活污水集中处理率（X34）	%	85	≤85	68.0≤	54.4≤	43.5≤
城市生活垃圾无害化处理率（X35）	%	90	≤90	72.0≤	57.6≤	46.1≤
采煤沉陷区治理率（X36）	%	90	≤90	72.0≤	57.6≤	46.1≤

续表

指标	单位	无警	轻警	中警	重警	巨警
工业废气排放达标率（X37）	%	90	≤90	72.0≤	57.6≤	46.1≤
工业废水排放达标率（X38）	%	95	≤95	76.0≤	60.8≤	48.6≤
工业烟尘排放达标率（X39）	%	100	≤100	80.0≤	64.0≤	51.2≤
煤矸石综合利用率（X40）	%	50	≤50	40.0≤	32.0≤	25.6≤
工业固体废物综合利用率（X41）	%	90	≤90	72.0≤	57.6≤	46.1≤
环保投资占 GDP 比重（X42）	%	3.5	≤3.5	2.8≤	2.2≤	1.8≤
旅游收入占第三产业比重（X43）	%	20	≤20	16.0≤	12.8≤	10.2≤
科教经费投入占 GDP 比重（X44）	%	7	≤7	5.6≤	4.5≤	3.6≤
实际利用外资占 GDP 比重（X45）	%	5	≤5	4.0≤	3.2≤	2.6≤
高新技术产业增加值占 GDP 比重（X46）	%	1.5	≤1.5	1.2≤	1.0≤	0.8≤
第三产业人口占从业人口比例（X47）	%	30	≤30	24.0≤	19.2≤	15.4≤
万人拥有医院床位数（X48）	张	90	≤90	72≤	58≤	46≤
万人拥有卫生技术人员（X49）	人	25	25	20≤	16≤	13≤
万人拥有专业科技人员（X50）	人	35	≤35	28≤	22≤	18≤

表 6-59   焦作市生态安全 PSR 系统警度区间划分标准

警度等级	总系统警度 区间划分	压力子系统 警度区间划分	状态子系统 警度区间划分	响应子系统 警度区间划分
巨警	0.0000 ~ 0.2795	0.0000 ~ 0.0965	0.0000 ~ 0.0716	0.0000 ~ 0.1113
重警	0.2795 ~ 0.3727	0.0965 ~ 0.1287	0.0716 ~ 0.0955	0.1113 ~ 0.1484
中警	0.3727 ~ 0.4969	0.1287 ~ 0.1716	0.0955 ~ 0.1274	0.1484 ~ 0.1979
轻警	0.4969 ~ 0.6625	0.1716 ~ 0.2288	0.1274 ~ 0.1698	0.1979 ~ 0.2639
无警	0.6625 ~ 1.0000	0.2288 ~ 1.0000	0.1698 ~ 1.0000	0.2639 ~ 1.0000

表 6-60   焦作市生态安全 PSR—NES 系统警度区间划分标准

系统名称	因素名称	无警	轻警	中警	重警	巨警
压力系统	自然因素	1.0000 ~ 0.1005	0.1005 ~ 0.0754	0.0754 ~ 0.0565	0.0565 ~ 0.0424	0.0424 ~ 0.0000
	经济因素	1.0000 ~ 0.0806	0.0806 ~ 0.0604	0.0604 ~ 0.0453	0.0453 ~ 0.0340	0.0340 ~ 0.0000
	社会因素	1.0000 ~ 0.0477	0.0477 ~ 0.0358	0.0358 ~ 0.0269	0.0269 ~ 0.0201	0.0201 ~ 0.0000
状态系统	自然因素	1.0000 ~ 0.0779	0.0779 ~ 0.0584	0.0584 ~ 0.0438	0.0438 ~ 0.0329	0.0329 ~ 0.0000
	经济因素	1.0000 ~ 0.0320	0.0320 ~ 0.0240	0.0240 ~ 0.0180	0.0180 ~ 0.0135	0.0135 ~ 0.0000
	社会因素	1.0000 ~ 0.0599	0.0599 ~ 0.0449	0.0499 ~ 0.0337	0.0337 ~ 0.0253	0.0253 ~ 0.0000
响应系统	自然因素	1.0000 ~ 0.1476	0.1476 ~ 0.1107	0.1107 ~ 0.0830	0.0830 ~ 0.0623	0.0623 ~ 0.0000
	经济因素	1.0000 ~ 0.0769	0.0769 ~ 0.0577	0.0577 ~ 0.0433	0.0433 ~ 0.0324	0.0324 ~ 0.0000
	社会因素	1.0000 ~ 0.0394	0.0394 ~ 0.0296	0.0296 ~ 0.0222	0.0222 ~ 0.0166	0.0166 ~ 0.0000
总系统	自然因素	1.0000 ~ 0.3260	0.3260 ~ 0.2445	0.2445 ~ 0.1834	0.1834 ~ 0.1375	0.1375 ~ 0.0000
	经济因素	1.0000 ~ 0.1895	0.1895 ~ 0.1421	0.1421 ~ 0.1066	0.1066 ~ 0.0800	0.0800 ~ 0.0000
	社会因素	1.0000 ~ 0.1471	0.1471 ~ 0.1103	0.1103 ~ 0.0827	0.0827 ~ 0.0620	0.0620 ~ 0.0000

表 6-61   焦作市生态安全总系统警度等级的含义

警度等级	等级含义	指示灯
巨警	生态系统服务功能几近崩溃,生态过程很难逆转。生态环境受到严重破坏,生态系统结构残缺不全,功能丧失,生态恢复与重建很困难,生态环境问题很大并经常演变成生态灾害	●

续表

警度等级	等级含义	指示灯
重警	生态系统服务功能严重退化。生态环境受到较大破坏，生态系统结构破坏较大，功能退化且不全，受外界干扰后恢复困难，生态问题较大，生态灾害较多	●
中警	生态系统服务功能已有退化。生态环境受到一定破坏，生态系统结构有变化，但尚可维持基本功能，受干扰后易恶化，生态问题显现，生态灾害时有发生	●
轻警	生态系统服务功能较为完善。生态环境较少受到破坏，生态系统结构尚完整，功能尚好，一般干扰下可恢复，生态问题不显著，生态灾害不大	●
无警	生态系统服务功能基本完整。生态环境基本未受干扰破坏，生态系统结构完整，功能性强，系统恢复再生能力强，生态问题不显著，生态灾害少	●

6.5.3 耦合度测算

将表6-19～表6-21标准化数据和组合权重表6-45～表6-47数据，代入公式（3.9）、公式（3.10）计算三要素、三子系统的耦合度，得到自然、经济、社会三要素耦合度及分级，见表6-62。压力、状态、响应三子系统耦合度及分级，见表6-63。

表6-62　　　　　　　自然、经济、社会三要素耦合度及分级

年份	自然耦合力	经济耦合力	社会耦合力	耦合度	耦合分级
1999	0.1903	0.0719	0.1231	0.0732	无
2000	0.3512	0.2738	0.0938	0.1331	无
2001	0.3014	0.3261	0.0733	0.1198	无
2002	0.3849	0.3828	0.1439	0.1974	无
2003	0.3901	0.4126	0.1575	0.2144	无
2004	0.4445	0.4225	0.1967	0.2567	无

续表

年份	自然耦合力	经济耦合力	社会耦合力	耦合度	耦合分级
2005	0.5096	0.3685	0.1878	0.2497	无
2006	0.5213	0.4356	0.1857	0.2685	无
2007	0.5585	0.4766	0.2425	0.3299	低
2008	0.5356	0.4779	0.2569	0.3356	低
2009	0.5611	0.4868	0.2289	0.3231	低
2010	0.6032	0.5315	0.3129	0.4089	低
2011	0.6349	0.5888	0.3180	0.4379	低
2012	0.6825	0.5806	0.3054	0.4378	低
2013	0.6962	0.5970	0.2916	0.4349	低
2014	0.6906	0.6184	0.3189	0.4618	低
2015	0.6649	0.6868	0.4684	0.5917	中
2016	0.7013	0.7030	0.3294	0.4974	低
2017	0.6682	0.7683	0.3994	0.5624	中
2018	0.7152	0.7959	0.3901	0.5776	中
2019	0.7277	0.8731	0.3679	0.5833	中
2020	0.7250	0.9075	0.3736	0.5963	中
2021	0.7405	0.9529	0.3855	0.6232	中

表 6 – 63　　　　　　压力、状态、响应三子系统耦合度及分级

年份	压力子系统耦合力	状态子系统耦合力	响应子系统耦合力	耦合度	耦合分级
1999	0.2100	0.1293	0.0459	0.0548	无
2000	0.3463	0.2719	0.1006	0.1366	无
2001	0.3056	0.2518	0.1434	0.1520	无
2002	0.4576	0.2553	0.1986	0.2132	无
2003	0.4046	0.3034	0.2522	0.2518	无

续表

年份	压力子系统耦合力	状态子系统耦合力	响应子系统耦合力	耦合度	耦合分级
2004	0.4307	0.3519	0.2811	0.2905	无
2005	0.4277	0.3690	0.2691	0.2873	无
2006	0.4250	0.4211	0.2964	0.3190	低
2007	0.4892	0.4752	0.3132	0.3628	低
2008	0.4660	0.4958	0.3087	0.3588	低
2009	0.4382	0.4842	0.3544	0.3784	低
2010	0.4499	0.5761	0.4216	0.4524	低
2011	0.5398	0.6090	0.3929	0.4719	低
2012	0.6116	0.5871	0.3698	0.4704	低
2013	0.6131	0.5544	0.4172	0.4954	低
2014	0.6335	0.5585	0.4359	0.5163	中
2015	0.6316	0.7090	0.4796	0.5959	中
2016	0.6819	0.5489	0.5029	0.5755	中
2017	0.6505	0.6641	0.5212	0.6196	中
2018	0.6400	0.6859	0.5753	0.6634	中
2019	0.6891	0.6519	0.6276	0.7076	中
2020	0.6624	0.7087	0.6351	0.7238	中
2021	0.7492	0.6667	0.6629	0.7601	中

6.5.4 压力子系统生态安全演变趋势预警分析

将焦作市生态安全压力子系统内部自然、经济、社会三大影响因素的警度值数与警级划分标准表6-59~表6-61中的警度等级划分标准对比，得到焦作市1999~2021年生态安全压力系统内部的三大影响因素警情状况，见表6-64。

表6-64　　　焦作市1999～2021年生态安全压力子系统警情状况

年份	自然因素警度	警情等级	指示灯	经济因素警度	警情等级	指示灯	社会因素警度	警情等级	指示灯
1999	0.0423	巨警	●	0.0135	巨警	●	0.0230	重警	●
2000	0.0565	巨警	●	0.0298	巨警	●	0.0275	中警	◐
2001	0.0409	重警	●	0.0294	巨警	●	0.0251	重警	●
2002	0.0681	中警	◐	0.0376	重警	●	0.0340	中警	◐
2003	0.0484	重警	●	0.0407	重警	●	0.0340	中警	◐
2004	0.0537	重警	●	0.0441	重警	●	0.0318	中警	◐
2005	0.0600	中警	◐	0.0381	重警	●	0.0319	中警	◐
2006	0.0658	中警	◐	0.0399	重警	●	0.0300	中警	◐
2007	0.0761	轻警	◌	0.0489	中警	◐	0.0324	中警	◐
2008	0.0716	中警	◐	0.0505	中警	◐	0.0264	中警	◐
2009	0.0650	中警	◐	0.0503	中警	◐	0.0283	中警	◐
2010	0.0617	中警	◐	0.0550	中警	◐	0.0277	中警	◐
2011	0.0792	轻警	◌	0.0672	轻警	◌	0.0276	中警	◐
2012	0.0948	轻警	◌	0.0753	轻警	◌	0.0297	中警	◐
2013	0.0900	轻警	◌	0.0815	无警	◌	0.0269	中警	◐
2014	0.0904	轻警	◌	0.0884	无警	◌	0.0320	中警	◐
2015	0.0858	轻警	◌	0.0932	无警	◌	0.0285	中警	◐
2016	0.0922	轻警	◌	0.0995	无警	◌	0.0347	中警	◐
2017	0.0799	轻警	◌	0.1033	无警	◌	0.0348	中警	◐
2018	0.0776	轻警	◌	0.1052	无警	◌	0.0298	中警	◐
2019	0.0803	轻警	◌	0.1164	无警	◌	0.0350	中警	◐
2020	0.0815	轻警	◌	0.1121	无警	◌	0.0215	重警	●
2021	0.0844	轻警	◌	0.1289	无警	◌	0.0310	中警	◐

　　将焦作市生态安全压力子系统内部自然、经济、社会三大影响因素的警度值数通过excel2013软件作图，得到1999～2021年焦作市生态安全压力系统内部影响因素演变趋势图，见图6-8。

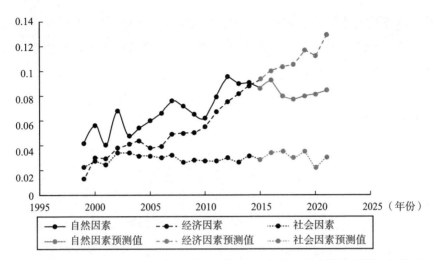

图 6-8 焦作市生态安全压力子系统内部自然、经济、社会影响因素变化趋势

从表 6-62、表 6-64 和图 6-8 可以看出：在压力系统内部自然、经济、社会三大影响因素发展变化趋势呈现出各自的特点，整体来看，压力子系统内部三因素发展状态分为三阶段。

第一阶段（1999~2006 年）：该阶段三大影响因素处于低度耦合阶段，经济压力在重警和巨警之间波动，自然和社会压力均处于中警以上状态。说明该阶段生态系统整体压力较大。

第二阶段（2006~2015 年）：该阶段三大影响因素处于中度耦合阶段，三因素发展呈现出不同特点，经济压力逐步得到缓解，由重警过渡到无警状态。而社会压力仍然很大，一直处于中警以上阶段。自然压力虽然得到一定缓和，但仍处于有警状态，说明该阶段生态系统整体压力有所缓解，但仍然处于有警阶段。

第三阶段（2015~2021 年）：预警结果显示，未来的焦作市经济压力较小，经济发展仍然保持良好的发展趋势，但自然压力和社会压力仍然处于有警状态。值得关注的是到 2020 年社会压力会出现负向演化和迅速恶化的趋势。

结合焦作市实际，从以上压力子系统的三因素三阶段的发展趋势来看，经济发展是带来生态系统压力的根源，自然和社会压力是经济压力的被动承受者。2015 年以前焦作市经济压力和自然压力发展整体趋势呈波浪式上升状态，具有同步效应，说明经济越发展自然压力越大；2015 年以后，经济压力有所缓解。但是，社会压力和自然压力较大，一直未能得到缓解。

6.5.5 状态子系统生态安全演变趋势预警分析

将焦作市生态安全状态子系统内部自然、经济、社会三大影响因素的警度值数与警级划分标准表 6 - 59 ~ 表 6 - 61 中的警度等级划分标准对比，得到焦作市 1999 ~ 2021 年生态安全状态系统内部的警情状况图，见表 6 - 65。

表 6 - 65　焦作市 1999 ~ 2021 年生态安全状态子系统警情状况

年份	自然警度值	警情等级	指示灯	经济警度值	警情等级	指示灯	社会警度值	警情等级	指示灯
1999	0.0170	巨警	●	0.0007	巨警	●	0.0127	巨警	●
2000	0.0289	巨警	●	0.0168	重警	●	0.0051	巨警	●
2001	0.0253	巨警	●	0.0182	中警	◐	0.0021	巨警	●
2002	0.0201	巨警	●	0.0166	重警	●	0.0137	巨警	●
2003	0.0288	巨警	●	0.0179	重警	●	0.0179	巨警	●
2004	0.0327	巨警	●	0.0184	中警	◐	0.0263	重警	●
2005	0.0383	重警	●	0.0214	中警	◐	0.0240	巨警	●
2006	0.0397	重警	●	0.0289	轻警	◔	0.0283	重警	●
2007	0.0387	重警	●	0.0328	无警	○	0.0349	中警	●
2008	0.0400	重警	●	0.0362	无警	◐	0.0373	中警	●
2009	0.0442	中警	◐	0.0397	无警	◔	0.0317	重警	●
2010	0.0435	重警	●	0.0444	无警	◔	0.0458	中警	●

续表

年份	自然警度值	警情等级	指示灯	经济警度值	警情等级	指示灯	社会警度值	警情等级	指示灯
2011	0.0439	中警	●	0.0517	无警	○	0.0483	中警	●
2012	0.0418	中警	●	0.0566	无警	○	0.0433	中警	●
2013	0.0382	重警	●	0.0600	无警	○	0.0402	中警	●
2014	0.0367	重警	●	0.0643	无警	○	0.0454	中警	●
2015	0.0300	巨警	●	0.0730	无警	○	0.0714	无警	○
2016	0.0332	重警	●	0.0702	无警	○	0.0460	轻警	●
2017	0.0343	重警	●	0.0821	无警	○	0.0578	轻警	●
2018	0.0386	重警	●	0.0902	无警	○	0.0560	轻警	●
2019	0.0333	重警	●	0.0995	无警	○	0.0487	轻警	●
2020	0.0340	重警	●	0.1106	无警	○	0.0543	轻警	●
2021	0.0342	重警	●	0.1191	无警	○	0.0448	中警	●

　　将焦作市生态安全状态子系统内部自然、经济、社会三大影响因素的警度值数通过 Excel2013 软件作图，得到 1999～2021 年焦作市生态安全状态系统内部影响因素演变趋势图，见图 6－9。

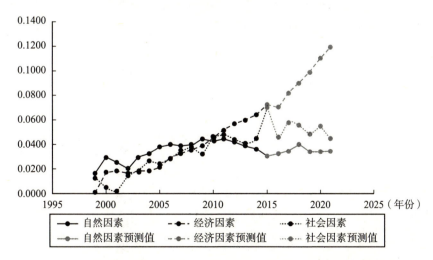

图 6－9　焦作市生态安全状态子系统自然、经济、社会因素变化趋势

从表6-62、表6-65和图6-9可以看出：在状态子系统内部自然、经济、社会三大影响因素发展变化趋势呈现出各自的特点，整体看来，状态子系统内部三因素发展状态分为三阶段。

第一阶段（1999~2006年）：该阶段三大影响因素处于无耦合阶段，三因素发展呈现出各自特点。自然和社会状态较差，一直在巨警和重警之间徘徊。经济状态发展趋势较好，逐步由巨警过渡到中警阶段。综合分析，三因素状态均处于中警以上，说明该阶段焦作市生态系统整体状态较差。

第二阶段（2006~2015年）：该阶段三大影响因素处于低度耦合阶段，三因素状态发展差别较大。经济因素发展状态良好，逐步由轻警过渡到无警状态。而自然因素状态较差而不稳定，一直在巨警和中警之间徘徊，且在2015年出现负向演化和迅速恶化的趋势。社会因素状态发展趋势较稳定，由重警逐步过渡到中警，但一直处于有警阶段。说明该阶段在状态子系统发展不稳定，整体状态表现较差。

第三阶段（2015~2021年）：预警结果显示，该阶段三大影响因素处于中度耦合阶段，未来焦作市经济发展仍然保持良好的发展趋势，一直处于无警状态。但自然状态恶化，始终处于重警态势。社会状态有所改善，但仍处于有警状态。说明该阶段焦作市生态系统整体状态有所好转，但仍处于有警阶段。

从以上状态子系统的三因素三发展趋势来看，在研究时间区间内焦作市的生态安全状态变化呈现不稳定发展趋势。整体来看，经济状态发展趋势良好，但自然和社会状态呈波浪式发展态势，具有不稳定效应，一直处在重警和轻警状态，而且出现负向演化和迅速恶化的趋势。这点与焦作市现实基本吻合，如在自然状态方面，2015年焦作市空气质量2级达标天数仅有173天，这与国家生态城市建设280天标准存在很大的差距。说明焦作市在经济状态稳步发展的同时，自然和社会状态一直在不断地调整，且未能得到缓解。

6.5.6 响应子系统生态安全演变趋势预警分析

将焦作市生态安全响应子系统的自然、经济、社会三因素综合警度值数与表 6 - 59 ~ 表 6 - 61 中警度等级划分标准对比，得到 1999 ~ 2021 年焦作市生态安全响应子系统的警情状况，见表 6 - 66。

表 6 - 66　　焦作市 1999 ~ 2021 年生态安全响应子系统警情状况

年份	自然警度值	警情等级	指示灯	经济警度值	警情等级	指示灯	社会警度值	警情等级	指示灯
1999	0.0067	巨警	●	0.0063	巨警	●	0.0078	巨警	●
2000	0.0207	巨警	●	0.0090	巨警	●	0.0087	巨警	●
2001	0.0208	巨警	●	0.0212	巨警	●	0.0115	巨警	●
2002	0.0296	巨警	●	0.0309	巨警	●	0.0067	巨警	●
2003	0.0434	巨警	●	0.0344	重警	●	0.0108	巨警	●
2004	0.0491	巨警	●	0.0337	重警	●	0.0180	重警	●
2005	0.0587	巨警	●	0.0233	巨警	●	0.0203	重警	●
2006	0.0532	巨警	●	0.0339	重警	●	0.0172	重警	●
2007	0.0589	巨警	●	0.0350	重警	●	0.0218	重警	●
2008	0.0543	巨警	●	0.0346	重警	●	0.0289	中警	●
2009	0.0659	重警	●	0.0389	重警	●	0.0253	中警	●
2010	0.0889	重警	●	0.0409	重警	●	0.0322	轻警	◐
2011	0.0786	重警	●	0.0421	重警	●	0.0284	中警	●
2012	0.0810	重警	●	0.0312	巨警	●	0.0318	轻警	◐
2013	0.0992	中警	◐	0.0300	巨警	●	0.0401	无警	◌
2014	0.1059	中警	◐	0.0289	巨警	●	0.0465	无警	◌
2015	0.1124	轻警	◐	0.0338	重警	●	0.0544	无警	◌
2016	0.1136	轻警	◐	0.0407	重警	●	0.0554	无警	◌
2017	0.1126	轻警	◐	0.0438	中警	◐	0.0605	无警	◌

续表

年份	自然警度值	警情等级	指示灯	经济警度值	警情等级	指示灯	社会警度值	警情等级	指示灯
2018	0.1281	轻警	●	0.0458	中警	●	0.0678	无警	○
2019	0.1385	轻警	●	0.0534	中警	●	0.0737	无警	○
2020	0.1361	轻警	●	0.0577	中警	●	0.0690	无警	○
2021	0.1432	轻警	●	0.0529	中警	●	0.0857	无警	○

　　将焦作市生态安全响应子系统的自然、经济、社会三因素综合警度值数通过 Excel2013 软件作图，得到 1999～2021 年焦作市生态安全状态系统的警情演变趋势，见图 6-10。

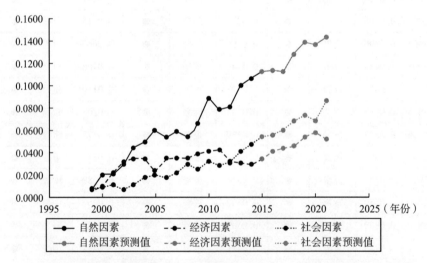

图 6-10　焦作市生态安全响应子系统自然、经济、社会影响因素变化趋势

　　从表 6-62、表 6-66 和图 6-10 可以看出：在响应子系统内部自然、经济、社会三大影响因素发展变化趋势均呈现出各自的特点。整体看来，响应子系统三因素发展趋势分为三阶段。

　　第一阶段（1999～2006 年）：该阶段三大影响因素耦合效果较差，

处于无耦合阶段，三因素响应能力发展趋势表现出各自特点。自然响应一直处于巨警状态，经济和社会响应一直在巨警和重警之间徘徊。说明该阶段焦作市生态系统整体响应能力较差。

第二阶段（2006～2015 年）：该阶段三大影响因素耦合效果一般，处于低度耦合阶段，三因素发展差别较大。相比之下，经济响应能力较弱，始终在巨警和重警之间徘徊，而且在 2012～2014 年出现了负向演化和迅速恶化的态势。自然响应能力发展比较稳定，逐步由巨警过渡到了轻警状态。社会响应能力逐步增强，由重警过渡到无警阶段。说明该阶段焦作市生态系统整体响应能力较弱，且发展不稳定。

第三阶段（2015～2021 年）：预警结果显示，该阶段三大影响因素处于中度耦合阶段，焦作市生态系统三因素响应能力整体变化趋势呈波浪式上升发展。未来社会响应比较主动，其发展趋势一直处于无警状态。但自然响应和经济响应仍然比较迟缓，一直还处于有警状态。说明该阶段三因素的响应能力发展不平衡，整体响应能力较弱。

从以上响应子系统的三因素三阶段发展趋势来看，在研究区间内焦作市的生态安全响应能力呈现出不均衡发展状态。三因素整体响应能力呈波浪式上升发展。整体来看，在响应子系统内部自然和经济响应能力较弱，一直处在有警状态。社会响应能力较强，按照目前的发展势头，焦作市生态社会响应比较主动。从预警结果来看，2015 年后，焦作市经济实施了很好转型，加大了环保投入，社会响应能力明显提高。

6.5.7 总系统生态安全演变趋势预警分析

（1）三个子系统生态安全预警分析

将焦作市生态安全压力、状态、响应子系统的综合警度值数与表 6-59～表 6-61 警度等级划分标准对比，得到 1999～2021 年焦作市生态安全警情状况，见表 6-67。

表6－67　　焦作市生态安全压力、状态、响应子系统的警情状况

年份	压力系统警度值	警情等级	指示灯	状态系统警度值	警情等级	指示灯	响应系统警度值	警情等级	指示灯
1999	0.0788	巨警	●	0.0303	巨警	●	0.0208	巨警	●
2000	0.1138	重警	●	0.0507	巨警	●	0.0384	巨警	●
2001	0.0954	巨警	●	0.0455	巨警	●	0.0534	巨警	●
2002	0.1398	中警	●	0.0504	巨警	●	0.0672	巨警	●
2003	0.1231	中警	●	0.0646	巨警	●	0.0886	巨警	●
2004	0.1295	中警	●	0.0774	重警	●	0.1008	巨警	●
2005	0.1300	中警	●	0.0836	重警	●	0.1022	巨警	●
2006	0.1357	中警	●	0.0969	中警	●	0.1043	巨警	●
2007	0.1573	中警	●	0.1064	中警	●	0.1158	重警	●
2008	0.1484	中警	●	0.1135	中警	●	0.1178	重警	●
2009	0.1436	中警	●	0.1156	中警	●	0.1300	重警	●
2010	0.1444	中警	●	0.1337	轻警	●	0.1620	中警	●
2011	0.1740	轻警	●	0.1439	轻警	●	0.1490	中警	●
2012	0.1998	轻警	●	0.1418	轻警	●	0.1440	重警	●
2013	0.1985	轻警	●	0.1383	轻警	●	0.1693	中警	●
2014	0.2108	轻警	●	0.1463	轻警	●	0.1814	中警	●
2015	0.2075	轻警	●	0.1743	无警	●	0.2006	轻警	●
2016	0.2264	轻警	●	0.1495	轻警	●	0.2098	轻警	●
2017	0.2180	轻警	●	0.1742	无警	○	0.2169	轻警	●
2018	0.2126	轻警	●	0.1849	无警	○	0.2417	轻警	●
2019	0.2126	轻警	●	0.1815	无警	○	0.2656	无警	○
2020	0.2126	轻警	●	0.1988	无警	○	0.2627	轻警	●
2021	0.2442	无警	○	0.1981	无警	○	0.2818	无警	○

　　将焦作市生态安全压力、状态、响应子系统的综合警度值数通过Excel2013软件作图，得到1999～2021年焦作市生态安全压力、状态、响应子系统的警情演变趋势，见图6－11。

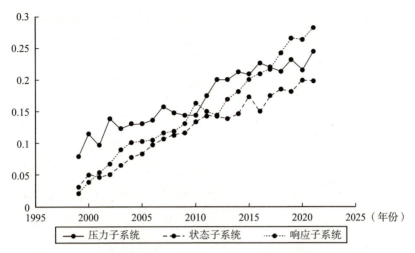

图 6 - 11 焦作市生态安全压力、状态、响应子系统警情演变趋势

从表 6 - 63、表 6 - 67 和图 6 - 11 可以看出：焦作市生态压力、状态、响应三大子系统安全状态均呈平稳上升趋势。整体来看，焦作市生态安全发展趋势分为三阶段。

第一阶段（1999～2006 年）：该阶段三个子系统警情均处于中警以上危险状态。三个子系统安全状态变化呈现出各自的特点，压力子系统安全状态变化趋势较好，警情逐步由巨警过渡到中警状态；状态子系统安全状态变化趋势中等，警情变化由巨警过渡到重警状态；响应子系统安全状态变化趋势较差，一直处于巨警状态。说明该阶段焦作市生态系统整体安全性较差，存在有较大的生态安全隐患。

第二阶段（2006～2015 年）：该阶段三个子系统仍然处于有警状态。三个子系统安全状态变化呈现出各自特点，压力子系统和状态子系统安全变化趋势较好，警情由中警逐步过渡到轻警阶段；响应子系统安全变化趋势较差，警情变化波动较大，一直在重警和中警之间徘徊，且在 2012 出现了负向演化和迅速恶化的态势。说明该阶段生态响应波动加大，响应能力较差、生态压力有所缓解、状态表现一般，三个子系统均在有警状态，整体安全性较差。

第三阶段（2015～2021 年）：该阶段为预警阶段。预警结果显示，该阶段三个子系统安全状态变化逐步好转。三个子系统安全状态变化呈现出各自特点，压力子系统未能得到完全缓解，警情一直处于有警状态；状态子系统表现良好，警情很快进入无警状态；响应子系统安全状态变化迟缓，警情在轻警和无警之间波动。说明该阶段生态压力较大、生态响应迟缓、状态表现良好，生态压力与响应矛盾较大。

从以三个子系统的三阶段发展趋势来看，三个子系统耦合效应逐步由无耦合过渡到中度耦合阶段。整体发展趋势良好，生态压力逐步得到缓解，响应能力逐步增强，状态发展趋势良好。但是，三个子系统一直到 2021 年逐步由轻警过渡到无警阶段。说明焦作市未来的生态安全状况不宜乐观，三个子系统安全状态发展仍然还处在有警阶段。

（2）总系统警情演变趋势分析

将焦作市生态安全总系统的综合警度值数与表 6－59～表 6－61 警度等级划分标准对比，得到 1999～2021 年焦作市生态安全总系统的警情状况，见表 6－68。

表 6－68　　　焦作市 1999～2021 年生态安全总系统警情状况

年份	警度指数	警情等级	指示灯
1999	0.1300	巨警	●
2000	0.2030	巨警	●
2001	0.1943	巨警	●
2002	0.2574	巨警	●
2003	0.2764	巨警	●
2004	0.3078	重警	●
2005	0.3158	重警	●
2006	0.3369	重警	●
2007	0.3795	中警	●
2008	0.3798	中警	●

续表

年份	警度指数	警情等级	指示灯
2009	0.3891	中警	●
2010	0.4401	中警	●
2011	0.4669	中警	●
2012	0.4855	中警	●
2013	0.5061	轻警	●
2014	0.5385	轻警	●
2015	0.5825	轻警	●
2016	0.5856	轻警	●
2017	0.6092	轻警	●
2018	0.6391	轻警	●
2019	0.6788	无警	●
2020	0.6767	无警	●
2021	0.7242	无警	●

　　将焦作市生态安全总系统的综合警度值数通过 excel2013 软件作图，得到 1999～2021 年焦作市生态安全总系统的警情演变趋势图，见图 6－12。

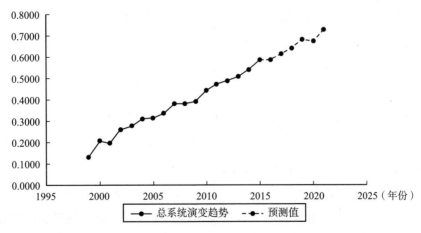

图 6－12　焦作市 1999～2021 年生态安全总系统警情演变趋势

从表6-62、表6-63、表6-68和图6-12中可以看到：焦作市1999~2021年总系统生态安全警情状态波动较小，三因素、三个子系统耦合效应由无耦合逐步过渡到中度耦合阶段；生态安全整体演变趋势处于稳步上升态势。其中可以划分为三个时段。

"十五"期间（1999~2006年）：该阶段焦作市生态总系统安全状况较差，三因素、三个子系统均处于无耦合阶段；警情综合值数上升缓慢，警情一直处于巨警和重警危险状态。该阶段与现实情况比较吻合，"十五"期间正是焦作市煤炭资源枯竭、产业结构调整和经济转型初期，面临着资源型城市经济危机带来的城镇登记失业率、经济发展、资源的消耗、"三废"排放、采煤沉陷对耕地破坏等一系列的资源型城市固有的各种压力问题，再加上经济滑坡、财力不足、环保治理和基础设施建设投入不够，所以该阶段焦作市整体生态安全状况较差。

"十一五~十二五"期间（2006~2015年）：该阶段三个子系统耦合效应明显由低度耦合逐步过渡到中度耦合阶段，该阶段警情逐步由中警过渡到轻警状态，说明焦作市生态安全状况逐步好转。该阶段与现实情况也比较吻合，现实中焦作市正处在经济转型的爬坡阶段，焦作市在"十一五~十二五"期间面对资源枯竭加快传统产业升级改造，并以旅游业为突破口，大力发展服务业，加大了对采煤沉陷区治理力度，强力优化城市环境，经济结构发生重大变化，不断推进城市化发展，自然和经济压力得到缓解。但是，经济发展必然带来自然和社会压力，所以该阶段的生态压力仍然较大。比如城市化发展带来的人口压力、经济实力较弱环保投入不足带来的环境污染压力、经济结构转型粗放型工业尚未走出困境带来的"三废"排放压力以及煤炭资源型城市所固有的采煤沉陷区治理、大量煤矸石堆存等问题。所以在该阶段正是焦作市大整合、大调整、大发展和各种矛盾大暴露时段，生态安全问题仍然严峻。

"十三五"期间（2015~2021年）：该阶段为预警阶段。预警结果显示，该阶段焦作市生态安全状态变化趋势良好。警情发展趋势逐步由轻警过渡到无警状态。该阶段与现实情况比较吻合，说明焦作市经过近

15 年的转型实践，大力发展自然山水旅游，实现社会经济全面转型，基本摆脱了煤炭资源枯竭的困境，生态城市建设已初步取得成效，生态安全状态基本得到好转。

总体上看，在研究区间内焦作市的生态安全状况基本呈现良好发展趋势，整体发展没有出现负向演化和迅速恶化的趋势。但是，在未来2016～2018 年焦作市生态总系统仍然处于有警情状态，说明今后一个时期，焦作市仍面临着许多生态安全问题。如从本书 2015 年统计数据看，焦作市尽管已实现了从"煤城"到"优秀旅游城市"的成功转型，但仍处于经济转型的关键时期，焦作市工业"三废"排放问题、水资源和城市绿地建设问题、城镇登记失业率问题、高消耗、高投入企业关停问题、环境整治与生态保护问题、矿山遗留和新滋生的双重制约问题、5.77‰人口增长率问题、40 个棚户区涉及 18 855 户改造问题、40 多万平方公里的采煤沉陷区治理问题、2 600 万吨煤矸石堆存问题等，这些问题都将影响到焦作市生态安全。可见焦作市未来仍然面临着巨大生态安全压力。因此，焦作市在未来的经济发展中还必须在高度重视解决以上诸多问题的同时，还要加大城市公共绿地面积，积极采取措施减少污染排放，适度控制人口增长，进一步加大环境保护投资，积极发展科学技术，不断提高生态系统的响应能力，以保证城市生态安全与经济协调发展。

6.6 本 章 小 结

本章紧密结合焦作市生态系统实际，在构建了焦作市 PSR—NES 生态安全预警指标体系的基础上，为了减小偏差提高预警精准度，打破了以往单一预警模型预警的研究思路，采用了等维新息灰色神经网络（DGM—RBF）动态组合预警方法，对焦作市生态安全进行了预警研究。重点研究了三种预测模型的预测原理、预测过程，并应用 MATLAB

R2014b 软件编制了三种模型预测程序，对焦作市警情指标进行预测；依据国家、焦作市生态市建设标准、生态园林城市分级考核标准、地面水环境质量标准、环境空气质量标准等确定了预警指标的考核标准值；最后，根据三种预测模型预测结果误差对比，依据警情分级标准，选择精度最高的等维新息灰色神经网络（DGM—RBF）动态组合模型的预测结果，采用信号灯和趋势图法对焦作市生态安全演变趋势进行预警分析。

7

焦作市生态安全调控及对策研究

7.1 焦作市生态安全调控的基本思路

7.1.1 调控方法的选择

生态安全调控的目的是通过调控自然、经济、社会的协调综合效益，使城市发展的生态环境处于不受或少受破坏与威胁的状态，最终实现生态安全从有警状态向无警状态的转变。关于生态安全调控的定量方法目前较为少见。本书借鉴经济领域的情景分析法，尝试运用情景分析法，通过设定不同调控方案对焦作市生态安全进行调控分析，以期准确反映不同调控方案下焦作市生态安全的变化趋势，为焦作市政府制定生态安全调控对策和措施提供参考。

为此，本书在参考国内外有关"情景分析法"研究成果的基础上，依据焦作市生态安全的实际，设置了"子系统调控""关键因子调控"和"目标仿真调控"三种情景模拟调控方案。

子系统调控：通过改变 PSR 总系统和子系统中指标参数，设置 7 种不同的调控情景，对生态安全警情变化趋势进行调控模拟，以考察子系统指标变化对生态安全的敏感度和贡献率，找出影响生态安全的关键子系统，为政府选择生态安全调控系统提供依据。

关键因子调控：通过改变生态安全影响因素中的关键因子指标参数，设置 7 种不同的调控情景，对生态安全警情变化趋势进行调控模拟，以考察关键因子指标变化对生态安全的敏感度和贡献率，找出影响生态安全的关键因子，为政府选择生态安全关键影响因素提供依据。

目标仿真调控：根据焦作市"十三五"远景规划的各类目标值，通过改变生态安全影响因素，设置不同的目标仿真调控情景，对生态安全警情变化趋势进行调控模拟，通过对比考察现实目标与预测目标的差距，提出具体调控对策，为政府对生态安全调控和管理提供依据。

7.1.2 警情调控敏感度测算方法及评判标准

为了考察情景模拟设置中调控指标对生态安全的敏感度（或贡献率），本书提出敏感变化率的概念，即以基期年 2015 年的生态安全警度值数为基准，通过调控目标年与基期年的生态安全警度值数进行比较，计算出某种调控情景的敏感变化率。具体的计算公式为：

$$I = \frac{Q_{目标年} - Q_{基期年}}{Q_{基期年}} \times 100\% \tag{7.1}$$

式中：I——生态安全敏感变化率；$Q_{终}$——调控目标年的警度值数；$Q_{始}$——基期年的警度值数。

当 I 大于子系统调控值时，认为该情景调控系统敏感性较强，对总系统生态安全的贡献率较大；当 I 小于子系统调控值时，认为该情景调控系统敏感度较弱，对总系统生态安全的贡献率较小。

7.2 焦作市生态安全子系统调控模拟分析

7.2.1 焦作市生态安全子系统调控模拟方案设计

(1) 子系统调控模拟参数设置

生态安全调控的目的是为了保证生态安全，消除警情达到无警状态。子系统和因素指标的调控模拟目的是：通过调控子系统和影响因素指标，考察子系统和影响因素指标的变化对总系统变化贡献率，从而选择出子系统和影响因素关键指标，为政府生态调控政策和措施的制定提供参考依据。

通过 Excel2013 软件函数公式，以 2016 年达到无警状态的综合警度值数 0.6625 作为调控底线。根据 1999~2015 年 50 个指标的年平均增长率作为调控基线，以 2015 年焦作市的 50 个生态安全统计数据为基期年数据，以 2015 年为起点，首先按照每个正向指标年均增长 5%、负向指标年均降低 5% 进行初步调控，逐步增加调控指数，只要 2016 年的综合警度值数达到 0.6625 时，即为达到了调控目标值。

(2) 子系统调控模拟情景设置

根据以上参数设置，分别设置以下 7 种情景对对应年度生态安全的变化趋势进行推理并预警分析。

情景 1：只改变压力子系统指标 19 个指标，其他指标均按照预测值进行设置；

情景 2：只改变状态子系统指标 14 个指标，其他指标均按照预测值进行设置；

情景 3：只改变响应子系统指标 17 个指标，其他指标均按照预测值进行设置；

情景 4：只改变自然因素的 22 个指标，其他指标均按照预测值进行设置；

情景 5：只改变经济因素的 16 个指标，其他指标均按照预测值进行设置；

情景 6：只改变社会因素的 12 个指标，其他指标均按照预测值进行设置；

情景 7：改变总系统中 50 个指标。

7.2.2 焦作市生态安全子系统调控模拟结果

将以上设置的 7 种情景，以 2015 年为基期年，按照第 6 章生态安全综合警度值数的计算方法，利用 Excel2013 软件函数公式进行试调，总系统调控计算结果显示，年均变化率调控到 14% 时，2016 年的综合警度值数达到了 0.6641 超过设置的调控目标值 0.6625。因此，各子系统按照总系统的年均变化率 14% 设置调控参数，按照生态安全综合警度值数的计算方法对 7 种情景警度值数进行计算，最后得到焦作市 2016 ~ 2021 年生态安全子系统调控模拟的 7 种情景的综合警度值数。7 种情景模拟的生态安全综合警度值数的计算结果，见表 7 - 1。

表 7 - 1　　焦作市 2016 ~ 2021 年生态安全子系统
调控模拟的综合警度值数

年度	情景 1	情景 2	情景 3	情景 4	情景 5	情景 6	情景 7	调控前
2015	0.5825	0.5825	0.5825	0.5825	0.5825	0.5825	0.5825	0.5825
2016	0.5958	0.6349	0.6045	0.6067	0.6032	0.6253	0.6641	0.5856
2017	0.6629	0.6625	0.6530	0.6790	0.6699	0.6666	0.7270	0.6092
2018	0.7340	0.7125	0.6947	0.7329	0.6943	0.6784	0.7889	0.6391

续表

年度	情景 1	情景 2	情景 3	情景 4	情景 5	情景 6	情景 7	调控前
2019	0.7976	0.7917	0.7521	0.8122	0.7473	0.7820	0.8568	0.6788
2010	0.8612	0.8135	0.8002	0.8645	0.7814	0.8290	0.9017	0.6767
2021	0.9355	0.9087	0.8827	0.9632	0.8624	0.9013	0.9998	0.7242
敏感度（%）	38	36	34	40	32	35	42	—

7.2.3 焦作市生态安全子系统调控模拟结果分析

根据表 7－1 计算结果，对比 7 种调控模拟情景的敏感度。对 7 种情景调控结果进行敏感度分析。

（1）子系统调控敏感度分析

情景 1：调控压力子系统，生态安全敏感变化率达到 38%，总系统变化幅度超过调控设置参数 14% 的 3.6 倍，说明压力子系统对生态安全总系统变化贡献率最大。

情景 2：调控状态子系统，生态安全敏感变化率达到 36%，总系统变化幅度超过了调控设置参数 14% 的 3.3 倍，说明状态子系统变化对生态安全总系统变化贡献率中等。

情景 3：调控响应子系统，生态安全敏感变化度达到 34%，总系统变化幅度超过调控设置参数 14% 的 3.1 倍，说明响应子系统对生态安全总系统变化贡献率最小。

从以上子系统模拟调控结果可以看出：在调控压力、状态、响应子系统时，响应子系统敏感度较低，说明焦作市对生态变化响应能力较差，响应子系统对生态安全变化贡献率最小。因此，在进行子系统调控时，焦作市应重点加大对响应子系统内部指标的调控。

情景 4：调控自然因素，生态安全敏感变化度达到 40%，总系统变化幅度超过因素调控设置参数 14% 的 3.8 倍，说明自然因素调控对生态安全总系统变化贡献率最大。

情景 5：调控经济因素，生态安全敏感变化度达到 32%，总系统变化幅度超过调控设置参数 14% 的 2.8 倍，说明经济因素对生态安全总系统变化贡献率最小。

情景 6：调控社会因素，生态安全敏感变化度达到 35%，总系统变化幅度超过调控设置参数 14% 的 3.2 倍，说明社会因素对生态安全总系统变化贡献率中等。

从以上模拟调控结果可以看出：在调控自然、经济、社会影响因素时，经济因素调控敏感度最小，说明焦作市经济发展缓慢对生态安全总系统变化贡献率较小。因此，在焦作市在进行生态影响因素调控时，应当重点加强对经济指标的调控，加快经济发展步伐。

情景 7：调控 50 个因素指标，总系统生态安全敏感变化率达到 42%，而且将生态安全状况从 2016 年全部提升到了无警区间，完全起到了消除警患的作用。

总之，从以上 7 种情景调控模拟结果中的生态安全综合状态变化可以看出：单项调控模拟时，响应子系统和经济因素的敏感度较低，贡献率小，对生态安全警情状态变化的影响作用较小。分析认为，焦作市在未来的生态安全调控中应当加大对生态压力的响应能力，加快经济发展步伐。因此，在现实的生态安全系统调控中，响应子系统和经济因素是焦作市生态安全调控的重点。

（2）子系统调控警情演变趋势分析

将焦作市生态安全 7 种子系统情景模拟调控后的综合警度值数与第 6 章中的警度等级划分标准对比，可以得到焦作市 2016～2021 年生态安全调控后的警情级别，用警度信号灯表示，见表 7-2。

表7-2   焦作市2016～2021年生态安全子系统情景调控模拟结果

年度	情景1	情景2	情景3	情景4	情景5	情景6	情景7
2015	●	●	●	●	●	●	●
2016	●	●	●	●	●	●	●
2017	●	●	●	●	●	●	●
2018	●	●	●	●	●	●	●
2019	●	●	●	●	●	●	●
2020	●	●	●	●	●	●	●
2021	●	●	●	●	●	●	●

将焦作市生态安全7种情景模拟调控后的综合警度值数通过Excel2013软件作图，得到1999～2021年焦作市生态安全7种子系统情景模拟调控前后的警情演变趋势对比分析图，见图7-1～图7-6。

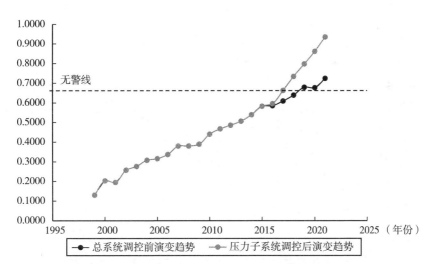

图7-1   总系统调控前与压力子系统调控后警情演变趋势对比

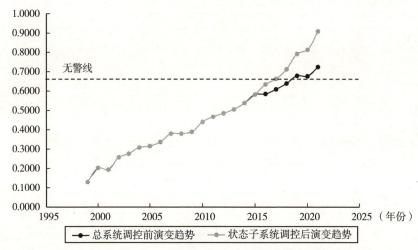

图 7 - 2　总系统调控前与状态子系统调控后警情演变趋势对比

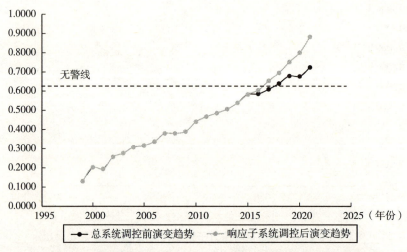

图 7 - 3　总系统调控前与响应子系统调控后警情演变趋势对比

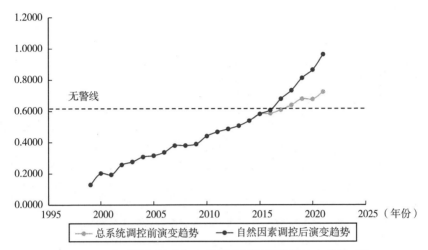

图 7 - 4 总系统调控前与自然因素调控后警情演变趋势对比

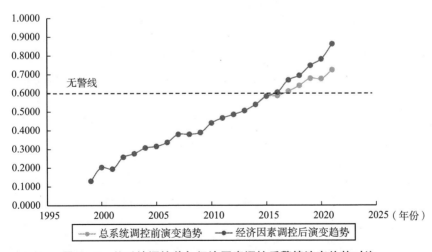

图 7 - 5 总系统调控前与经济因素调控后警情演变趋势对比

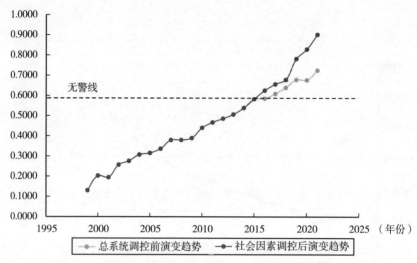

图 7-6　总系统调控前与社会因素调控后警情演变趋势对比

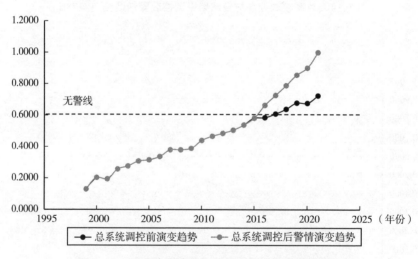

图 7-7　总系统调控前与调控后警情演变趋势对比

通过表 7-2 和图 7-1～图 7-7 可以看出，在 7 种警情调控模拟方案中，均可使焦作市的生态安全从 2017 年全部达到无警状态。从单项子系统调控结果中可以看出：在压力、状态、响应单项调控中，压力和状态子系统的敏感度较高，2017 年进入无警状态；而响应子系统滞后到

2018 年进入无警状态。因此，判定在子系统调控时，三个子系统调控时压力和状态子系统具有同等重要的作用。但是，响应子系统相比之下敏感度较低，总系统进入无警状态较晚，演变趋势线偏离调控前总系统较近。因此，为保证焦作市生态安全系统早日进入无警状态，应当在三个子系统分别调控时，重点加大对响应子系统指标的调控力度。

在自然、经济、社会三大影响因素单项调控中，自然和经济调控敏感率较高，2017 年进入无警状态；而社会因素调控的敏感度较低，演变趋势线偏离总系统较近，滞后到 2018 年进入无警状态。因此，为了保证焦作市生态系统安全进入无警状态，在自然、经济、社会三大影响因素调控时，应当加大对社会因素指标的调控力度。由此判定，响应子系统和社会影响因素是焦作市生态安全调控的重点。

7.3 焦作市生态安全关键因子调控模拟分析

关键因子调控模拟的目的是通过关键指标的选择和调控，考察关键指标的变化对总系统变化贡献率，从而筛选出关键因子指标，为政府生态调控政策和措施的制定提供参考依据。

7.3.1 焦作市生态安全关键因子调控模拟方案设计

（1）关键因子调控模拟参数设置

首先，根据生态安全预警指标权重确定关键因子，同时考虑各关键因子的可控性进行关键因子调控情景设置；其次，在压力、状态、响应三个子系统所对应的自然、经济、社会因素中分别选择权重较大的 2 个指标作为关键因子指标。三系统、三因素中共选择 18 个关键因子指标，见表 7 - 3。通过 Excel2013 软件函数公式进行自动运算。调控参数设定时，仍然以 2016 年达到无警状态时所对应的警情划分标准的综合警度值数达到 0.6625 作为调控底线，只要总系统综合警度值数达到 0.6625，即为达到了调控目标值。

表 7-3　　　　　焦作市生态安全关键因子调控指标选取结果

系统层	因素层	指标层	单位
压力系统	自然	万元 GDP 工业废水排放量（X4）	吨
		人均年生活用水量（X6）	吨
	经济	人均 GDP（X10）	元
		第三产业占 GDP 比重（X14）	%
	社会	人口密度（X16）	人/km^2
		城镇登记失业率（X18）	%
状态系统	自然	人均煤炭资源可采储量（X23）	吨
		人均可利用水资源量（X24）	m^3
	经济	农村居民人均纯收入（X27）	元
		年末城乡居民人均储蓄存款（X29）	元
	社会	建成区绿化覆盖率（X32）	%
		城市人均绿地面积（X33）	m^2
响应系统	自然	城市生活污水集中处理率（X34）	%
		工业废气排放达标率（X37）	%
	经济	环保投资占 GDP 比重（X42）	%
		科教经费投入占 GDP 比重（X44）	%
	社会	万人拥有医院床位数（X48）	张
		万人拥有专业科技人员（X50）	人

（2）关键因子调控模拟情景设置

根据以上关键因子参数设置，分别设置以下 7 种情景考察对应年度生态安全的变化趋势并进行预警分析。

情景 1：只改变压力子系统指标中的 6 个关键因子指标，其他指标均按照预测值进行设置；

情景 2：只改变状态子系统指标的 6 个关键因子指标，其他指标均按照预测值进行设置；

情景 3：只改变响应子系统指标的 6 个关键因子指标，其他指标均按照预测值进行设置；

情景 4：只改变自然因素中的 6 个关键因子指标，其他指标均按照预测值进行设置；

情景 5：只改变经济因素中的 6 个关键因子指标，其他指标均按照预测值进行设置；

情景 6：只改变社会因素中的 6 个关键因子指标，其他指标均按照预测值进行设置；

情景 7：改变总系统的 18 个关键因子指标，其他指标均按照预测值进行设置。

7.3.2　焦作市生态安全关键因子调控模拟结果

首先，将以上设置的 7 种情景，以 2015 年为基期年，同样参照第 6 章生态安全综合警度值数的计算方法，利用 Excel2013 软件函数公式进行自动试调；其次，当调控指数达到 18% 时，2016 年的综合警度值数达到了 0.6646 超过调控参数设置目标值，停止调控；最后生态安全综合警度值数的计算方法，计算得到焦作市 2016～2021 年生态安全关键因子调控模拟的综合警度值数，见表 7-4。

表 7-4　　　　焦作市 2016～2021 年生态安全关键
因子调控模拟综合警度值数计算结果

年度	情景 1	情景 2	情景 3	情景 4	情景 5	情景 6	情景 7
2015 基期年	0.5825	0.5825	0.5825	0.5825	0.5825	0.5825	0.5825
2016	0.5959	0.6214	0.5909	0.6067	0.6032	0.6253	0.6646

年度	情景 1	情景 2	情景 3	情景 4	情景 5	情景 6	情景 7
2017	0.6285	0.6439	0.6198	0.6790	0.6399	0.6666	0.6769
2018	0.6676	0.6735	0.6513	0.7329	0.6743	0.7141	0.7454
2019	0.7117	0.7587	0.68091	0.8122	0.7473	0.7820	0.8220
2020	0.7327	0.7856	0.7152	0.8645	0.7814	0.8290	0.8802
2021	0.7985	0.8587	0.7786	0.9632	0.8624	0.9013	0.9874
敏感度（%）	27	32	25	32	26	35	41

7.3.3　焦作市生态安全关键因子调控模拟结果分析

根据表 7-4 计算结果，对比 7 种关键因子调控模拟情景的敏感度。对 7 种情景调控结果进行敏感度分析。

（1）关键因素调控敏感度对比分析

情景 1：调控压力子系统 6 个关键因素，生态安全敏感变化率达到 27%，总系统变化幅度达到调控设置参数的 1.5 倍，说明压力子系统中 6 个关键因素指标对生态安全总系统变化贡献率中等。

情景 2：调控状态子系统 6 个关键因子指标，生态安全敏感变化率达到 32%，总系统变化幅度达到调控设置参数的 1.8 倍，说明状态子系统变化对生态安全状态变化贡献率最大。

情景 3：调控响应子系统，生态安全敏感变化率达到 25%，变化幅度是调控设置参数的 1.4 倍，说明响应子系统对生态安全状态变化贡献率最小。

从以上子系统关键因子模拟调控结果对比可以看出：在调控压力、状态、响应子系统的关键因子时，响应子系统敏感度较低，说明焦作市对生态变化响应能力较差，响应子系统对生态安全变化贡献率最小。因此，在进行子系统关键因子调控时，焦作市应重点加大对响应子系统关键因子指标的调控。由此看出，关键因素调控表现出与子系统调控结果的一致性。

情景 4：调控自然因素，生态安全敏感变化率达到 32%，总系统的变化幅度达到调控设置参数的 1.8 倍，说明自然因素调控对生态安全总系统的变化贡献率中等。

情景 5：调控经济因素，生态安全敏感变化率达到 26%，总系统的变化幅度达到调控设置参数的 1.4 倍，说明经济因素对生态安全总系统变化贡献率最小。

情景 6：调控社会因素，生态安全敏感变化率达到 35%，总系统变化幅度达到调控设置参数的 1.9 倍，说明社会因素对生态安全状态变化贡献率最大。

从以上关键因子模拟调控结果可以看出：在调控自然、经济、社会影响因素时，经济因素调控敏感度最小，说明焦作市经济发展缓慢对生态安全状态变化贡献率较小。因此，焦作市在未来进行生态影响因素指标调控时，应当重点加强对经济关键因子指标的调控，即应当加快经济发展步伐。

情景 7：调控 50 个因素指标，生态安全敏感变化度达到 41%，总系统的变化幅度达到调控设置参数的 2.3 倍，而且将生态安全状况从 2016 年全部提升到了无警区间，完全起到了消除警患的作用。

因此，从以上 7 种关键因子调控模拟结果中的生态安全综合状态变化可以看出：单项调控关键因子模拟时，响应子系统关键因子调控和经济关键因子指标调控敏感率较低，对总系统的贡献率较小。分析认为，焦作市在未来的生态安全关键因素调控时，应当加大对响应子系统关键因子调控或者加大对经济因素指标的调控。

（2）关键因子调控模拟警情演变趋势分析

将以上 7 种关键因子警情调控模拟出的各种综合警度值数与警度等级划分标准对比，得到焦作市 2016～2025 年生态安全关键因子指标调控后的警情级别，用警度信号灯表示，见表 7 - 5。

表 7 – 5 　　　　　　　焦作市 2016～2021 年生态安全
关键因子指标警情调控结果

年度	情景1	情景2	情景3	情景4	情景5	情景6	情景7
2016	●	●	●	●	●	●	●
2017	●	●	●	●	●	●	●
2018	●	●	●	●	●	●	●
2019	●	●	●	●	●	●	●
2020	●	●	●	●	●	●	●
2021	●	●	●	●	●	●	●

　　将焦作市生态安全 7 种关键因子情景模拟调控后的综合警度值数通过 Excel2013 软件作图，得到 1999～2021 年焦作市生态安全 7 种关键因子情景模拟调控前后的警情演变趋势对比分析图，见图 7 – 8～图 7 – 14。

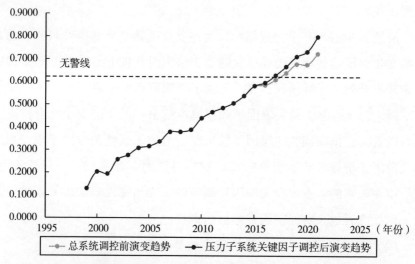

图 7 – 8　总系统调控前与压力子系统关键因子调控后警情演变趋势对比

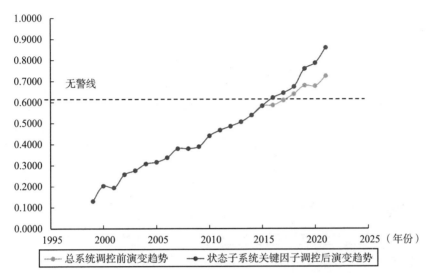

图 7 - 9　总系统调控前与状态子系统关键因子调控后警情演变趋势对比

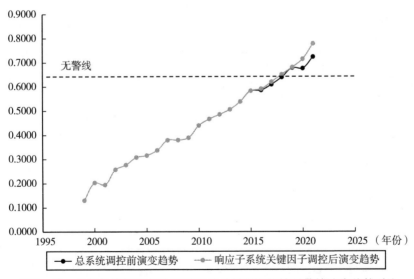

图 7 - 10　总系统调控前与响应子系统关键因子调控后警情演变趋势对比

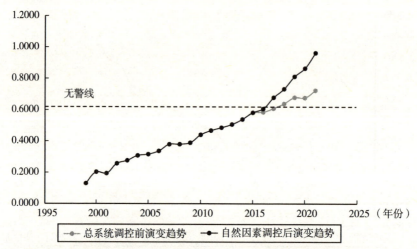

图 7 – 11　总系统调控前与自然因素关键因子调控后警情演变趋势对比

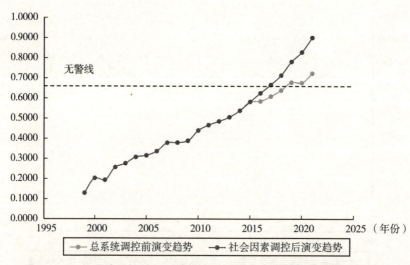

图 7 – 12　总系统调控前与经济因素关键因子调控后警情演变趋势对比

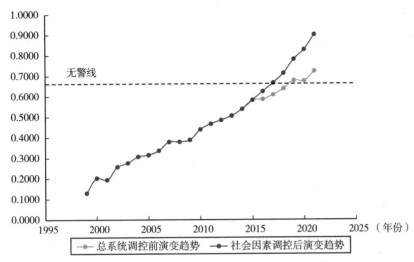

图 7 - 13 总系统调控前与社会因素关键因子调控后警情演变趋势对比

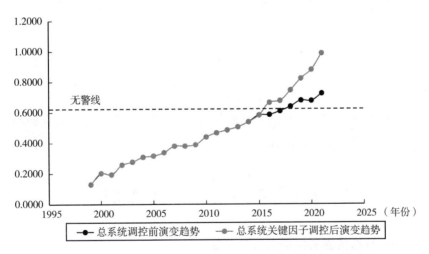

图 7 - 14 总系统调控前与关键因子调控后警情演变趋势对比

通过表 7 - 5 和图 7 - 8 ~ 图 7 - 14 可以看出，在 7 种关键因子调控模拟方案中，关键因子调控模拟与子系统调控模拟表现出调控结果的一致性。从子系统关键因子调控结果中可以看出：在压力、状态、响应三大系统关键因子调控中，压力和状态子系统的敏感度较高，演变趋势线偏离总系统调控前较远，2018 年进入无警状态；响应子系统的敏感率最低，演变趋势线偏离总系统较近，滞后在 2019 年生态安全进入无警状态；在自然、经济、社会三因素关键因子调控中，自然和社会关键因子指标调控的敏感度较高，演变趋势线偏离总系统较远，在 2017 年进入无警状态；而经济因素关键因子调控中敏感率较低，演变趋势线偏离总系统较近，滞后在 2018 年生态安全进入无警状态。而在总系统全部关键因子调控中，从 2016 年以后，焦作市生态安全进入无警状态。因此，为了保证焦作市生态安全系统早日进入无警状态，应当加大对响应子系统关键因子调控或者加大对经济影响因素中的关键因子指标的调控力度。

7.4 焦作市生态安全目标仿真调控模拟分析

目标仿真调控是一种根据政府对现实目标年的自然、经济和社会发展目标进行设计的一种实情模拟调控方法。由于目标仿真调控模拟的依据是紧密结合城市现实发展指标所设计框架结构，所以目标仿真调控的结果更具有现实性和精准性。

7.4.1 焦作市生态安全目标仿真调控方案设计

(1) 目标仿真调控指标参数设置依据

本书根据焦作市 2015 年的基础和条件，参照《焦作市"十三五"工业转型升级发展规划》《焦作市国民经济和社会发展第十三五规划纲要》《焦作市 2016—2020 年城市规划》《焦作市土地利用总体规划 (2006—2020 年)》《焦作市 2020 年全面建设小康社会统计监测指标体系》《河南省国民经济和社会发展第十三五规划纲要》《河南省"十三五"医疗卫生服务体系规划》《中国经济增长十年展望 (2016—2025

年)》等文件有关规定，按照维护生态安全发展的总体目标和要求原则，在目标仿真调控情景的指标参数设置中，将 2015 年作为基期年，2021年作为目标年，对有据可查的关键指标值按实际目标值设定，将其他部分关键指标目标值参考发达国家水平进行设定，对于无据可查的其他指标参数选取预测值。焦作市 2016~2021 年生态安全目标仿真调控中关键指标目标参数设定值，见表 7-6。

表 7-6　　　　　　　　焦作市生态安全目标仿真调控中
30 个关键指标目标参数设定值

指标层	单位	2015 年基数	2021 年目标值	平均年度增长率	参考依据
万元 GDP 工业废水排放量（X4）	吨	15.82	3	-0.24	发达国家现状
人均年生活用水量（X6）	吨	152.1	140	-0.01	国家标准
人均 GDP（X10）	元	54 457	160 016	0.20	发达国家现状
单位 GDP 能耗（X12）	吨标煤/万元	0.932	0.539	-0.09	市十三五规划
第三产业增加值占 GDP 比重（X14）	%	32.1	70	0.14	中等发达国家现状
煤炭生产总值占工业增加值的比重（X15）	%	6.6	0.6	-0.33	保持现状不变
人口密度（X16）	人/km²	911	3 500	0.25	发达国家现状
城镇登记失业率（X18）	%	3.97	3	-0.05	省十三五规划
城镇化率（X19）	%	54.85	63	0.02	市十三五规划
城市空气质量 2 级达标天数（X21）	天/年	173	300	0.10	国家标准
城镇居民恩格尔系数（X25）	%	31.43	25	-0.04	市十三五规划
农村居民恩格尔系数（X26）	%	34.21	30	-0.02	市十三五规划
农村居民人均纯收入（X27）	元	13 751	60 000	0.28	发达国家现状
城镇居民人均可支配收入（X28）	元	25 236	120 000	0.30	发达国家现状

续表

指标层	单位	2015 年基数	2021 年目标值	平均年度增长率	参考依据
年末城乡居民人均储蓄存款（X29）	元	25 208	100 000	0.26	翻两番
建成区绿化覆盖率（X32）	%	40	46	0.02	国内领先城市现状
城市人均绿地面积（X33）	m²	11.8	18	0.07	国内领先城市现状
城市生活污水集中处理率（X34）	%	89.6	100	0.02	发达国家现状
城市生活垃圾无害化处理率（X35）	%	98.3	100	0.00	发达国家现状
采煤沉陷区治理率（X36）	%	49.2	100	0.13	市十三五规划
工业废气排放达标率（X37）	%	51.2	100	0.12	发达国家现状
工业固体废物综合利用率（X41）	%	60.03	100	0.09	发达国家现状
环保投资占 GDP 比重（X42）	%	0.2	2.5	0.52	发达国家现状
旅游收入占第三产业比重（X43）	%	48.37	50	0.01	市十三五规划
科教经费投入占 GDP 比重（X44）	%	2.31	4	0.10	发达国家现状
高新技术产业增加值占 GDP 比重（X46）	%	4.63	18.5	0.26	翻两番
第三产业人口占从业人口比例（X47）	%	42.12	70	0.09	发达国家现状
万人拥有医院床位数（X48）	张	60.97	138	0.15	国内城市现状最大值
万人拥有卫生技术人员（X49）	人	57.56	120	0.13	国内城市现状最大值
万人拥有专业科技人员（X50）	人	73.01	338	0.29	北京现状

（2）目标仿真调控模拟参数设置

首先，以 2015 年作为基期年，以 2021 年目标年，计算出以上 2015 ~ 2021 年 30 个关键指标的平均年度变化率；其次，按照年度平均变化率采用 6 段 "等分插值法" 得到 30 个关键指标在 2015 ~ 2021 年中间年的指标值，然后再将得到的 30 个关键指标与其他预测指标值捆绑一起，按照标准化处理、综合警度值计算方法等，计算出 2016 ~ 2021 年对应年度的综合警度值数；最后，将年度综合警度值数与警情划分标准进行对比分析，考察目标仿真调控模拟警情演变趋势。

7.4.2　焦作市生态安全目标仿真调控模拟结果

根据以上参数设置原则，同样按照第 6 章综合警度值数计算方法，通过 Excel2013 软件函数公式进行自动运算。即可计算得到三因素目标仿真调控模拟警度值数，见表 7 – 7。各子系统和总系统的目标仿真调控模拟的警度值数，见表 7 – 8。

表 7 – 7　　　　焦作市 2016 ~ 2021 年三因素目标
仿真调控模拟综合警度值数

年份	自然因素	经济因素	社会因素
2015	0.2282	0.2000	0.1543
2016	0.2638	0.2172	0.1498
2017	0.2745	0.2393	0.1641
2018	0.2968	0.2571	0.1687
2019	0.3279	0.2789	0.1713
2020	0.3324	0.2975	0.1698
2021	0.3419	0.3127	0.1912

表 7-8　焦作市 2016~2021 年子系统目标仿真调控模拟综合警度值数

年份	压力系统警度值	状态系统警度值	响应系统警度值	总系统综合警度值
2015	0.2075	0.1743	0.2006	0.5825
2016	0.2386	0.1699	0.2245	0.6178
2017	0.2372	0.1856	0.2401	0.6530
2018	0.2309	0.1939	0.2676	0.7025
2019	0.2385	0.2092	0.2916	0.7654
2020	0.2319	0.2139	0.3288	0.8047
2021	0.2711	0.2336	0.3535	0.9083

7.4.3　焦作市生态安全目标仿真调控模拟结果分析

(1) 自然、经济、社会三因素目标情景调控效果分析

①三因素目标仿真调控值与预测值误差。

将表 7-7 中的三因素目标情景调控模拟警度值数与第 6 章表 6-51 中预测警度值数进行相对误差计算，既可求出三因素目标仿真调控模拟的警度值数与预测警度值数的相对误差，见表 7-9。根据三因素目标仿真调控模拟结果与预测结果的相对误差，分析焦作市生态安全三因素目标仿真调控效果。

表 7-9　三因素目标仿真调控模拟警度值数与预测值相对误差

年份	自然因素			经济因素			社会因素		
	目标值	预测值	年误差	目标值	预测值	年误差	目标值	预测值	年误差
2015	0.2282	0.2282	0.0000	0.2000	0.2000	0.0000	0.1543	0.1543	0.0002
2016	0.2638	0.2391	0.0939	0.2172	0.2104	0.0314	0.1498	0.1361	0.0915
2017	0.2745	0.2268	0.1737	0.2393	0.2293	0.0417	0.1641	0.1531	0.0669
2018	0.2968	0.2443	0.1768	0.2571	0.2412	0.0618	0.1687	0.1536	0.0893
2019	0.3279	0.2521	0.2313	0.2789	0.2693	0.0343	0.1713	0.1574	0.0812
2020	0.3324	0.2515	0.2433	0.2975	0.2804	0.0574	0.1698	0.1447	0.1478
2021	0.3419	0.2619	0.2341	0.3127	0.3008	0.0380	0.1912	0.1615	0.1553
平均相对误差	19.22%			4.41%			10.54%		

从表 7 – 9 可以看出：焦作市在生态安全三因素目标仿真调控模拟时，自然因素、经济因素、社会因素模拟警度值数与预测值的平均相对误差分别为 19.22%、4.41%、10.54%。说明自然因素、经济因素、社会因素指标都与实际发展存在的差距较大。其中，自然因素目标仿真调控模拟的警度值数与预测值平均相对误差最大，说明焦作市自然环境条件较差，更进一步说明焦作市生态系统按照当前形势发展，要想实现2021年政府设定各类目标，还存在有相当大的差距。因此，焦作市在未来的生态安全发展中，必须关注自然指标的调整。

②三因素目标仿真调控模拟警情演变趋势分析。

将目标仿真调控模拟计算出的 2016～2021 年三大影响因素的警度值数与警度等级划分标准对比，即可得到焦作市 2016～2021 年生态安全目标仿真调控后的警情级别表，用警度信号灯表示，见表 7 – 10。

表 7 – 10　焦作市 2016～2021 年三因素目标仿真调控模拟警情变化

年度	自然因素	经济因素	社会因素	总系统系统
2015	●	●	●	●
2016	●	●	●	●
2017	●	●	●	●
2018	●	●	●	●
2019	●	●	●	●
2020	●	●	●	●
2021	●	●	●	●

将三因素目标仿真调控警度值数与预测值通过 Excel2013 软件作图，即可得到1999～2021 年焦作市生态安全警情演变趋势对比图，见图7 – 15～图 7 – 17。

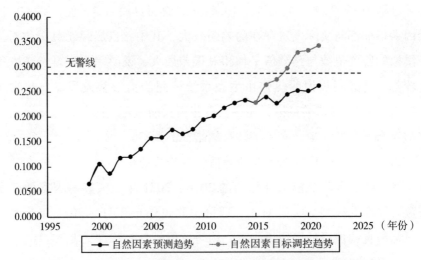

图 7-15 自然因素目标仿真调控效果与预测值警情演变趋势对比

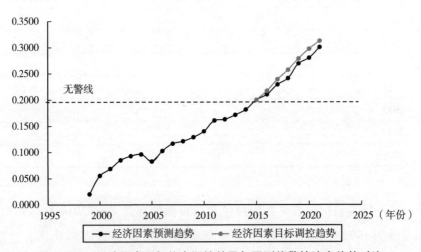

图 7-16 经济因素目标仿真调控效果与预测值警情演变趋势对比

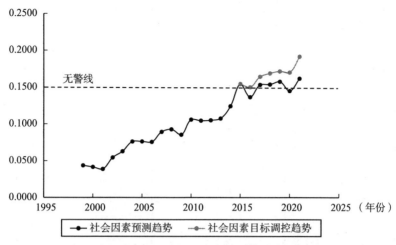

图7-17　社会因素目标仿真调控效果与预测值警情演变趋势对比

　　从表7-10和图7-15~图7-17可以看出：焦作市生态安全目标仿真调控时，经济和社会因素将在2016年全部进入无警状态；自然因素将滞后到2019年进入无警状态。因此，通过目标仿真调控后与预测值的警情发展趋势进行对比发现，焦作市要想实现未来生态安全目标，保证生态系统早日进入无警状态，必须提前加强对自然因素指标的调控，生态安全状况将逐渐得到解决和好转。即要严格控制污染排放、加强环保投入。

（2）总系统及子系统目标仿真调控效果分析

　　①总系统及子系统目标仿真调控值与预测值误差分析。

　　将表7-8中的目标情景调控模拟警度值数与第6章表6-52中预测出的综合警度值数进行相对误差计算，既可求出目标仿真调控模拟警度与预测综合警度值数的相对误差，见表7-11。根据目标仿真调控模拟结果与预测结果的相对误差，分析焦作市生态安全子系统目标仿真调控效果。

表 7 - 11　　焦作市 2016～2021 年生态安全子系统目标仿真调控模拟与预测警度值数相对误差

年份	压力子系统			状态子系统			响应子系统			总系统		
	目标值	预测值	相对误差	目标值	预测值	相对误差	目标值	预测值	相对误差	目标值	预测值	相对误差
2015	0.2075	0.2075	0.0000	0.1743	0.1743	0.0000	0.2006	0.2006	0.0000	0.5825	0.5825	0.0000
2016	0.2386	0.2264	0.0748	0.1699	0.1495	0.1204	0.2245	0.2098	0.0657	0.6178	0.5856	0.0521
2017	0.2372	0.2180	0.0522	0.1856	0.1742	0.0611	0.2401	0.2169	0.0966	0.6530	0.6092	0.0671
2018	0.2309	0.2126	0.0080	0.1939	0.1849	0.0463	0.2676	0.2417	0.0969	0.7025	0.6391	0.0902
2019	0.2385	0.2317	0.0322	0.2092	0.1815	0.1323	0.2916	0.2656	0.0894	0.7654	0.6788	0.1131
2020	0.2319	0.2151	0.0724	0.2139	0.1988	0.0706	0.3288	0.2627	0.2009	0.8047	0.6767	0.1591
2021	0.2711	0.2442	0.0991	0.2336	0.1981	0.1517	0.3535	0.2818	0.2029	0.9083	0.7242	0.2027
平均相对误差	5.64%			9.71%			12.54%			11.41%		

从表 7-11 可以看出：焦作市在生态安全目标仿真调控时，压力子系统、状态子系统、响应子系统与预测结果的平均相对误差分别为 5.64%、9.71%、12.54%。响应子系统目标仿真调控模拟中的警度值数与预测值相对误差较大，说明要想实现政府所设置的生态安全目标，响应子系统指标是焦作市生态安全调控的重点。从焦作市生态安全总系统的目标仿真调控结果来看，总系统的目标仿真调控模拟综合警度值数与预测值平均相对误差为 11.41%，说明焦作市生态系统按照当前综合形势发展，要想实现 2021 年政府设定各类目标，还存在有相当大的差距。因此，在未来的生态安全发展中，焦作市必须关注响应子系统的指标调控，这与前面的系统调控模拟和关键因子调控模拟结果表现出一致性。

②总系统及子系统目标仿真调控警情演变趋势分析。

将目标情景调控模拟计算出的 2016～2021 年各子系统和总系统的警度值数与第 6 章表 6-59、表 6-60 的警度等级划分标准对比，即可得到焦作市 2016～2021 年生态安全目标情景调控后的警情级别，用警度信号灯表示，见表 7-12。

表 7-12　焦作市 2016～2021 年生态安全子系统目标仿真调控模拟警情变化

年度	总系统	压力子系统	状态子系统	响应子系统
2015	●	●	●	●
2016	●	●	●	●
2017	●	●	●	●
2018	●	●	●	●
2019	●	●	●	●
2020	●	●	●	●
2021	●	●	●	●

将调控前后各子系统和总系统的警度值数通过 Excel2013 软件作图，

得到 1999～2021 年焦作市生态安全子系统目标情景调控前后的警情演变趋势对比图,见图 7-18～图 7-21。

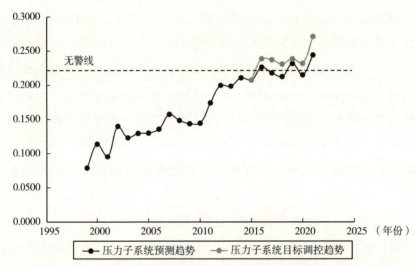

图 7-18　压力子系统目标仿真调控效果与预测值警情演变趋势对比

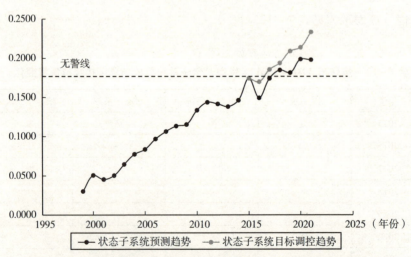

图 7-19　状态子系统目标仿真调控效果与预测值警情演变趋势对比

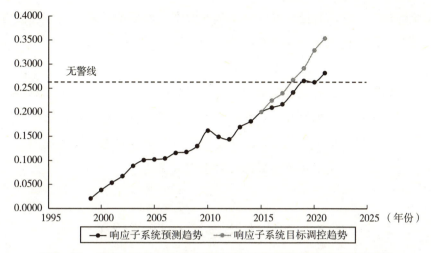

图 7－20　响应子系统目标仿真调控效果与预测值警情演变趋势对比

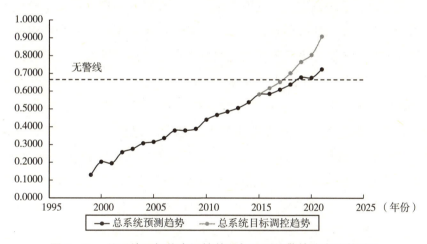

图 7－21　总系统目标仿真调控效果与预测值警情演变趋势对比

　　从表 7－12 和图 7－18～图 7－21 可以看出：焦作市生态安全目标仿真调控时，压力子系统和状态子系统将在 2016 年全部进入无警状态；响应子系统将滞后到 2018 年进入无警状态；总系统目标仿真调控将比预测值提前一年在 2018 年进入无警状态。因此，焦作市要想实现未来生态安全目标，保证生态系统早日进入无警状态，必须加强生态响应子系统的调控。可以看出：目标仿真调控效果与前面的子系统调控和关键因子调控方案模拟结果均表现出较高的一致性。

这里特别需要指出的是：目标仿真调控是利用了目前焦作市"十三五"规划和官方设计的远景规划目标值进行仿真模拟。实际上是对预测结果和官方远景规划目标吻合度的一次真实的检验。从目标仿真模拟结果和预测值结果上来看，焦作市生态安全进入无警状态相比仅仅相差一年，再次证实了本书预测结果的真实性和可靠性。

7.5 焦作市生态安全调控对策

通过以上系统调控、关键因子调控、目标仿真调控三种情景模拟可以看出，实施积极有效的调控措施对煤炭资源型城市生态安全警患的排除以及整体状况的提升具有重要意义。关键因子的影响对生态安全的整体走势具有重要的作用。但是，将各种调控情景与研究 2016～2021 年的预测结果相对比可以发现，各预警指标并不能像情景模拟中一样发展，甚至有的还背离情景模拟中的发展趋势。根据焦作市实际情况来看，有的预警指标在 2016～2021 年也不可能达到情景模拟中的水平。因此，结合预警结果分析、关键因子调控分析、目标仿真调控分析，研究认为：工业烟尘排放量、工业二氧化硫排放量、工业废气排放达标率、工业废水排放量、城市生活污水集中处理率、城市生活垃圾无害化处理率、环保投资占 GDP 比重、单位 GDP 能耗、煤炭生产总值占工业增加值的比重、人口密度、城市人均绿地面积、建成区绿化覆盖率、科教经费投入、城镇化率、工业固体废物综合利用率是焦作市生态安全关键问题；第三产业产值、人均年生活用水量、万人拥有医院床位数、城镇居民人均可支配收入、万人拥有专业科技人员、人均 GDP、年末城乡居民人均储蓄存款、农村居民人均纯收入、万人拥有卫生技术人员、第三产业人口占从业人口比例、高新技术产业增加值、旅游收入、均属于强可控因素，而且这些指标有的已经得到较大程度的提升；人均可利用水资源量、城市空气质量 2 级达标天数、城镇登记失业率、人均煤炭资源可采储量、人口密度、城镇恩格尔系数等指标均属于弱可控因素，但通过一定努力仍可以得到不同程度的改善。针对以上研究结果，在参考《焦作市生态市建设规划》《焦作市社会经济十三五发展规划》等文件基础上，结合焦作市现有基础和条件对改善焦作市生态安全状态、解决目前存在的和防止未来可能出现的生态警情，从自然、经济、社会三个方面提出调控措施。

7.5.1　在自然因素方面

（1）控制"三废"排放，改善城市环境

工业生产过程中产生的"三废"对城市生态安全会造成极大的危害。据《2015 年焦作市环保统计年鉴》工业废水 30 521.10 万吨、工业废气 2 407.4 亿立方米、工业烟排放量 4.46 万吨、二氧化硫 5.4 万吨，一般工业固体废弃物 984.18 万吨、煤矸石 127 万吨。2015 年焦作市空气质量优、良达标天数为 173 天，达标率 47.4%。以上数字表明焦作市"三废"治理形势依然严峻。控制和治理工业"三废"排放要坚持环保优先方针，以源头控制为载体。一是要通过严把能源、信贷两个闸门提高节能环保市场准入门槛；二是要落实限制高污染行业的各项政策，有效控制高污染行业过快增长；三要认真组织开展清理高污染行业专项检查，加强对现有污染源的监测与治理，严格控制新污染的产生；四是遵循生态规律，调整工业布局，形成合理的生态工业链，切实防止"三废"的扩散，保护和改善城乡生态环境；五是发展循环经济，在工业污染控制过程中大力推行清洁生产和废物减量化，削弱"三废"的产生量。

（2）注重矿区生态调控、加大复垦生态恢复

焦作市煤矿开采长达 100 多年历史，长期大规模的煤矿开采与粗放

型的工艺技术，导致了目前主要矿区和工业区成为矿山地质环境影响重灾区。据统计，到 2016 年为止，焦作市全区目前共有大面积塌陷坑 18 处，开采沉陷面积累加达 71.6km²，严重破坏耕地达 60 多万亩，全市生态环境破坏面积达 120 平方公里。矿区共现有 17 座矸石山，2 500 万吨煤矸石堆存量，占地面积约 70 平方公里，并且每年以 127 万吨煤矸递增，对土地与自然生态环境造成污染与破坏。因此，针对焦作市这一特殊的煤炭资源型城市，可做以下调控方式：在城市规划区内，对于塌陷面积较小沉陷较深的区域，可以通过土地回填开辟街头绿地、社区公园；对于塌陷面积较大回填成本较高，且回填后安全无法保证的区域，可开辟景观水体，提高城市蓄水能力。对于大面积塌陷较浅的区域，可以通过回填治理作为城市建设用地。在城市规划区外，对于塌陷面积较小沉陷较浅的区域，可以复垦造林、复垦重耕，补充耕地资源；对于塌陷面积较大土地，可以结合焦作市的煤矿历史文化，进行旅游开发，形成独特的旅游资源。

7.5.2　在经济因素方面

（1）加大生态投入，提高污染治理能力

从环保投资占 GDP 的比重上来看，2000～2015 年全国平均为 1.38%，焦作市平均仅为 0.37%。说明尽管政府在环保投入上做出了巨大努力，但与其他城市相比远远不够。因此，焦作市应以生态市建设为龙头，以经济持续增长、污染持续下降为目标，大力加强生态建设投入，提高污染处理水平，增强城市生态系统的整体承载力和竞争力。一是政府要加大对生态建设的投入力度，在政策上给予优先支持，在财政上给予资金保障；二是对生态建设进行先进技术的投入，重视先进技术的典型示范和推广普及；三是要以控制燃煤排放二氧化硫为重点，采取综合防治措施，控制工业烟尘和二氧化硫污染；四是加快实施城镇污水处理、城镇垃圾及危险废物处置、工业及其他点源污染控制、调水导

污、生态恢复、生态清淤、面源污染控制、饮用水源水质保护等工程建设；五是着力加快重点流域水污染治理工程建设。

（2）以生态城市为目标、全面推动生态建设

以生态农业建设为基础，大力发展无公害、绿色、有机农产品。加快绿色农产品生产，办好农产品基地，搞好农产品加工，做好农产品安全检测工作。大力推广生态农业模式，建立农业生态产业化体系。形成高产、高效、优质的生态绿色农业链，提高农民人均收入。以生态工业为龙头，建立以清洁生产为核心，以提高资源利用率为最大效益，以资源循环利用和再生资源横向耦合的生态工业链。积极推动煤炭产业结构调整和转型升级，大力发展低能耗、低污染的高新技术产业和互联网产业。大力发展焦作市高端旅游、健身康体、养老休闲等旅游产业，打造"太极拳"世界知名品牌，增加旅游总收入和旅游外汇收入。

7.5.3　在社会因素方面

（1）实施生态补偿制度、健全法律法规体系

当前，我国还缺乏系统的专门针对煤炭资源型城市生态补偿的法律法规制度，尽管国家出台了一些相关法律制度，但是，这些生态补偿制度注重了资源自身的经济价值，不足以体现资源的实际价值。焦作市生态补偿机制的完善是必须解决的首要问题。为此本书提出：第一，建立煤炭资源开发生态风险基金制度。煤炭资源开发使整个城市面临生态风险，但是在煤炭资源开发的过程中，有些生态环境面临的风险是无法预测的，所造成的风险导致的生态环境损失有时是无法估量的。这种风险必然转化为一种需要政府和社会共同承受的风险。因此，政府可以采取经济手段或行政手段实施干预，通过建立煤炭资源开发风险基金防患于未然，资金来源于煤炭开采企业、市政府财政收入或专项资金以及财政转移支付资金。其他各种社会团体也可以通过社会捐赠的方式募集生态风险补偿基金。第二，出台《焦作市煤炭资源生态补偿法》。生态补偿的实施要用法律手段予以协调，就煤炭资源开发、利用过程中对生态的补偿问题，以地方基本法律的形式进行规定。通过基本法律的完善，使煤炭资源生态补偿制度有法可依。严肃查处重大生态环境破坏和污染事故，依法追究法律责任，保证煤炭资源开采活动对生态环境的影响在可控制范围。

（2）加大环保宣传、营造生态环境

焦作市应在重点实施以上调控措施的同时，一方面，要注意加大环保宣传力度。普及与提高市民的生态意识，加大生态安全规划与引导，完善生态安全的有关法律法规，提高生态安全行政管理执行效率，强化生态安全执法和监督，努力营造维护城市生态安全的宏观环境。另一方面，要加强生态技术研究。积极与大学科研机构联合，组织力量就环境污染防治、清洁生产、循环经济、生态工业、生态系统恢复与重建等方面的关键技术开展科技攻关，引进技术、工艺、设备和能够降低环境负荷的生态产品。开展工业生态化、农业生态化、城市建设生态化的生态建设理论研究，为保障生态安全提供科学的决策依据。

7.6 本章小结

本章根据第 6 章对焦作市生态安全预警分析结果，首先，采用"子系统调控"和"关键因子调控""目标仿真调控"三种情景模拟法，对焦作市生态安全演变趋势进行了调控模拟，找出了影响焦作市生态安全的 18 个关键因子。即：万元 GDP 工业废水排放量、人均年生活用水量、第三产业占 GDP 比重、城镇登记失业率、建成区绿化覆盖率、城市人均绿地面积、城市生活污水集中处理率、城市生活垃圾无害化处理率、采煤沉陷区治理率、工业废气排放达标率、工业废水排放达标率、工业烟尘排放达标率、煤矸石综合利用率、工业固体废物综合利用率、环保投资占 GDP 比重、旅游收入占第三产业比重、科教经费投入占 GDP 比重、高新技术产业增加值占 GDP 比重。为焦作市政府部门把握生态安全的变化并及时做出控制和治理措施提供了理论依据。

最后，根据调控模拟结果，结合焦作市生态建设实际，本章从自然、经济、社会三大因素六个方面提出了具体调控措施与对策。

8

结论与展望

8.1 主要研究成果

本书以煤炭资源型城市生态安全为研究主旨,运用管理学、生态经济学、统计学、应用数学、计算机科学等多学科交叉理论,采用文献检索法、社会调查法、数理统计法、专家访谈法、归纳分析法、实证研究法、情景模拟法等,对煤炭资源型城市生态安全预警及调控进行了理论探讨和实证分析。主要取得了以下研究成果:

(1) 国内外理论研究现状与存在的问题综评

针对当前煤炭资源型城市存在的生态环境问题,采用文献分析法、数理统计法,在查阅了国内外有关资源型城市、煤炭资源型城市及生态安全研究成果的基础上,对资源型城市及煤炭资源型城市生态安全研究现状和存在的问题进行评述。锁定了研究方向,厘清了研究思路。

(2) 核心概念和基本理论界定和分析

采用综合分析法,对煤炭资源型城市、生态系统与城市生态系统、生态安全与城市生态安全基本概念和内涵进行了界定分析;对生态经济学理论、生态安全及预警理论、城市生态学理论与城市生态系统理论研究的对象和研究内容进行了梳理。为本书后续研究提供了直接的理论指导和理论支撑。

（3）研究了煤炭资源型城市生态系统耦合作用机理

首先，将系统耦合理论引入到煤炭资源型城市生态系统研究中，在分析了煤炭资源型城市生态系统内部组成和功能的基础上，建立了煤炭资源型城市生态系统耦合互动演化模型；其次，根据应力场原理，在建立了力学基本假设条件的基础上，对煤炭资源型城市生态应力场中要素耦合力、子系统耦合力和外部耦合力的相互作用机理进行了理论分析；最后，在构建了"三场"耦合互动作用演化模型的基础上，从生态场耦合结构的形成、能值存量的变化、耦合力的大小以及内外耦合效应等几个方面，揭示了煤炭资源型城市生态系统从低级到高级，从无耦合到低度耦合、从中度耦合到高度耦合的螺旋上升的四个发展阶段。

（4）建立了具有煤炭资源型城市特色的 PSR—NES 生态安全预警指标体系

首先，采用调查研究法、数理统计法、专家评判法、因素分析法、频度统计法、电子邮件反馈法等，对煤炭资源型城市生态安全预警指标进行优化筛选，建立了煤炭资源型城市生态安全预警指标"备选库"。其次，根据 PSR 框架模型和 NES 模型的基本原理和逻辑关系，将 PSR 框架模型和 NES 模型相融合，构建了具有煤炭资源型城市特色的 PSR—NES 生态安全预警指标体系。该预警指标体系分为三个层逻辑层，第一逻辑层，以压力、状态、响应为基础构建系统层；第二逻辑层，分别以自然、社会、经济三因素属性构建因素层；第三逻辑层，是自然、经济、社会三因素层的进一步细化，是具体可测、可比、可以获得的指标。该指标体系将保留 PSR 框架模型和 NES 模型这两个框架模型各自的逻辑优势，同时使预警指标体系更加有层次，指标之间的关系更加明晰。最后，确定了具有煤炭资源型城市特点的 50 个预警指标。

（5）构建了煤炭资源型城市生态安全预警模型

根据预警研究的思路，采用系统分析法、数学模型法，首先重点设计出了预警指标原始数据的处理方法，包括原始指标一致化、标准化、AHP层次分析法（主观权重）和信息熵权重法（客观权重）以及组合权重法及其计算公式等；其次，构建了等维新息灰色DGM（1，1）预测模型、RBF神经网络模型及等维新息灰色神经网络（DGM—RBF）动态组合预警模型，提出预测模型的精度校验方法等；最后，提出了预警指标标准选择及警情等级划分原则与方法，确定了预警研究的基本流程和预警结果的表达形式。

（6）对焦作市生态安全进行了预测和预警分析

采用数学模型法与案例分析法，按照预警模型研究的基本流程，立足典型的煤炭资源型城市焦作市的生态安全实际，根据所收集到的焦作市1999~2015年的50个生态安全预警指标，采用等维息灰色预测模型、RBF神经网络模型及等维新息灰色神经网络动态组合预警模型，应用Matlab2014b软件的进行编制程序，对焦作市2016~2021年预警指标数值进行预测；在综合对比三种预警模型预测精度的基础上，采用精度较高的等维新息灰色神经网络组合预测结果，通过层次分析法与信息熵法组合权重，应用综合指数法对焦作市生态安全进行了预警分析。预警结果认为：焦作市生态安全状态变化平稳，警情状态逐步由2015年的轻警过渡到2019年无警状态。但是，未来2016~2018年焦作市生态安全仍然处于有警状态，

（7）对焦作市生态安全进行了警情调控模拟与分析

运用情景模拟法与案例分析法，设置了"子系统调控""关键因子调控""目标仿真调控"三种调控模拟方案，根据综合指数法和"敏感度"计算方法，对焦作市的生态安全的发展趋势进行了三种情景的调控模拟。三种情景调控模拟结果表现出高度一致性，最后，筛选出了18生态安全敏感指标。目标仿真调控结果显示，预测结果与实际目标非常接近，充分证实了预测结果的真实性和可靠性。模拟结果认为：响应子

系统和与自然因素对生态安全贡献率较小，说明焦作市在现有生态因素约束下，对生态安全变化的响应能力较弱、城市污染严重、自然环境较差。最后，根据调控模拟结果，结合焦作市生态建设实际，本书从自然、经济、社会三大因素六个方面，提出了具体调控措施与对策。

8.2　今后研究方向

对于城市生态安全预警及调控研究，有助于及时掌握城市生态安全状态，帮助政府及时采取应对对策和措施、改善生态环境结构、调控演变方向，为政府科学制定合理的生态安全维护与管理制度提供依据。目前我国在城市生态安全预警及调控研究方面十分薄弱，理论研究和实践方法不够成熟，今后尚需要在以下问题需要开展深入、细致的探讨。

（1）加强典型区域或微观层面研究

应当从多领域多学科进一步由侧重区域、城市宏观层面研究转向以典型区域或微观层面为重点的研究方向转换。未来生态安全预警及调控研究重点应当放在典型区域或微观层面指标体系上。因为典型区域或微观层面的生态安全预警及调控是以现实生态安全状况为载体，是生态安全预警及调控的具体操作和执行者。对典型区域或微观层面生态安全预警研究，更有利于从实践的角度为生态安全预警及调控提供理论支持，有利于政府制定生态调控措施与对策，加强对实践的指导。

（2）加强定性指标的量化方法研究

预警指标体系的构建是城市生态安全预警及调控研究的理论基础，由于预警指标体系涉及自然、经济、社会、生态、资源等多方面的内容，其指标应当既包含有定量的也应有定性的指标。但是，目前在实际研究中，由于生态安全本身的复杂性和定性指标的不可获取性，往往研究者更注重于定量指标的选取，丢弃了定性指标。为了更加全面地进行预警评价，定性指标的功能也不可或缺，因此，定性指标的量化方法有待进一步深入研究。

（3）加强定量化的实证研究

本书应用物理力学中应力场理论来研究城市生态系统内部作用机理，是建立在演绎的思维过程基础之上的，研究的结果为以后定量化的方法来探索煤炭资源型城市生态系统内部的作用机理提供了可能和方向。但是由于城市生态系统内部分抽象数据的难以量化性和难以取得性，定量化的实证研究还存在一定困难，但它将是下一步需要探索和研究的重要内容。

（4）加强动态与静态相结合研究

城市生态系统安全状态的变化有一个从量变到质变的过程，在全球气候变化和人类活动干扰强度不断加剧的大背景下，城市生态系统变化过程是一个动态变化过程，目前，关于生态安全预警研究大都是强调生态安全的现状评价，缺乏指标体系的趋势、稳定性和综合评价。尤其是警情标准选择与阈值的确定，没有充分认识到生态安全预警衡量标准应随着我国的中长期战略目标而做相应调整。因此，要不断地修改预警指标阈值或补充预警指标体系的动态内容，应加强对预警方法与预警模型的综合运用，以提高预警预测精度与预警结果分析的准确性。

（5）进一步探讨煤炭资源型城市生态安全标准阈值划分的理论和方法

安全标准阈值的确定对预警结果产生重要影响，目前该方面的研究尚处于探索阶段，大多数研究成果均采取借鉴国际、国家、行业标准及与类似城市类比的方法加以确定，在具体城市的适应性有待商榷。在今后的研究中，针对不同城市的生态安全预警实际积极探求新的安全标志阈值划分理论和方法，应当成为今后重点关注的内容。

（6）加强预警模型与数字技术研究

目前对于生态安全预警研究中的数据的获取，绝大部分是利用了政府部门的统计数据，一方面由于统计数据的缺失，往往使许多相关内容无法再研究过程中得到体现；另一方面，由于政府行政工作的需要，往往统计数据无不打上官方的烙印缺乏真实性。所以，在生态安全预警研究中应当运用多学科交叉的优势，多途径、多视角地引入新的数学模型与数字技术理论与方法，构建具有现代技术理论的生态安全预警框架。比如：大气污染、水污染、土地的沙漠化等很多生态安全问题都带有典型的区域性特征，反应关系越来越难以确定。因此，在研究生态安全预警过程中要充分发挥3S信息技术、RS和GPS技术优势，以获取更加真实的生态安全空间数据。

参 考 文 献

[1] 巴特苏龙. 煤炭资源型城市产业转型及政府策略研究——以鄂尔多斯市为例 [D]. 杭州：浙江大学，2010.

[2] 白东北，王建民，杨亚琴. 基于供需平衡的甘肃省农业土地—人口承载力研究 [J]. 环境科学与管理，2015（3）：153-157.

[3] 白根元，赵奇，孔芬英. 灰色补偿 RBF 神经网络 [J]. 河北建筑科技学院学报，2005（6）：30-33.

[4] 蔡仲秋. 资源型企业群落脆弱性形成机理及其评价研究 [D]. 北京：中国矿业大学，2011.

[5] 曹孜. 煤炭城市转型与可持续发展研究 [D]. 长沙：中南大学，2013.

[6] 陈兵建，吕艳丽. 煤炭资源型城市选择和培育新经济增长点的实践经验及启示——以阜新和焦作为例 [J]. 资源与产业，2013（9）：67-70.

[7] 陈刚，王波，邓哲. GM（1，1）模型在建筑物沉降预测中的应用及 Matlab 的实现 [J]. 城市勘测，2011（1）：89-92.

[8] 陈国阶，何锦峰. 生态环境预警的理论和方法探讨 [J]. 重庆环境科学，1999，21（4）：8-11.

[9] 陈美婷. 广东省土地生态安全预警初步研究 [D]. 广东：中国科学院研究生院（广州地球化学研究所），2015.

[10] 陈孝杨，严家平. 资源型城市的生态化建设与环境问题 [J]. 资源与产业，2006（8）：110-115.

［11］陈郁．城市生态学理论下的历史街区保护与利用研究［D］．长春：东北师范大学，2011．

［12］邓婕．资源（枯竭）型城市焦作市生态转型研究［D］．武汉：华中师范大学，2012．

［13］方创琳，张小雷．干旱区生态重建与经济可持续发展研究进展［J］．生态学报，2001，21（7）：1163－1170．

［14］冯思静．煤炭资源型城市生态补偿研究［D］．阜新：辽宁工程技术大学，2010．

［15］高奇．基于CPM—RBF模型的区域土地生态安全预警研究［D］．北京：中国地质大学，2015．

［16］高然．延吉市生态安全评价与预警研究［D］．延边：延边大学，2015．

［17］官凤．资源枯竭型城市可持续发展评价与战略研究——以阜新为例［D］．大连：东北财经大学，2006．

［18］国家统计局城市社会经济调查司．中国城市统计年鉴—2013［M］．北京：中国统计出版社，2014．

［19］国务院．国家突发环境事件应急预案［N］．人民日报，2005－5－24．

［20］国务院．全国资源型城市可持续发展规划（2013－2020年）［N］．人民日报，2013－11－12．

［21］洪梅．地下水动态研究［D］．长春：吉林大学，2002，5．

［22］胡玥．资源型城市可持续发展的财政支持研究——以淮南市为例［D］．合肥：安徽大学，2014．

［23］吉迎东．生态优先视角下资源型城市生态产业链建构［J］．中国城市经济，2011（12）：89－92．

［24］贾良清，赵同谦等．城市生态安全评价研究［J］．生态环境，2004，13（4）：37－47．

［25］江琼．小样本可视化数据的智能预测与后处理［D］．武汉：

武汉理工大学，2005.

[26] 焦作市地方史志办公室. 焦作年鉴（2001）[M]. 郑州：中州古籍出版社，2002.

[27] 焦作市发展和改革委员会、河南省发改委产业研究所. 焦作市资源枯竭城市转型规划（2009 - 2015）[Z]. 2010 - 9 - 30.

[28] 金嘉晨. 基于生态学理论的航运产业集群时空演变和生态平衡研究 [J]. 物流管理与工程，2013（11）：21 - 24.

[29] 李成军. 煤矿城市经济转型研究 [D]. 阜新：辽宁工程技术大学，2005.

[30] 李军. 榆林市生态系统服务功能变化及其生态安全 [D]. 西安：西北大学，2014.

[31] 李文彦. 煤矿城市的工业发展与城市规划问题 [J]. 地理学报，1978，（1）：63 - 77.

[32] 李新琪. 新疆艾比湖流域平原区景观生态安全研究 [D]. 武汉：华东师范大学，2008.

[33] 林伯强. 2010 中国能源发展报告 [M]. 北京：清华大学出版社，2010.

[34] 刘树枫，袁海林. 环境预警系统的层次分析模型 [J]. 陕西师范大学学报（自然科学版），2001，（SI）：132 - 135.

[35] 陆雍森编著. 环境评价（第二版）[M]. 上海：同济大学出版社，1999，9.

[36] 罗琳琳. 资源型城市生态效率及其影响因素的实证分析 [D]. 南京：南京财经大学，2013.

[37] 马世骏，王如松. 社会—经济—自然复合生态系统 [J]. 生态学报，1984（4）：1 - 9.

[38] 邱海源. 区域矿区生态环境质量灰色预警体系研究 [J]. 安徽农学通报（下半刊），2011（3）：25 - 28.

[39] 任平. 煤炭城市生态环境质量定量评价的初步研究 [D]. 合

肥：安徽理工大学，2010.

[40] 宋敏. 榆林资源型产业集群可持续发展预警研究 [D]. 杨凌：西北农林科技大学，2010.

[41] 宋平，胡光珍. 浅析房地产企业绩效评价指标体系 [J]. 北方经济，2010（12）：11-15.

[42] 孙本超. 焦作经济发展探析 [J]. 焦作大学学报，2008（1）：57-59.

[43] 孙淼. 资源枯竭型城市可持续发展调控研究 [D]. 长春：东北师范大学，2005.

[44] 孙平军. 矿业城市经济发展脆弱性及发展策略研究 [D]. 大连：东北财经大学，2010.

[45] 唐晓兰，程水源，滕滕，孙文. 循环经济型主导产业分级评价模型研究 [J]. 国土与自然资源研究，2011（6）：15-17.

[46] 通产省资源能源厅石炭部 [M]. 东京：资源产业新闻社，1995.

[47] 王才军，孙德亮. 重庆直辖10年旅游业发展动态变化及与经济发展相关性研究 [J]. 特区经济，2011（5）：25-28.

[48] 王迪. 中国煤炭产能综合评价与调控政策研究 [D]. 北京：中国矿业大学，2013.

[49] 王冠. 资源型城市转型生态可持续性分析——以河南省焦作市为例 [J]. 生态经济，2016（4）：21-24.

[50] 王汉斌等. 矿区可持续发展预警机制构建及方法 [J]. 工业技术经济，2011，（4）：7-9.

[51] 王孟洲，鲁迪，马晴. 煤炭资源型城市土地生态安全测度评价——以平顶山市为例 [J]. 生态经济，2011，12（6）：17-29.

[52] 肖笃宁，陈文波，郭福良. 论生态安全的基本概念和研究内容 [J]. 应用生态学报，2006，13（5）：358.

[53] 谢嗣频. 土地生态安全评价指标体系研究 [D]. 南京：南京

农业大学，2011.

[54] 徐美．湖南省土地生态安全预警及调控研究［D］．长沙：湖南师范大学，2013.

[55] 颜卫忠．建立我国环境预警监测系统［J］．统计与决策，2004（9）：44.

[56] 颜莹莹．城市水资源承载力的概念和内涵［C］．中国城市规划年会论文集（下册），2006，（9）：621－625.

[57] 杨爱荣．政府在资源型城市旅游业可持续发展中的主导性探析——以焦作市为例［J］．河南师范大学学报（哲学社会科学版），2012（9）：16－18.

[58] 杨彬彬．资源型城市可持续发展综合评价及提升路径研究［D］．北京：首都师范大学，2007.

[59] 杨春波．基于灰色模型与人工神经网络的改进组合预测模型及其应用研究［D］．济南：山东师范大学，2009.

[60] 杨赛明．煤矿区生态安全研究［D］．山东：山东师范大学，2010，4.

[61] 杨显明．煤炭资源型城市产业结构演替与空间形态演化的过程、机理及耦合关系研究［D］．安徽：安徽师范大学，2014.

[62] 杨显明．煤炭资源型城市产业结构演替与空间形态演化的过程理及耦合关系研究［D］．芜湖：安徽师范大学，2014.

[63] 杨玉珍．中西部地区生态环境经济社会耦合系统协同发展研究［M］．北京：中国社会科学出版社，2014，7.

[64] 袁可林，张涛等．河南焦作如何推进生态文明建设［J］．资源导刊，2013（1）：67－68.

[65] 袁莉．城市群协同发展机理、实现途径及对策研究［D］．长沙：中南大学，2014.

[66] 张超等．基于等维新息 GM（1，1）模型的河南省粮食产量预测［J］．河南农业大学学报，2015（4）：556－560.

［67］张合兵．市域土地生态质量空间分异特征与分区研究［D］．焦作：河南理工大学，2015.

［68］张秀梅．基于PSR模型的煤炭资源型城市生态安全评价研究［D］．北京：北京林业大学，2011.

［69］张艳丽．民勤县生态安全综合评价研究［D］．北京：北京林业大学，2011.

［70］张艳丽．民勤县生态安全综合评价研究［D］．北京：北京林业大学，2014.

［71］章怀柯，资源枯竭型城市转型战略风险的防范研究［D］．武汉：武汉理工大学，2009.

［72］赵兴武．资源型城市经济转型研究［D］．辽宁：辽宁工程技术大学，2005.

［73］朱登远，常晓凤．灰色预测GM（1，1）模型的Matlab实现［J］．河南城建学院学报，2013（5）：15－17.

［74］BANY BUZAN. People, States and Fear: An Agenda f or International Security Studies in the Post - Cold War Era ［M］. Hemel Hempstead: Harvesters - Wheat sheaf, 1991.

［75］Barratt B I P, Moeed A. Environmental safety of biological control: Policy and practice in New Zealand ［J］. Biological Control, 2005, 35 (3): 247 - 252.

［76］Beeson. Agglomefation economies and Productivity growth. In E. S. Mills & J. E. McKonald (Eds), Sources of metropolitan growth, 1991: 291 - 312.

［77］Bradbury JH, I stmartin. Winding down in a qubic town: a case study of schefferville ［J］. the canadian Gegographer, 1983, 27 (2): 128 - 144.

［78］Bradbury J H. Living with boom and cycles: new town son the resource frontier in Canada ［A］. Resource Communities ［C］. CSIRO, Australia, 1988, 3 – 19.

［79］ B. Robert, Z. Aleksander, Š. Ivo. Sustainable development and global security［J］. Energy, 2007, 32（6）: 883 – 890.

［80］ B. S. Bhandari, M. Grant. Analysis of livelihood security: A case study in the Kali – Khola watershed of Nepal［J］. Journal of Environmental Management, 2006, 85（1）: 17 – 26.

［81］ Burdge R, Fricke P, Finsterbusch K, etal. Guidelines and principles for social impact assessment［J］. Environ Impact Assess Reviw, 1995（15）: 11 – 43.

［82］ Clark J S, Carpenter S R, Barber M, et al. Ecological forecasts: An emerging imperative［J］. Seience, 2001,（298）: 657 – 660.

［83］ C. O. Dennis, A. S. Daniel. Managing disturbance regimes to maintain biological diversity in forested ecosystems of the Pacific Northwest［J］. Forest Ecology and Management, 2007, 246（1）: 57 – 65.

［84］ Cynil. Environmental conflict and national security in Nigeria: ramification of the ecology security nexus for subregional peace［A］. ACDIS Occasional Paper［C］University of Illinois at Urbana – Champaign, 1997.

［85］ De Lange H J, Sala S, Vighi M, et al. Ecological vulnerability in risk assessment A review and perspectives［J］. Science of The Total Environment, 2010, 408（18）: 3871 – 3879.

［86］ Gerald B, Helman and S. R. Ratner. Saving failed states, 1992, foreign policy 89 Winter.

［87］ G. Rasul, G. B. Thapa. Sustainability analysis of ecological and conventional agricultural systems in Bangladesh［J］. World Development, 2003, 31（10）: 1721 – 1741.

［88］ Greg Halseth. Resource Town Employment: perceptions in small town british columbia［J］. Social Geography, 1999（90）, 2: 196 – 210.

［89］ Knaapen J P, Scheffer M, Harms B. Estimating habitat isolation in landscape Planning [J]. Landscape and Urban Plan, 1992, (23): 1 - 16.

[90] Kwolek J K. Aspects of geo-legal mitigation of environmental impact from mining and associated waste in the UK [J]. Geochemical Ezploration, 1999, 31 (2): 1 -30.

[91] Larry W. Canter. Environment Impact Assessment. Mc - Graw - Hill. Inc. 1996.

[92] L. S. Mark. Threat level green: Conceding ecology for ecurity in eastern Europe and the former Soviet Union [J]. Global Environmental Change. 2006, 4 (16): 400 -422.

[93] Lucas R A, Minetoen, Milltown, Riltown, Life in Canadian Communities of Single Industry [D]. Torron to: University of Toronto Press, 1971.

[94] Lucas R A. Minetown, Milltown, Railtown: Life in Canadian Communities of Single industry [M]. Toronto: University of Toronto Press, 1971.

[95] Lucas R A. Mine town. Rail town Life in Canadian Communities of Single Industry [M]. Industry Toronto: University of Toronto Press, 1971, 1 - 11.

[96] Mac Leod&Mc Ivor. Reconciling economic and ecological conflicts for sustained management of grazing lands [J]. Ecological Economics, 2006, 56 (3): 386 -401.

[97] Marsh B. Continuity and decline in the anthracite towns of Pennsylvania [J]. Annals of the Association of American Geographers, 1987, 77 (3): 337 -352.

[98] Melanie J, Gleeson T. The energetic north: development gains and growningpains [D]. Queensland The energetic north: development gains and growing pains, 2009.

[99] Munn R E. Global environmental monitoring system (GEMS):

Action plan for phasle [M]. Californoa: Available form SCOPE Secretariat, 1973.

[100] O'fair cheallaigh C. Economic base and employment structure in northern territory mining towns [A]. Resource Communities: Settlement and Workforces Issues [C]. CSIRO, Australia, 1988, 221 –236.

[101] Randall JE. And Ironside, R. G. Communities on the edge: an economic geography of resource-dependent communities in Canada [J]. The Canadian Geographer, 1996, 40 (1).

[102] Robinson L M. New Industrial Towns on Canada's Resource frontier [J]. Chicago: University of Chicago, Department of Geography, 1962.

[103] Sergei V D, Alexey P S, Valentina N A, et al. Early-warning electrochemical biosensor system for environmental monitoring based on enzyme inhibition [J]. Sensors and Actuators B, 2005, 105: 81 –87.

[104] Spooner D. Mining and Regional Development [M]. Oxford: Oxford University Press, 1981, 8 –9.

[105] Vijendra K. An early warning system for agricultural drought in an arid region using limited data [J]. Joumal of Arid Environment, 1998, 40: 199 –209.

[106] Vladimir V. Glinskiy, Lyudmila K. Serga et al. Environmental Safety of the Region: New Approach to Assessment [J]. Procedia CIRP, Volume 26, 2015, pages 30 –34.

[107] Y. Z. Zhao, X. Y. Zou, H. Cheng, et al. Assessing the ecological security of the Tibetan plateau: Methodology and a case study for Lhaze County [J]. Journal of Environmental Management, 2006, 80 (2): 120 –131.